최신판

공무원 국어

딱이것만
잘하면 합격 시리즈

# 딱잘 문법

탐쌤과 함께하면 기필코 된다!

배영표 편저

미래가치

# preface
## 머리말

안녕하세요. **탐 국어 연구소입니다.**

**문법은 시험에서 4~6문제 출제되는 영역입니다.** 비중으로 보자면 보통 7~9문제 출제되는 비문학에 비해 출제 비중이 그리 높지 않은 영역입니다. 그럼에도 불구하고 우리 수험생 여러분들은 1년이라는 국어 공부 시간 중에서 문법에 대한 공부 시간을 가장 많이 할애합니다. 이유는 문법은 지식적으로도 잘 알아야 하고 또한 그 지식을 문제에 잘 적용할 수 있어야 시험에서 문제를 풀 수 있는 지식형 영역이기 때문입니다. 단순히 지문을 읽고 근거를 찾으며 문제를 푸는 비문학과는 공부에 관한 접근이 완전히 다를 수밖에 없는 영역인 것입니다.

따라서 문법 공부는 기본서 등을 통해 지식을 잘 정리하고 최대한 많은 문제를 풀어 보며 그 지식을 문제에 적용하는 연습을 많이 해 보는 것이 무엇보다 중요합니다. 이에 이 교재는 수험생 여러분들이 공부하고 정리하신 기본서의 내용을 문제에 잘 적용해 볼 수 있도록 많은 양의 문제를 수록하였습니다. 그리고 교재를 난도에 따라 중상, 중하로 나누어 구성하였던 것을 **단권화하여 수험생들에게 부담을 줄이도록 하였습니다.**

참고로 본 교재는 에듀윌에서 강의도 제공될 예정입니다. 강의와 함께 공부하실 분들은 에듀윌 9급 공무원 홈페이지를 찾아 주시면 감사하겠습니다.

마지막으로 출판을 허락해 주시고 좋은 교재를 만들어 주신 미래가치 대표님을 비롯한 직원 여러분들께 감사의 인사를 드립니다. 그 밖에 도움을 주신 고려대 김인경 교수님, 연구실 경태형 연구 실장님, 강신원 선생님, 이예림 선생님, 김또또 선생님, 미르마루 선생님 등 연구실 가족들께도 진심으로 감사의 인사를 전합니다.

감사합니다.

탐 국어 연구소

# contents
차례

### ♦♦♦ 문제편 ♦♦♦

chapter 01　언어와 국어 ································································· 8
chapter 02　음운론 ········································································ 13
chapter 03　형태론 ········································································ 24
chapter 04　통사론 ········································································ 50
chapter 05　의미론/담화론 ····························································· 73
　　　　　　1. 의미론 ································································· 73
　　　　　　2. 담화론 ································································· 82
chapter 06　한글 맞춤법 ································································ 84
chapter 07　표준 발음법 ······························································ 103
chapter 08　로마자 표기법 / 외래어 표기법 ·································· 116
　　　　　　1. 로마자 표기법 ··················································· 116
　　　　　　2. 외래어 표기법 ··················································· 122
chapter 09　고전 문법 ································································· 129
chapter 10　언어 예절 ································································· 136
chapter 11　바른 표현 ································································· 139

### ♦♦♦ 정답 및 해설편 ♦♦♦

| chapter 01 | 언어와 국어 ································································ | 2 |
| chapter 02 | 음운론 ···································································· | 4 |
| chapter 03 | 형태론 ···································································· | 9 |
| chapter 04 | 통사론 ···································································· | 21 |
| chapter 05 | 의미론/담화론 ························································ | 31 |
| | 1. 의미론 ······························································ | 31 |
| | 2. 담화론 ······························································ | 35 |
| chapter 06 | 한글 맞춤법 ··························································· | 36 |
| chapter 07 | 표준 발음법 ··························································· | 46 |
| chapter 08 | 로마자 표기법 / 외래어 표기법 ······························· | 53 |
| | 1. 로마자 표기법 ················································· | 53 |
| | 2. 외래어 표기법 ················································· | 55 |
| chapter 09 | 고전 문법 ······························································ | 58 |
| chapter 10 | 언어 예절 ······························································ | 61 |
| chapter 11 | 바른 표현 ······························································ | 63 |

5

| 배영표
| 문법
| 문제

**딱** 이것만
**잘** 하면 합격!

# 문제편

chapter 01 　언어와 국어
chapter 02 　음운론
chapter 03 　형태론
chapter 04 　통사론
chapter 05 　의미론 / 담화론
chapter 06 　한글 맞춤법
chapter 07 　표준 발음법
chapter 08 　로마자 표기법 / 외래어 표기법
chapter 09 　고전 문법
chapter 10 　언어 예절
chapter 11 　바른 표현

## chapter 01 언어와 국어

### 01

**〈보기 1〉의 사례와 〈보기 2〉의 언어 특성이 가장 잘못 짝지어진 것은?**

―〈보기 1〉―
- (가) '많다'의 의미로 옛날에는 '하다'라고 쓰였다.
- (나) '차갑다'라는 말을 배운 아이가 찬 물을 마시고 '엄마, 목이 차가워'라는 새로운 문장을 만들어 낸다.
- (다) 다친 데 바르는 빨간색 약인 '요오드'는 '아이오딘'으로 부르기로 하였다.
- (라) '말(馬)'이라는 의미를 가진 단어를 한국에서는 '말[말]'이라고 하고 미국에서는 'horse (호스)'라고 한다.

―〈보기 2〉―
ⓐ 사회성    ⓑ 창조성    ⓒ 역사성    ⓓ 보편성

① (가) - ⓒ
② (나) - ⓑ
③ (다) - ⓐ
④ (라) - ⓓ

### 02

**다음과 관련된 언어의 특성으로 적절한 것은?**

언어는 서로 다른 개별적이고 구체적인 대상들 사이에서, 공통되는 속성을 추출하는 과정을 통해 어떤 개념을 형성한다.

① 규칙성
② 체계성
③ 추상성
④ 창조성

## 03  1회독 2회독 3회독

**다음 글의 내용이 나타내고 있는 언어의 특성으로 적절한 것은?**

> 우리말에서 '사랑'이라는 의미를 나타내기 위해서 [saraŋ]이라는 소리를 사용하는데 영어에는 love[러브], 일본에서는 あい[아이]라는 소리를 사용한다.

① 언어의 역사성  
② 언어의 자의성  
③ 언어의 사회성  
④ 언어의 보편성

## 04  1회독 2회독 3회독

**다음과 관련된 언어의 특성으로 적절한 것은?**

> - 한국어의 말[馬]은 중국어에서는 'ma', 일본어는 'uma', 영어는 'horse' 등 다양한 소리로 불린다.
> - 단어의 어원을 탐구할 때, 점점 역으로 추적하다 보면 태초의 언어 소리와 의미를 추적할 수 없게 된다.

① 역사성  
② 자의성  
③ 추상성  
④ 기호성

## 05  1회독 2회독 3회독

**( ) 안에 들어갈 말로 가장 적절한 것은?**

> 현대 국어의 '솜씨'는 '손(手)'과 '쓰다(用)'의 합성어에서 출발하여 '손삐'에서 '솜씨'로 형태가 바뀌었으며, 중세국어에서 '어여쁘다'가 '불쌍하다'의 의미로 쓰이다가 현대에서는 '예쁘다'라는 뜻으로 바뀌는 것과 같이 이러한 언어의 특성을 언어의 ( )이라고 한다.

① 자의성  
② 역사성  
③ 독창성  
④ 보편성

## 06

**〈보기〉에서 한국어의 특질로 옳지 않은 설명만 모두 고른 것은?**

─〈보기〉─

㉠ 한국어의 모음은 공기의 흐름이 장애를 받지 않을 정도로 발음 통로가 비교적 넓게 열린 상태에서 나는 소리로 자음과 비교하였을 때 어떤 조음체와 조음점의 작용으로 발음된다고 말하기 어렵다.
㉡ 한국어의 특질 중의 하나는 양성모음은 양성모음끼리만 이어지고, 음성모음은 음성모음끼리만 이어지는 모음조화 현상이다. 모음 중에서 양성모음은 'ㅏ, ㅐ, ㅜ', 음성모음은 'ㅓ, ㅔ, ㅗ'로 나눌 수 있다.
㉢ 한국어는 '주어-목적어-동사'의 어순을 갖는 SOV형 언어이며, 동사는 명령형, 청유형 어미와 결합할 수 있지만 부정형에서는 그 결합이 성립하지 않는다.
㉣ 한국어는 상하 관계를 중시하던 사회 구조로 인해 높임법이 발달하였으며, 청자를 기준으로 사용하는 상대높임법, 서술상의 주체를 기준으로 사용하는 주체높임법, 목적어나 부사어가 지시하는 대상을 기준으로 하는 객체높임법이 있다.

① ㉠, ㉡
② ㉠, ㉣
③ ㉡, ㉢
④ ㉢, ㉣

## 07

**밑줄 친 부분의 예로 가장 적절한 것은?**

언어는 한 장의 종이와 같다. <u>그래서 사고는 종이의 앞면이고, 음성은 종이의 뒷면이다.</u> 그래서 종이의 뒷면을 같이 자르지 않고서는 앞면을 자를 수 없다. 언어에서 음성을 사고와 분리할 수 없고, 사고를 음성과 분리할 수 없다.

① 언어 변화는 사람들이 인식할 수 없을 만큼 굉장히 오랜 시간이 지난 후에야 파악할 수 있구나.
② 한국어에 /나무/는 나무[namu]라고 부르고, 영어는 tree[트리]라고 부르는구나.
③ 언어에서 사고와 음성은 서로 매우 유기적인 관계에 있겠구나.
④ 그래서 한 번도 들어본 적도 없고 말해진 적도 없는 무수한 문장을 만들어 낼 수 있는 능력이 있구나.

## 08

**〈보기〉의 ㉠~㉥ 중 한자어로만 이루어진 낱말은?**

〈보기〉
- ㉠<u>미안</u>도 하고 ㉡<u>창피</u>도 하여, 쥐구멍이 있다면 숨고 싶은 심경이었다.
- 그는 ㉢<u>설마</u> 형의 몰골이 ㉣<u>이토록</u> 처참하리라곤 예기치 못했다.
- ㉤<u>외동딸</u>을 미국으로 시집보내고 나니 마음이 ㉥<u>허전</u>하다.

① ㉠, ㉡  
② ㉡, ㉥  
③ ㉠, ㉣, ㉤  
④ ㉢, ㉤, ㉥

## 09

**다음에서 알 수 있는 언어 기호의 특성으로 적절한 것은?**

- 언어는 살아 움직이는 유기체처럼 태어나, 성장하고, 죽는다.
- 어떤 어휘가 생성되는가 하면 어떤 어휘는 사라지기도 한다.
- 소리나 문법도 이와 같은 모습을 보여 현재의 언어 모습을 가진다.

① 분절성  
② 자의성  
③ 역사성  
④ 창조성

## 10

**국어 순화에 대한 내용으로 가장 옳지 않은 것은?**

① '지분(持分)'은 표준국어대사전에 실려 있지만 일본식 한자어이며, '몫'으로 다듬어 표현할 수 있다.
② '크래프트 맥주(craft麥酒)'는 즉시 기계에서 뽑아 만든 맥주로, '생맥주'로 다듬어 표현할 수 있다.
③ '미망인(未亡人)'은 아직 따라 죽지 못한 사람이라는 뜻으로, '고 ○○ 씨'의 부인 등으로 다듬어 표현하는 것이 적절하다.
④ '언더도그 효과(underdog效果)'는 사람들이 약자라고 믿는 주체를 응원하게 되는 현상으로, '약자 효과'라고 다듬어 표현할 수 있다.

## 11

**국어의 특징으로 가장 옳지 않은 것은?**

① 한국어는 한 음절에서 둘 이상의 자음이 겹쳐 나오지 않는다.
② 한국어의 문장 구성상 유형은 SOV형이다.
③ 음절 중성은 필수 성분이며, 종성의 발음은 일부만 실현된다.
④ 국어는 굴절어적 특징이 발달하여 주어, 목적어 등이 생략될 수 있다.

## 12

**외국어에서 차용된 어휘가 아닌 것은?**

① 빵
② 냄비
③ 고추
④ 근심

## 13

**순화해야 할 일본어로 볼 수 없는 것은?**

① 찌찌
② 사리
③ 땡땡이
④ 땡깡

# chapter 02 음운론

정답 및 해설 p.4

## 01  1회독 2회독 3회독

발음을 기준으로 음운의 개수가 가장 많은 단어는?

① 화장실
② 이야기
③ 안개꽃
④ 유리창

## 02  1회독 2회독 3회독

밑줄 친 부분의 긴소리 표시가 옳지 않은 것은?

① • 동생은 사업에 성공하여 <u>부자(富者)</u>가 되었다. → [부ː자]
　• 진학 문제로 <u>부자(父子)</u>간에 갈등을 겪고 있다. → [부자]
② • 그는 <u>모자(帽子)</u>를 벗어 땅바닥에 팽개질을 쳤다. → [모ː자]
　• 오랜만에 만난 <u>모자(母子)</u>는 화담을 나누었다. → [모자]
③ • 그는 나에게 한마디 <u>사과(謝過)</u>도 없었다. → [사ː과]
　• 그는 <u>사과(沙果)</u>를 아싹 베어 물었다. → [사과]
④ • 전문 경영인을 대표 <u>이사(理事)</u>로 두고 있다. → [이ː사]
　• 그가 <u>이사(移徙)</u>한 집은 생각보다 아담했다. → [이사]

## 03  1회독 2회독 3회독

다음 문장에 대한 설명으로 옳지 않은 것은?

| 나는 어머니를 정말 좋아한다. |

① 단어의 수는 6개이다.
② 어절의 수 4개이다.
③ 음절의 수는 12개이다.
④ '자음 + 모음'으로 이루어진 음절은 4개이다.

## 04

**국어 장애음의 특징으로 적절하지 않은 것은?**

① 국어의 장애음에는 파열음, 마찰음, 파찰음이 있다.
② 치조음 또는 치경음에 해당하는 자음은 /ㄷ, ㄴ, ㄹ/ 등이 있다.
③ 연구개음에 해당하는 자음은 /ㄱ, ㅋ, ㅇ, ㅎ/가 있다.
④ 자음은 조음 방법에 따라 장애음과 유성음으로 구분한다.

## 05

**〈보기〉의 조건을 모두 충족하는 음운이 포함된 단어는?**

―〈보기〉―
- 울림소리이다.
- 혀끝과 윗잇몸이 닿아서 나는 소리이다.
- 입 안의 통로를 막고 코로 공기를 내보내면서 내는 소리이다.

① 가족　　② 나무
③ 사랑　　④ 두부

## 06

**다음 국어의 모음 중 하향 이중모음은?**

① ㅑ　　② ㅛ
③ ㅒ　　④ ㅢ

## 07

**자음의 조음 방법에 대한 옳은 설명을 〈보기〉에서 모두 고른 것은?**

〈보기〉

㉠ 'ㄴ, ㅁ, ㅇ'은 유음이며 울림소리에 속한다.
㉡ 'ㅈ, ㅊ, ㅉ'은 파찰음이며 안울림소리에 속한다.
㉢ 'ㅅ, ㅆ, ㅎ'은 마찰음이며 울림소리에 속한다.
㉣ 'ㄷ, ㄸ, ㅌ'은 파열음이며 안울림소리에 속한다.

① ㉠, ㉡      ② ㉠, ㉢
③ ㉡, ㉣      ④ ㉢, ㉣

## 08

**다음 〈보기〉에서 현대 한국어의 치조음에 대한 옳은 설명만 모두 고른 것은?**

〈보기〉

㉠ 치조음은 발음 과정에서 혀끝과 윗잇몸이 닿는 공통점이 있다.
㉡ 치조음에는 파열음, 파찰음, 마찰음, 비음, 유음이 골고루 발달되어 있다.
㉢ 치조음인 'ㄷ, ㄸ, ㅌ'은 공기를 막았다가 터트리면서 내는 소리이다.
㉣ 치조음인 'ㄴ, ㄹ, ㅇ'은 목청이 떨려 울리는 소리로 공명음이라고도 한다.

① ㉠, ㉡, ㉢      ② ㉠, ㉢
③ ㉡, ㉢, ㉣      ④ ㉡, ㉣

## 09

**단어의 자음 두 개의 조음 위치와 방법을 〈보기〉와 같이 순서대로 나타낼 때, 옳지 않은 것은?**

〈보기〉

마비 : [양순음, 비음], [양순음, 파열음]

① 그네 : [연구개음, 파열음], [치조음, 비음]
② 소리 : [치조음, 마찰음], [치조음, 유음]
③ 토양 : [치조음, 파열음], [연구개음, 비음]
④ 휴지 : [후음, 마찰음], [치조음, 파열음]

## 10

<보기>의 ㉠~㉢에 들어갈 말이 바르게 연결된 것은?

―〈보기〉―

'진리'는 ( ㉠ )로 발음되는데 이는 음운 변동 중 ( ㉡ ) 현상이며, 두 자음이 만나서 발음될 때 ( ㉢ )이/가 변했다.

① ㉠ : 질리  
  ㉡ : 유음화  
  ㉢ : 앞 자음의 조음 방법

② ㉠ : 진니  
  ㉡ : 비음화  
  ㉢ : 뒤 자음의 조음 위치

③ ㉠ : 질니  
  ㉡ : 교체  
  ㉢ : 앞뒤 자음의 조음 방법

④ ㉠ : 질리  
  ㉡ : 유음화  
  ㉢ : 앞 자음의 조음 위치

## 11

<보기>의 조건에 따라서 국어의 단모음을 나눈다면 가장 옳지 않은 것은?

―〈보기〉―

국어의 단모음은 '혀의 위치(전설, 후설)'와 '혀의 높이(고, 중, 저)', '입술의 모양(평순, 원순)'에 따라 나눈다.

① ㅣ : 전설, 고, 평순  
② ㅗ : 후설, 중, 원순  
③ ㅏ : 후설, 중, 평순  
④ ㅐ : 전설, 저, 평순

## 12

<보기>와 같이 국어의 음운 변동 현상을 유형화할 때, 각 단어를 발음할 때 나타나는 음운 변동 현상이 나머지 셋과 가장 다른 하나는?

―〈보기〉―

㉠ 대치 : 한 음소가 다른 음소로 바뀌는 음운 현상  
㉡ 축약 : 두 음소가 합쳐져 다른 음소로 바뀌는 음운 현상  
㉢ 탈락 : 한 음소가 없어지는 음운 현상  
㉣ 첨가 : 없던 음소가 새로 끼어드는 음운 현상  
㉤ 도치 : 두 음소가 서로 자리를 바꾸는 음운 현상

① 돌나물  
② 산란기  
③ 침략  
④ 맨입

## 13

**다음 설명에 해당하는 음운이 포함된 단어는?**

> 혀의 최고점이 앞쪽 가장 높이 있으며, 입술이 둥글게 되지 않는 단모음

① 해조  
② 위성  
③ 참외  
④ 비누

## 14

**〈보기〉의 (가)와 (나)의 내용이 옳게 짝지어진 것은?**

〈보기〉

(가) 음운의 변동 양상
  ㉠ 어떤 음운이 음절의 끝 위치에서 다른 음운으로 바뀌는 현상
  ㉡ 한 음운이 인접하는 다른 음운의 성질을 닮아 가는 현상
  ㉢ 두 음운이 만나 하나의 음운으로 결합하거나 어느 하나가 없어지는 현상
(나) 예시
  ⓐ 속옷, 밑천
  ⓑ 넓다, 창밖
  ⓒ 불능, 함량
  ⓓ 법학, 닿으니

|     | ㉠ | ㉡ | ㉢ |     | ㉠ | ㉡ | ㉢ |
| --- | --- | --- | --- | --- | --- | --- | --- |
| ① | ⓐ | ⓒ | ⓓ | ② | ⓑ | ⓒ | ⓐ |
| ③ | ⓐ | ⓓ | ⓑ | ④ | ⓑ | ⓓ | ⓐ |

## 15

**다음 설명 중 가장 옳지 않은 것은?**

① 파열음과 파찰음은 '예사소리-된소리-거센소리'와 같은 삼중 체계를 보인다.
② 'ㅅ, ㅆ, ㅎ'은 조음 기관이 좁혀진 사이로 공기가 마찰하여 나는 소리이다.
③ 국어의 이중모음은 'ㅑ, ㅕ, ㅛ, ㅠ, ㅒ, ㅖ, ㅘ, ㅙ, ㅝ, ㅞ, ㅢ'로 11개이며 모두 상향 이중모음이다.
④ 'ㅑ'와 'ㅢ'에서 모두 확인되는 반모음은 [j]이다.

## 16

<보기>의 ㉠~㉣에 대한 설명으로 옳지 않은 것은?

─────〈보기〉─────
㉠ 찰흙이[찰흐기]   ㉡ 밭이다[바티다]
㉢ 텃마당[턴마당]   ㉣ 입학생[이팍생]

① ㉠은 음절의 끝소리 규칙으로 [찰흑이]가 된 후, 연음되어 [찰흐기]로 정확히 발음되었다.
② ㉡은 'ㅌ'과 'ㅣ'로 시작하는 형식 형태소가 만나 구개음화가 일어나므로 [바치다]로 발음되어야 한다.
③ ㉢은 음절의 끝소리 규칙으로 [턷마당]이 된 후, 비음화가 일어나 [턴마당]으로 정확히 발음되었다.
④ ㉣은 'ㅂ'과 'ㅎ'이 만나 축약되어 [이팍생]이 된 후, 'ㄱ' 뒤에 연결되는 'ㅅ'에 경음화가 일어나므로 [이팍쌩]으로 발음되어야 한다.

## 17

모음을 발음할 때 입술의 모양이 둥근 것으로만 묶은 것은?

① ㅓ, ㅗ, ㅚ
② ㅜ, ㅐ, ㅏ
③ ㅔ, ㅣ, ㅡ
④ ㅛ, ㅟ, ㅠ

## 18

밑줄 친 부분에 적용된 음운 변동의 성격이 나머지 셋과 가장 다른 것은?

① 읍에 장이 <u>서서</u> 갔다.
② 되도록 자극적인 음식을 <u>삼가</u>.
③ 지금 <u>가셔도</u> 보지 못할 거예요.
④ 제철 새우로 <u>담가서</u> 정말 맛있다.

## 19

밑줄 친 부분이 긴소리로 발음되는 것은?

① <u>눈</u>을 뜨니 사람들이 보였다.
② 과일 중에 <u>배</u>를 가장 좋아한다.
③ 화덕에 <u>밤</u>을 구워 먹다.
④ 정답도 길면 <u>잔말</u>이 생긴다.

## 20

〈보기〉에서 음운 변동으로 음운의 수에 변화가 있는 것을 모두 고르면?

| 〈보기〉 |
| --- |
| ㉠ 안팎   ㉡ 뜻하다   ㉢ 높낮이   ㉣ 눈인사   ㉤ 호박엿 |

① ㉠, ㉢, ㉣
② ㉡, ㉣, ㉤
③ ㉡, ㉤
④ ㉣, ㉤

## 21

국어의 음운 현상에는 아래의 네 가지 유형이 있다. 〈보기〉의 (가)와 (나)에 해당하는 음운 현상의 유형이 바르게 연결된 것은?

| 변동 전 → 변동 후 |
| --- |
| ㉠   XY  → XaY(첨가) |
| ㉡   XaY → XY(탈락) |
| ㉢   XaY → XbY(교체) |
| ㉣   XabY → XcY(축약) |

〈보기〉
훑 + 는 ⟶ [훌는] ⟶ [훌른]
　　　　　　(가)　　　 (나)

① (가) - ㉡, (나) - ㉢
② (가) - ㉢, (나) - ㉠
③ (가) - ㉢, (나) - ㉡
④ (가) - ㉣, (나) - ㉢

## 22

단어를 〈표준 발음법〉에 맞게 발음할 때 일어나는 음운 변동에 대한 설명으로 옳지 않은 것은?

① '탈놀음'은 유음화가 일어나 [탈ː로름]으로 발음된다.
② '끊기다'는 자음군 단순화가 일어나 [끈기다]로 발음된다.
③ '닭냉채'는 자음군 단순화, 비음화가 일어나 [당냉채]로 발음된다.
④ '뭍짐승'은 음절말 끝소리 규칙, 된소리되기가 일어나 [묻찜승]으로 발음된다.

## 23

음운 변동의 유형이 나머지 셋과 가장 다른 것은?

① 두 + 었다 → 뒀다
② 오 + 아서 → 와서
③ 가지 + 어 → 가져
④ 서 + 어도 → 서도

## 24

〈보기〉를 참고할 때, 형태소의 교체에 관한 설명으로 가장 옳지 않은 것은?

〈보기〉

형태소의 교체는 자동적 교체와 비자동적 교체로 나눌 수 있다. 자동적 교체는 필수적으로 일어나야 하는 교체를 말하며, 비자동적 교체는 반드시 일어나야 할 필연적 이유가 없는 교체를 말한다.

㉠ 알- + 는 → [아ː는]
㉡ 씻- + 지 → [씯찌]
㉢ 듣- + 고 → [듣꼬]
㉣ 밭 + 이 → [바치]

① ㉠은 한국어에서 'ㄹ'과 'ㄴ'이 연속될 때 그대로 발음될 수 없다는 제약으로 인해 예외 없이 용언 어간의 종성 'ㄹ'이 탈락하는 자동적 교체의 예이다.
② ㉡은 한국어에서 'ㅅ'은 음절 종성에서 발음될 수 없다는 제약으로 인해 예외 없이 교체가 일어나는 자동적 교체의 예이다.
③ ㉢은 한국어에서 'ㄷ'과 'ㄱ'이 연속될 때 'ㄱ'이 경음으로 발음된다는 제약으로 인해 예외 없이 교체가 일어나는 자동적 교체의 예이다.
④ ㉣은 한국어에서 'ㅌ' 뒤에 'ㅣ'가 올 때 'ㅌ'이 'ㅊ'으로 발음된다는 제약으로 인해 예외 없이 교체가 일어나는 자동적 교체의 예이다.

## 25

국어의 음운 변동 현상을 다음과 같이 유형화할 때, ㉠~㉣에 해당하는 예가 바르게 연결된 것은?

┌─────────────────────────────────────────────────────┐
│ ㉠ 교체 : 한 음운이 다른 음운으로 바뀌는 현상       │
│ ㉡ 축약 : 두 음운이 결합하여 또 다른 음운 하나로 바뀌는 현상 │
│ ㉢ 탈락 : 두 음운 중 하나의 음운이 없어지는 현상     │
│ ㉣ 첨가 : 없던 음운이 새로 생기는 현상              │
└─────────────────────────────────────────────────────┘

|   | ㉠ | ㉡ | ㉢ | ㉣ |
|---|---|---|---|---|
| ① | 부엌[부억] | 켜- + -었고[켣꼬] | 가- + -아서[가서] | 금융[금늉] |
| ② | 감기[강기] | 좋- + -고[조코] | 따르- + -아[따라] | 인사말[인삿말] |
| ③ | 무릎[무릅] | 쓰- + -이어[씌어] | 좋- + -은[조은] | 식용유[시굥뉴] |
| ④ | 국민[궁민] | 푸- + -어[퍼] | 날- + -는[나는] | 한 + 여름[한녀름] |

## 26

〈보기〉와 같은 음운 변동의 유형으로 옳지 않은 것은?

─────── 〈보기〉 ───────
낳- + -은 → [나은]

① 넋 → [넉]
② 주- + -어라 → [줘라]
③ 자- + -아라 → [자라]
④ 팔- + -는 → [파는]

## 27

〈보기〉와 같이 발음할 때 적용되는 음운 변동 규칙이 바르게 연결된 것은?

─────── 〈보기〉 ───────
㉠ 맏형[마텽]              ㉡ 미닫이[미ː다지]

|   | ㉠ | ㉡ |
|---|---|---|
| ① | 구개음화 | 'ㄴ' 첨가 |
| ② | 자음축약 | 구개음화 |
| ③ | 'ㄴ' 첨가 | 연구개음화 |
| ④ | 음절의 끝소리 규칙 | 구개음화 |

## 28

**<보기>와 같이 발음할 때 나타나는 음운 변동 규칙이 아닌 것은?**

― 〈보기〉 ―
첫여름 → [천녀름]

① 음절의 끝소리 규칙  ② 비음화
③ 'ㄴ' 첨가  ④ 두음 법칙

## 29

**밑줄 친 단어에 적용된 음운 변동의 성격이 나머지 셋과 가장 다른 것은?**

① 둥근 보름달이 휘영청 떠오르다.
② 하늘을 우러러 한 점 부끄러움이 없다.
③ 강을 건너서 언덕으로 들어섰다.
④ 길이 많이 막혀 약속 시간에 늦었다.

## 30

**<보기>의 ㉠~㉣의 음운 규칙이 나타난 예들이 바르게 연결된 것은?**

― 〈보기〉 ―
음운 변동의 종류 중 음운 교체(대치)는 음운이 다른 것으로 바뀌는 현상이다.
교체 현상에는 ㉠'음절 끝소리 규칙', ㉡'비음화', ㉢'유음화', ㉣'구개음화' 등이 있다.

| | ㉠ | ㉡ | ㉢ | ㉣ |
|---|---|---|---|---|
| ① | 잎 | 국민 | 종로 | 맏이 |
| ② | 붓 | 납량 | 실눈 | 굳히다 |
| ③ | 옷장 | 불놀이 | 독립 | 라디오 |
| ④ | 부엌 | 사랑니 | 오늘날 | 해돋이 |

## 31

**동화의 방향이 나머지 셋과 다른 것은?**

① 칼날
② 종로
③ 줄넘기
④ 대관령

## 32

**동일한 음운 변동 현상이 나타난 예를 바르게 묶은 것은?**

① '쫓는', '앉고', '싫다'
② '굳이', '미닫이', '홑이불'
③ '꽃잎', '신여성', '내복약'
④ '난로', '천리마', '공권력'

## 33

**국어의 특질에 대한 설명으로 적절하지 않은 것은?**

① 국어의 자음은 평음-경음-격음 3항 대립을 보인다.
② 국어의 자음은 음운의 관점에서 유성성과 무성성에 의한 대립을 보인다.
③ 표준어의 단모음은 'ㅏ, ㅐ, ㅓ, ㅔ, ㅗ, ㅚ, ㅜ, ㅟ, ㅡ, ㅣ'으로 총 10개이다.
④ 국어의 반모음 /j, w/는 'ㅢ'를 제외하고 모두 단모음에 선행한다.

# chapter 03 형태론

정답 및 해설 p.9

## 01
형태소의 개수가 가장 많은 것은?
① 어제 먹던 단팥죽이 남았다.
② 나는 군밤을 많이 좋아한다.
③ 어머니께서 고향으로 가셨다.
④ 나뭇잎이 물에 떠내려갔다.

## 02
〈보기〉의 형태소를 분석한 것으로 가장 적절하지 않은 설명은?

―〈보기〉―
어린이들이 새빨간 떡볶이를 먹는 모습을 보고 놀랐다.

① 형태소의 개수는 모두 21개이다.
② 의존 형태소의 개수는 18개이다.
③ 자립 형태소의 개수는 2개이다.
④ 실질 형태소의 개수는 9개이다.

## 03
국어의 형태소에 대한 설명으로 가장 옳지 않은 것은?
① 형태소는 자립성 유무에 따라 '자립 형태소'와 '의존 형태소'로 나뉜다.
② 형태소는 실질적 의미의 유무에 따라 '실질 형태소'와 '형식 형태소'로 나뉜다.
③ '의존 형태소'이면서 '실질 형태소'일 수는 없다.
④ 모든 '자립 형태소'는 '실질 형태소'이다.

## 04

〈보기〉의 ㉠~㉣을 분석했을 때, 적절하지 않은 것은?

─〈보기〉─
㉠ 어렸을 때부터 꿈이 많았다.
㉡ 아침에 일어나서 책을 읽었다.
㉢ 고개를 숙이고 곰곰이 생각을 했다.
㉣ 배가 고프니 찬밥이라도 먹어야 하겠다.

① ㉠에서 실질 형태소는 4개이고, 의존 형태소는 10개이다.
② ㉡에서 실질 형태소는 5개이고, 의존 형태소는 9개이다.
③ ㉢에서 실질 형태소는 5개이고, 의존 형태소는 10개이다.
④ ㉣에서 실질 형태소는 6개이고, 의존 형태소는 11개이다.

## 05

다음 문장의 형태소를 분석한 내용으로 옳지 않은 것은?

밭에서 갓 따 온 포도가 아주 맛있다.

① 형태소의 개수는 모두 13개이다.
② 의존 형태소의 8개이다.
③ 자립 형태소 5개이다.
④ 실질 형태소 6개이다.

## 06

명사의 개수가 나머지 셋과 다른 하나는?

① 새 집이 더할 나위 없이 좋다.
② 힘이 닿는 한 너를 도와주겠다.
③ 우리 학교가 이길 것이 뻔하다.
④ 지나가던 이들이 모두 그를 쳐다봤다.

## 07

**형태소의 개수가 나머지 셋과 다른 것은?**

① 꽃잎이 흔들리다.
② 훔쳐 갔나 봐요.
③ 강물이 불었다.
④ 눈에 보였다.

## 08

**국어의 이인칭 대명사에 대한 설명으로 가장 옳지 않은 것은?**

① '형씨'는 상대편을 낮춰 이르는 이인칭 대명사이다.
② '당신'은 이인칭 대명사로 예사 높임말이지만, 상대편을 낮잡아 이르는 의미도 있다.
③ '자네'는 듣는 이가 친구나 아랫사람인 경우, 그 사람을 대우하여 이르는 이인칭 대명사이다.
④ '그편'은 방향을 가리키는 지시 대명사이면서, 듣는 이 또는 듣는 이들을 가리키는 이인칭 대명사의 의미도 가진다.

## 09

**다음 문장을 형태소로 분석할 때, 전체 형태소의 개수는?**

| 여기가 집으로 가는 지름길이다. |
|---|

① 9개
② 10개
③ 11개
④ 12개

## 10

⊙~ⓒ에 대한 설명으로 가장 적절하지 않은 것은?

- ⊙그편에서 응하지 않는다면 우리로서도 별도리가 없습니다.
- 아버지는 ⓒ당신의 애장품을 나에게 남기셨다.
- 수연아, 너 요즘 ⓒ누구 좋아하니?

① ⊙은 사물이나 처소를 나타내는 지시 대명사로 사람을 가리킬 수 없다.
② ⓒ은 '자기'를 아주 높여 이르는 말로 삼인칭 대명사로 쓰였지만, 상황에 따라 듣는 이를 가리키는 이인칭 대명사로 쓰이기도 한다.
③ ⓒ은 부정칭 대명사 또는 미지칭 대명사 중 어떻게 쓰이냐에 따라 그에 대한 답변의 유형이 달라진다.
④ ⓒ은 강세나 억양의 차이에 의해 부정칭과 미지칭으로 구별되기도 한다.

## 11

의존 형태소이면서 실질 형태소인 것만으로 묶인 것은?

> 나는 동생과 함께 밥을 먹고 집에 왔다.

① 먹-, 오-
② 함께, -고
③ 나, 동생, 집
④ 는, 을, 에

## 12

〈보기〉에 대한 문법적 설명으로 가장 적절한 것은?

〈보기〉
부엌 문 틈으로 ⊙엿본 하늘은 ⓒ해질녘의 노을 ⓒ처럼 ⓔ빨갛게 ⓜ보였다.

① ⊙과 ⓜ은 둘 다 파생어이다.
② ⓒ의 '녘'은 의존 명사이므로 '해질 녘'과 같이 띄어 쓴다.
③ ⓒ은 모양이 서로 비슷하거나 같음을 나타내는 보조사이다.
④ ⓔ은 형용사 어간에 부사형 전성 어미가 붙은 형태로 품사는 부사이다.

## 13

<보기>의 형태소를 분석한 내용으로 가장 옳지 않은 것은?

―〈보기〉―
그들은 촛불을 밝혀 들었다.

① '그들은'의 '그'와 '들'은 실질 형태소이다.
② '밝혀'의 '밝'과 '들었다'의 '들'은 모두 의존 형태소이다.
③ '촛불을'과 '밝혀'의 형태소의 개수를 더하면 모두 6개이다.
④ '그들은'의 '은', '촛불을'의 '을', '들었다'의 '다'는 모두 형식 형태소이다.

## 14

다음 중 자동사와 타동사의 기능을 모두 가지고 있는 동사는?

① 개다
② 새우다
③ 잇달다
④ 싸우다

## 15

국어의 품사에 대한 설명으로 가장 옳지 않은 것은?

① 체언은 문장에서 주체의 구실을 하며 명사·대명사·수사가 이에 속한다.
② 관형사는 주로 명사를 수식하며, 부사는 용언이나 다른 부사를 수식할 수 있다.
③ 동사와 형용사는 용언으로 문장 안에서 주로 서술하는 기능을 하며, 활용을 하는 특성을 가진다.
④ 조사는 체언 뒤에 결합하여 다른 말과의 문법적 관계를 나타내거나 뜻을 더해 주는 기능을 지니며, 조사끼리는 결합할 수 없다.

## 16

**〈보기〉의 밑줄 친 부분의 품사가 같은 것으로만 묶인 것은?**

〈보기〉
- 수없이 늘인 구슬 밑에 ㉠하늘하늘하는 옷자락은 서양 여인의 야회복을 생각나게 한다.
- 매우 걱정을 했지만 그 뒤에 나에게는 아무 일도 ㉡없었다.
- 매일 아침 일찍 운동을 다니는 일은 보통 ㉢힘든 게 아니다.
- 그녀는 입사 동기 중에 가장 ㉣잘났다.
- 아이는 ㉤장난스러운 웃음을 지었다.

① ㉠, ㉡, ㉤
② ㉠, ㉣
③ ㉠, ㉤
④ ㉡, ㉣, ㉤

## 17

**밑줄 친 부분의 품사가 나머지 셋과 다른 하나는?**

① 우리가 만난 <u>지</u> 얼마나 됐지?
② 노력한 <u>만큼</u> 대가를 얻는다.
③ 그는 믿을 <u>만한</u> 사람이다.
④ 아는 <u>대로</u> 설명했다.

## 18

**밑줄 친 부분의 품사가 나머지 셋과 다른 하나는?**

① 내겐 그를 저지할 <u>만한</u> 힘이 없다.
② 주위는 <u>괴괴한</u> 달밤처럼 적막했다.
③ 길도 멀고 <u>하니</u> 일찍 출발해야겠다.
④ 아기 다리가 안쪽으로 약간 <u>곱았다</u>.

## 19

<보기>의 ㉠~㉤에 대한 설명으로 옳지 않은 것은?

─〈보기〉─

- ㉠그분을 찾아뵙고 인사를 드렸다.
- ㉡그는 뭐든지 ㉢자기 고집대로 한다.
- 아이들은 ㉣저희들끼리 도란거린다.
- 어머니는 ㉤당신의 고향을 그리워하셨다.

① ㉠과 ㉡은 3인칭 대명사이다.
② ㉡과 ㉢은 같은 사람을 가리키는 말이다.
③ ㉢은 3인칭이고 ㉣은 2인칭으로 모두 재귀 대명사이다.
④ ㉤은 ㉢과 같은 대명사를 아주 높여 이르는 말이다.

## 20

<보기>에서 형용사만을 모두 고른 것은?

─〈보기〉─

- 아버지는 환갑이 지났지만 40대처럼 ㉠젊어 보인다.
- 이제는 나도 ㉡늙어서 예전 같지 않다.
- 은행원은 ㉢모자란 금액을 자기 월급으로 채웠다.
- 우리는 이익을 ㉣고르게 분배하였다.
- 저녁이 되니 바람이 ㉤설렁거려서 꽤 시원하다.

① ㉠, ㉡, ㉣, ㉤      ② ㉠, ㉢, ㉤
③ ㉠, ㉣      ④ ㉢, ㉤

## 21

**〈보기〉의 ㉠~㉥에 대한 설명으로 옳은 것은?**

―〈보기〉―
- 언제 ㉠하루 날 잡아서 다녀와야겠다.
- 그는 나보다 ㉡서너 살 위로 보였다.
- 매월 ㉢첫째 주 월요일은 휴업합니다.
- 신발은 ㉣첫째로 발이 편안해야 한다.
- 사과 ㉤두 개 중 ㉥하나만 먹어라.

① ㉠과 ㉡은 모두 수량과 순서를 나타내는 수 관형사이다.
② ㉢에는 조사가 붙을 수 없지만 ㉣에는 조사가 붙을 수 있다.
③ ㉢은 순서를 나타내는 서수사로 관형사의 수식을 받을 수 없다.
④ ㉤과 ㉥은 사물의 수량을 나타내는 양수사이다.

## 22

**〈보기〉의 ㉠~㉣ 중 품사가 나머지 셋과 다른 하나는?**

―〈보기〉―
- ㉠ 갖은 노력을 다하다.
- ㉡ 일부 구간이 공사 중이다.
- ㉢ 전 세계가 하나가 되었다.
- ㉣ 웬 까닭인지 몰라 어리둥절하다.

① ㉠　　　　　　　　② ㉡
③ ㉢　　　　　　　　④ ㉣

## 23

밑줄 친 ㉠~㉤의 품사가 바르게 연결된 것은?

- 잘 모르겠다는 ㉠듯 눈만 껌벅이고 있었다.
- ㉡우리는 그를 대표로 뽑았다.
- ㉢첫째는 고등학생이고, 둘째는 초등학생이다.
- 절대 그럴 ㉣리가 없다.
- 그는 하는 시합마다 ㉤백이면 백 모두 승리했다.

|   | ㉠ | ㉡ | ㉢ | ㉣ | ㉤ |
|---|---|---|---|---|---|
| ① | 형용사 | 명사 | 수사 | 조사 | 명사 |
| ② | 명사 | 대명사 | 수사 | 조사 | 명사 |
| ③ | 형용사 | 명사 | 명사 | 명사 | 수사 |
| ④ | 명사 | 대명사 | 명사 | 명사 | 수사 |

## 24

밑줄 친 부분의 품사가 나머지 셋과 다른 하나는?

① 어찌 걱정이 안 되겠습니까?
② 그러게 그곳엔 가지 말랬잖아.
③ 무거운 침묵이 한동안 계속되었다.
④ 보약을 먹었더니 겨우내 감기 한 번 안 걸렸다.

## 25

명사의 개수가 가장 많은 것은?

① 철수는 밀가루로 된 것이면 다 좋아한다.
② 이것은 그이가 제 생일 선물로 준 반지예요.
③ 우리 사무실은 비교적 교통이 편리한 편이다.
④ 예전에 한 번 만난 적이 있는 사람이다.

## 26

**밑줄 친 부분의 품사가 관형사인 것은?**

① <u>보통</u> 때와 다른 옷차림이다.
② 그녀의 외모는 <u>비교적</u> 미인형에 속한다.
③ 학관 입구는 <u>여느</u> 날처럼 붐비고 있었다.
④ 이름은 봉학이고 나이는 올해 <u>갓</u> 마흔입니다.

## 27

**㉠~㉥의 품사가 같은 것끼리 묶인 것은?**

- 이순신 장군의 일대기를 ㉠<u>그린</u> 영화이다.
- 늦가을에 벌써 ㉡<u>얼음</u>이 얼었다.
- 세대가 ㉢<u>다른</u> 사람들의 협력이 필요하다.
- ㉣<u>새로</u> 산 구두가 번쩍거리다.
- 오늘따라 학교에 ㉤<u>가기</u>가 싫었다.
- 그는 덩치만 ㉥<u>크지</u> 겁이 많아서 항상 놀림을 받는다.

① ㉠, ㉣  ② ㉡, ㉤
③ ㉢, ㉥  ④ ㉣, ㉥

## 28

**〈보기〉 ㉠~㉣에 대한 설명으로 가장 옳지 않은 것은?**

〈보기〉
- 열다섯이 ㉠<u>채</u> 될까 말까 한 소녀였다. (부사)
- 부끄러운 듯 여전히 고개를 숙인 ㉡<u>채</u> 말했다. (의존 명사)
- 무를 ㉢<u>채</u> 쳐서 김치를 담그는 데 썼다. (명사)
- 소매치기가 가방을 ㉣<u>채</u> 갔다. (동사)

① ㉠은 '이 위조지폐는 <u>진짜</u> 같다.'의 '진짜'와 품사가 같다.
② ㉡은 '내 <u>딴</u>은 최선을 다했다.'의 '딴'과 품사가 같다.
③ ㉢은 '그들이 막 떠나려던 <u>터</u>였다.'의 '터'와 품사가 같다.
④ ㉣은 '나는 서슴지 <u>않고</u> 계단을 올라갔다.'의 '않고'와 품사가 같다.

## 29

밑줄 친 부분의 품사가 나머지 셋과 다른 하나는?

① 우리 풍토에 걸맞지 않았다.
② 나는 전혀 놀라지 않았다.
③ 문에 빗장이 굳게 걸렸다.
④ 아직 부족한 점이 많습니다.

## 30

밑줄 친 부분의 품사가 나머지 셋과 다른 하나는?

① 그런 태도는 옳지 못하다.
② 배가 고프다 못하여 아프다.
③ 보다 못해 어머니가 참견하고 나섰다.
④ 그는 자신을 가누지 못하고 바닥에 누웠다.

## 31

〈보기〉의 ㉠에 해당하는 것은?

─〈보기〉─
'늦다'는 한 단어임에도 ㉠동사와 형용사의 두 가지 품사를 가지고 있다.

① 이 아이는 성장 속도가 남보다 늦다.
② 약속 시간에 늦어 영화를 보지 못했다.
③ 늦추위로 올해는 꽃이 늦게 피었다.
④ 일하느라 늦도록 점심을 못 먹었다.

## 32 [1회독] [2회독] [3회독]

**밑줄 친 용언의 종류가 다른 것은?**

① 밥 한 그릇을 순식간에 먹어 치웠다.
② 나는 바둑에서 두 점을 놓고 둬도 질 때가 많다.
③ 서점에 책을 잔뜩 사 가지고 왔다.
④ 그가 한 일을 직접 보고 보니 이해가 되었다.

## 33 [1회독] [2회독] [3회독]

**밑줄 친 부분의 품사가 나머지 셋과 다른 하나는?**

① 아이는 맛있는 음식을 보고 침을 삼켰다.
② 저 멀리서 불이 밝게 타오르고 있었다.
③ 아무것도 없으면서 있는 체한다.
④ 그는 작년부터 중병을 앓고 있다.

## 34 [1회독] [2회독] [3회독]

**밑줄 친 부분의 품사가 나머지 셋과 다른 것은?**

① 사실을 알고 싶었지만 아무도 말해 주지 않았다.
② 너무 귀여워 가지고 눈을 뗄 수가 없다.
③ 그렇게 동생을 놀려 쌓으면 못쓴다.
④ 철수는 약속 시간에 늦지 않다.

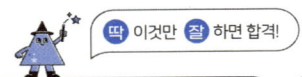

## 35

**〈보기〉의 밑줄 친 부분과 품사가 같은 것은?**

― 〈보기〉 ―
그는 매사에 신중하여 무리하지 않는다.

① 건강하게 오래 살아야 합니다.
② 늦은 시간이니 조심해서 가십시오.
③ 지난밤 내내 설레어 잠을 못 이루었다.
④ 이 맛을 이제야 알게 되었다.

## 36

**밑줄 친 단어의 형태가 옳지 않은 것은?**

① 애초부터 불살라 버릴 청춘도 없었다.
② 그는 인사성이 발라서 참 좋다.
③ 들꽃들의 향이 코끝을 간질러 주었다.
④ 탁자는 기름걸레로 문질린 자국이 선명했다.

## 37

**밑줄 친 조사의 성격이 나머지 셋과 다른 하나는?**

① 정부에서 실시한 조사 결과가 발표되었다.
② 그는 모 기업에서 돈을 받은 혐의로 조사 중이다.
③ 우리는 학교 동창회에서 처음 만났다.
④ 서울에서 방금 전에 출발했다.

## 38

**밑줄 친 용언의 활용형 중 가장 옳지 않은 것은?**

① 우리 선생님은 어쩜 저렇게 숫저울까.
② 수저질도 어줍어서 국물을 줄줄 흘리셨다.
③ 못내 아쉬워서 자꾸 뒤를 돌아보았다.
④ 흠집 없이 짜깁어서 새것처럼 보인다.

## 39

**한국어의 조사에 대한 설명으로 가장 옳지 않은 것은?**

① 한국어에서 조사는 체언에 문법적인 자격을 부여하는 격 조사, 뜻을 보태 주기만 하는 보조사, 같은 성분을 이어 주는 접속 조사가 있다.
② 보조사는 격 조사, 부사, 연결 어미에 각각 붙어서 의미를 더해 줄 수 있다.
③ 서술격 조사는 '이다, 아니다'로 활용을 하는 특성을 가진다.
④ 보격 조사는 일반적으로 주격 조사 '이/가'와 형태가 같다.

## 40

**밑줄 친 단어의 쓰임이 가장 옳지 않은 것은?**

① 하던 일을 걷어 놓고 나와라.
② 글씨가 너무 조그매서 읽을 수가 없다.
③ 우리 집은 동네에서 제일 커다랐습니다.
④ 입맛이 까탈스러워 반찬을 만들기가 어렵다.

## 41

**〈보기〉의 ㉠~㉣ 중 관형사를 모두 고른 것은?**

― 〈보기〉 ―
- 그녀는 ㉠새로운 직장에 쉽게 적응하였다.
- 그는 같은 말을 ㉡여러 차례 반복했다.
- ㉢무슨 일이든 하려면 끝까지 하여야지.
- 다 사정이 ㉣그런 걸 어떻게 하겠어요.

① ㉠, ㉡  ② ㉠, ㉣
③ ㉡, ㉢  ④ ㉢, ㉣

## 42

**〈보기〉의 ㉠~㉣에 대한 설명 중 가장 옳지 않은 것은?**

― 〈보기〉 ―
- ㉠ 우선 가계약을 맺고 내일 정식 계약을 하자.
- ㉡ 그는 웃음을 깨물고 섰다가는 손바닥을 폈다.
- ㉢ 나는 선생님께 아프다고 거짓말하고 등교하지 않았다.
- ㉣ 새벽녘으로 접어들자 어느새 칙칙한 이슬비로 변해 있었다.

① ㉠의 '가계약'과 '망원경', '덧버선'은 단어 형성 방법이 같다.
② ㉡의 '웃음'과 '끝내', '공치다'는 단어 형성 방법이 같다.
③ ㉡의 '깨물고'와 ㉢의 '거짓말하고'는 단어 형성 방법이 같다.
④ ㉡의 '손바닥'과 ㉣의 '어느새', '이슬비'는 단어 형성 방법이 같다.

## 43

**밑줄 친 부분의 품사가 나머지 셋과 다른 하나는?**

① 다시 찾아간 고향은 옛 모습 그대로였다.
② 단층집을 헌 자리에 새 건물이 들어섰다.
③ 우리는 대회 사상 첫 우승을 차지하였다.
④ 전교생이 한 교실에 모여 특강을 들었다.

## 44

**밑줄 친 부분이 ㉠의 예에 해당하는 것은?**

> 어근의 앞이나 뒤에 파생 접사가 결합된 것을 파생어라 한다.
> 파생 접사는 그 위치에 따라 접두사와 접미사로 나누는데 접두사는 어근의 품사를 바꿀 수 없지만, ㉠ 접미사는 어근의 품사를 바꾸기도 한다.

① 딸랑이를 흔들다.
② 나는 겁보같이 도망갔다.
③ 그녀는 신문에 여행기를 연재하였다.
④ 그는 곰곰이 혼자 대책을 궁리하였다.

## 45

**밑줄 친 부분의 품사가 나머지 셋과 다른 하나는?**

① 처지를 딱히 여기다.
② 마음 놓고 찬찬히 걸었다.
③ 며칠간 몸살로 되게 앓았다.
④ 술잔이 술로 가득하게 채워졌다.

## 46

**밑줄 친 접두사가 한자에서 온 말인 것은?**

① 몰매
② 몰박다
③ 몰염치
④ 몰밀다

## 47

다음 (가)와 (나)에 해당하는 예를 〈보기〉의 ㉠~㉤에서 골라 바르게 연결한 것은?

> 국어의 부사는 일반적으로 (가) 용언이나 다른 부사를 수식하지만, 경우에 따라서는 (나) 문장 전체를 수식하기도 한다.

〈보기〉
- ㉠과연 이 일은 어떻게 될 것인가?
- 하니는 ㉡아주 ㉢빨리 달린다.
- 이번에는 ㉣제발 그와 통화됐으면 좋겠다.
- 그는 자리에서 일어났다. ㉤그리고 창문을 열었다.

|  | (가) | (나) |  | (가) | (나) |
|---|---|---|---|---|---|
| ① | ㉠, ㉢, ㉣ | ㉡, ㉤ | ② | ㉠, ㉢ | ㉡, ㉣, ㉤ |
| ③ | ㉡, ㉢, ㉣ | ㉠, ㉤ | ④ | ㉡, ㉢ | ㉠, ㉣, ㉤ |

## 48

다음은 국어사전에 수록된 접두사 '공-'의 풀이이다. 밑줄 친 부분의 예시어로 적절한 것은?

> 공-(空)
> [접사]
> 「1」(일부 명사 앞에 붙어) '힘이나 돈이 들지 않은'의 뜻을 더하는 접두사
> 「2」(일부 명사 앞에 붙어) '빈' 또는 '효과가 없는'의 뜻을 더하는 접두사
> 「3」(몇몇 동사 앞에 붙어) '쓸모없이'의 뜻을 더하는 접두사

① 공돈(空돈)  ② 공술(空술)
③ 공수표(空手票)  ④ 공차표(空車票)

## 49

〈보기〉의 밑줄 친 부분과 품사가 같은 것은?

〈보기〉
그녀는 맨 구석 자리에 앉았다.

① 그것은 한낱 휴지 조각에 불과했다.
② 그 사람은 순 거짓말쟁이다.
③ 그는 온갖 역경을 다 겪었다.
④ 이리 우는 애는 처음 보았다.

## 50

밑줄 친 부분이 접사가 아닌 것은?

① 죽음과 맞서 싸우다.
② 길을 가다 강도떼를 만났다.
③ 요즘 조미료 가격이 떨어졌다.
④ 그저 주책바가지인 줄만 알았다.

## 51

〈보기〉에 쓰인 단어에 대한 품사 분류가 옳은 것은?

〈보기〉
• 영희는 오늘 길을 걷다가 가게에서 예쁜 옷을 보았다.
• 그 옷이 마음에 들었는지 서성이다가 다시 걷기 시작했다.

① 오늘 – 명사
② 예쁜 – 관형사
③ 그 – 대명사
④ 다시 – 부사

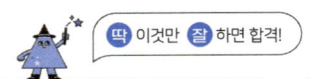

## 52

**다음 〈보기〉를 바탕으로 가장 적절한 설명은?**

〈보기〉

직접 구성 요소란 어떤 말을 직접 이루고 있는 두 부분으로 나누었을 때 나오는 두 요소이다. 예를 들어, '민물고기'에서는 '민물'과 '고기'가 직접 구성 요소가 된다. 이 분석은 '민물'에 대해서도 더 적용할 수 있다. 이렇게 직접 구성 요소를 분석해 보면 한 단어에 합성과 파생 과정이 모두 있는 '민물고기'는 파생어가 아닌 합성어임을 알 수 있다. 직접 구성 요소 분석 시 고려해야 할 점은 '직접 구성 요소로 분석되는 말이 실제로 존재하는가.', '직접 구성 요소들과 그 전체 구성의 의미가 서로 통하는가.'의 두 가지이다.

① '닭튀김'은 그 직접 구성 요소 중 하나가 파생어인 파생어이다.
② '생배앓이'는 그 직접 구성 요소 중 하나가 파생어인 파생어이다.
③ '드높이다'는 그 직접 구성 요소 중 하나가 파생어인 합성어이다.
④ '살얼음판'은 그 직접 구성 요소 중 하나가 합성어인 합성어이다.

## 53

**밑줄 친 단어의 품사가 부사가 아닌 것은?**

① <u>아장아장한</u> 작은 발로 걸어찬다.
② 돈이 <u>가득히</u> 들어 있었다.
③ 더 이상 <u>못</u> 봐 주겠다.
④ 폭음이 <u>쾅쾅</u> 울린다.

## 54

**품사의 분류 중 수식언에 대한 설명으로 옳지 않은 것은?**

① 수식언은 뒤에 오는 말을 수식하거나 한정하기 위하여 첨가하는 관형사와 부사를 통틀어 이르는 말로, 활용은 하지 않는다.
② 관형사는 체언의 내용을 수식하고, 형태가 변하지 않으며 조사가 붙을 수 없다.
③ 관형사는 기능에 따라 성상 관형사, 지시 관형사, 수 관형사 따위로 나뉜다.
④ 부사는 용언, 다른 부사, 문장 전체를 수식하지만 체언을 수식할 수는 없다.

## 55

**밑줄 친 단어의 품사가 옳지 않은 것은?**

① ㉠ 그는 <u>보다</u> 나은 삶을 위해 열심히 산다. (부사)
　 ㉡ 그는 누구<u>보다</u>도 열심히 산다. (조사)
② ㉠ 노력한 <u>만큼</u> 받을 수 있다. (의존 명사)
　 ㉡ 나도 당신<u>만큼</u> 할 수 있다. (조사)
③ ㉠ 그는 <u>한</u> 달 월급을 모두 저금했다. (수 관형사)
　 ㉡ 죽는 <u>한</u>이 있어도 끝까지 싸우겠다. (명사)
④ ㉠ 나는 그가 이곳을 직접 방문해 준 것에 무척 <u>감사하고</u> 있습니다. (형용사)
　 ㉡ <u>감사한</u> 말씀이지만 사양하겠습니다. (동사)

## 56

**〈보기〉의 밑줄 친 부분에 대한 설명으로 옳지 않은 것은?**

―〈보기〉―
지난여름에 누나㉠<u>랑</u> 함께 할머니 ㉡<u>댁</u>에 놀러 가서 밥㉢<u>에</u> 고기㉣<u>에</u> ㉤<u>아주</u> ㉥<u>잘</u> 먹었다.

① ㉠은 어떤 행동을 함께 하거나 상대로 하는 대상임을 나타내는 격 조사이다.
② ㉡은 남의 집이나 가정을 높여 이르는 말로 명사이다.
③ ㉢은 둘 이상의 사물을 이어 주는 접속 조사이며, ㉣은 부사어임을 나타내는 격 조사이다.
④ ㉤은 부사를 수식하고, ㉥은 용언을 수식하지만 둘 다 부사이다.

## 57

**밑줄 친 부분의 품사를 바르게 연결한 것은?**

㉠<u>한</u> 사람이 아니라 ㉡<u>두셋</u>이 ㉢<u>한꺼번</u>에 나에게 달려들었지만, 그다지 ㉣<u>겁나지</u> 않았다.

| | ㉠ | ㉡ | ㉢ | ㉣ |
|---|---|---|---|---|
| ① | 수사 | 수사 | 동사 | 형용사 |
| ② | 수사 | 명사 | 부사 | 동사 |
| ③ | 관형사 | 수사 | 부사 | 동사 |
| ④ | 관형사 | 명사 | 부사 | 형용사 |

## 58

**밑줄 친 부분의 품사가 서로 같은 것끼리 묶인 것은?**

① ㉠ 그것은 모두 제 잘못입니다.
　㉡ 그것을 잘못 건드리면 큰일 난다.
② ㉠ 우리는 구체적인 부분까지 논의하였다.
　㉡ 사건의 구체적 경위를 밝히었다.
③ ㉠ 그녀는 충분히 잠으로써 피로를 풀었다.
　㉡ 그녀는 편안하고 깊은 잠에 빠져들었다.
④ ㉠ 대기 시간이 길어서 한참 기다렸다.
　㉡ 그는 말이 길어서 듣는 사람을 지루하게 한다.

## 59

**㉠에 해당하는 예로 옳은 것은?**

> '-ㅁ/-음'은 용언의 어간 뒤에 붙어서 동사를 명사형이 되게 하는 명사형 어미 역할을 하거나 ㉠명사로 파생시키는 접미사 역할을 한다.

① 그는 죽음을 각오하고 싸웠다.
② 발을 디디니 바다가 깊음을 알 수 있었다.
③ 이런 장사는 신용을 얻음이 제일이다.
④ 그 사람이 빨리 감으로써 한결 마음이 편해졌다.

## 60

**밑줄 친 '웃음'과 같은 품사를 〈보기〉에서 모두 고른 것은?**

> 그는 활짝 웃음으로써 답을 대신하였다.

〈보기〉
- 표정을 보니 무슨 일이 ㉠있음에 틀림없다.
- 아이에게 주말에 소풍을 ㉡가기로 약속했다.
- 무용수들이 군무를 ㉢춤과 동시에 조명이 켜졌다.
- 나를 보자마자 빠른 ㉣걸음으로 다가왔다.

① ㉠, ㉡　　　　　　　　② ㉠, ㉣
③ ㉡, ㉢　　　　　　　　④ ㉢, ㉣

## 61

**밑줄 친 부분의 품사가 옳지 않은 것은?**

① ㉠ 제대로 처벌하려면 법대로 해라. (조사)
　㉡ 어서 들은 대로 이야기해라. (명사)
② ㉠ 그는 몹시 기쁨에도 내색을 안 했다. (명사)
　㉡ 그녀는 기쁜 마음으로 아이들을 가르쳤다. (형용사)
③ ㉠ 이 시리즈물의 첫째 권을 잃어버렸다. (관형사)
　㉡ 김 씨네는 첫째가 벌써 초등학생이다. (명사)
④ ㉠ 아직 아무도 오지 않았다. (대명사)
　㉡ 아무 사람이나 만나서는 안 된다. (관형사)

## 62

**'본용언 + 보조 용언'의 구성이 아닌 것은?**

① 나는 웃음이 터져 나오는 것을 겨우 참아 냈다.
② 아버지는 오빠의 말을 가만히 듣고 계셨다.
③ 어머니께서 바구니를 들고 가셨다.
④ 그는 친구의 숙제를 대신 해 주었다.

## 63

**밑줄 친 부분의 품사가 나머지 셋과 다른 하나는?**

① 집에 있겠다 싶어 전화를 했다.
② 이유도 묻지 않고 돈을 빌려주었다.
③ 기다리다 못하여 돌아갔다.
④ 옷이 좋기는 한데 가격이 비싸다.

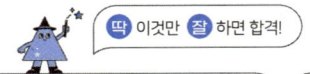

## 64
**밑줄 친 단어의 기본형으로 옳지 않은 것은?**

① 벌에 쐬어 손이 퉁퉁 <u>부었다</u>. (→ 붓다)
② 냄비에 물을 <u>부어</u> 라면을 끓였다. (→ 붓다)
③ 오래되어 <u>불은</u> 국수는 맛이 없다. (→ 불다)
④ 식욕이 왕성하여 몸이 많이 <u>불었다</u>. (→ 붇다)

## 65
**국어의 불규칙 활용에 대한 〈보기〉의 설명과 그 예로만 묶은 것은?**

― 〈보기〉 ―
불규칙 활용은 ㉠<u>어간만이 불규칙적으로 바뀌는 것</u>, ㉡<u>어미만이 불규칙적으로 바뀌는 것</u>, ㉢<u>어간과 어미가 모두 불규칙하게 바뀌는 것</u>의 세 가지 유형으로 나누어 볼 수 있다.

|   | ㉠ | ㉡ | ㉢ |
|---|---|---|---|
| ① | (날씨가)덥다 | (빛깔이)노르다 | (얼굴이)빨갛다 |
| ② | (날씨가)덥다 | (빛깔이)노르다 | (서로)맞닿다 |
| ③ | (얼굴이)곱다 | (시험을)치르다 | (서로)맞닿다 |
| ④ | (얼굴이)곱다 | (시험을)치르다 | (얼굴이)빨갛다 |

## 66
**밑줄 친 용언의 활용이 잘못된 것은?**

① 너무 <u>서둘다가</u> 중요한 서류를 놓고 왔다.
② 내일까지 아파트 잔금을 <u>치러야</u> 한다.
③ 그는 오랫동안 지방에 <u>머물었다</u>.
④ 어머니의 병이 씻은 듯이 <u>나았다</u>.

## 67

**밑줄 친 용언의 활용형을 잘못 고친 것은?**

① 시냇물에 발을 담궈 두니 시원하다. → 담가
② 나는 그것이 내 잘못임을 깨닫았다. → 깨달았다
③ 우리는 가끔 집 앞 공원에 들려 산책을 한다. → 들러
④ 잔돈이 좀 모자라니 값을 조금 깎아주세요. → 모자르니

## 68

**〈보기〉의 밑줄 친 ㉠~㉢에 해당하는 예를 바르게 연결한 것은?**

─〈보기〉─
우리말의 단어 형성 유형을 우선 ㉠단일어와 복합어로 구분하여 살펴볼 수 있고, 다시 복합어는 ㉡파생어와 ㉢합성어로 구분할 수 있다.

| | ㉠ | ㉡ | ㉢ |
|---|---|---|---|
| ① | 바다 | 푸르다 | 스며들다 |
| ② | 어머니 | 정답다 | 헛디디다 |
| ③ | 예쁘다 | 공부하다 | 약아빠지다 |
| ④ | 멋지다 | 움직이다 | 들이닥치다 |

## 69

**〈보기〉의 밑줄 친 ㉠~㉣에 대한 설명으로 옳지 않은 것은?**

─〈보기〉─
- ㉠가랑비에 옷 젖는 줄 모른다.
- ㉡선무당이 사람 잡는다.
- ㉢군말이 많으면 쓸 말이 적다.
- ㉣늦바람이 용마름을 벗긴다.

① ㉠과 ㉣은 단어 형성 방법이 같다.
② ㉡과 ㉢은 단어 형성 방법이 같다.
③ ㉡과 '날고기', '알밤'은 단어 형성 방법이 같다.
④ ㉣과 '선생님', '풋사랑'은 단어 형성 방법이 같다.

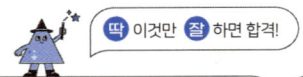

## 70

**밑줄 친 부분이 접두사가 아닌 것은?**

① <u>알</u>몸으로 물속에 뛰어들었다.
② <u>독</u>수리는 날짐승의 우두머리이다.
③ 우리에게 <u>불</u>가능은 있을 수 없다.
④ 거리에는 <u>건</u>어물을 파는 사람들이 많았다.

## 71

**비통사적 합성어로만 묶인 것은?**

① 덮밥, 새언니, 길짐승, 높푸르다
② 햇감, 어린이, 흔들바위, 그만두다
③ 암탉, 고추장, 이리저리, 낯설다
④ 곶감, 산들바람, 먹거리, 돌보다

## 72

**합성어의 개수로 옳은 것은?**

| 건널목, 디딤돌, 똑딱단추, 수평아리, 해님, 코흘리개, 알아듣다, 흉터, 붙잡다, 장난꾸러기 |
|---|

① 4개　　　　　　　　② 5개
③ 6개　　　　　　　　④ 7개

## 73

**밑줄 친 말이 문장의 의미에 어울리지 않는 것은?**

① 그녀는 남편까지 떠나보내고 <u>홀몸</u>이 되었다.
② 들녘에는 벌써 <u>올벼</u>를 수확하는 모습이 보였다.
③ 이 음식점은 냉동 재료는 전혀 사용하지 않고 <u>생고기</u>만을 고집한다.
④ 아들이 죽는 것에 비하면 다친 것은 <u>한갓정</u>일 뿐이었다.

## 74

**파생어로만 묶인 것은?**

① 첫눈, 군살, 얕보다, 들볶다
② 들개, 비상구, 되새기다, 시꺼멓다
③ 한낮, 날강도, 높푸르다, 잘나가다
④ 건축가, 막노동, 값지다, 약아빠지다

## 75

**밑줄 친 부분의 통사적 합성어 형성 방법이 잘못 연결된 것은?**

① 날씨가 더워 아이스크림이 <u>죄다</u> 녹았다. – 부사와 부사가 결합된 경우
② 고개를 숙이고 묵묵하게 <u>앞서서</u> 걸었다. – 부사와 용언이 결합된 경우
③ 돈 한 푼 없이 <u>빈주먹</u>만 들고 이렇게 성공했다. – 관형어와 체언이 결합된 경우
④ 얼굴에 미소가 <u>떠오르다</u>. – 연결 어미로 이어진 경우

## 76

**〈보기〉와 동일한 구성 방식을 보이는 단어로만 묶인 것은?**

―〈보기〉―
면도칼, 김치찌개, 늙은이, 스며들다

① 옛날, 말솜씨, 본받다
② 앞뒤, 강된장, 날뛰다
③ 톱질, 산비탈, 빛나다
④ 접칼, 온종일, 애쓰다

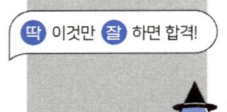

## chapter 04 통사론

정답 및 해설 p.21

### 01 [1회독] [2회독] [3회독]

〈보기〉에서 국어의 문장 성분에 대한 잘못된 설명을 모두 고른 것은?

― 〈보기〉 ―
㉠ 주어, 목적어, 서술어, 보어는 문장의 주성분이다.
㉡ 맥락에 따라 주어와 목적어는 문장의 주성분이지만 생략될 수 있다.
㉢ 서술어의 성격에 따라 필요로 하는 문장 성분의 숫자가 다르다.
㉣ 부사어와 관형어는 부속 성분으로 필수적인 문장 성분이 될 수 없다.
㉤ 독립어는 문장의 다른 성분과 직접적인 관계를 맺지 않으며 감탄사만 이에 속한다.
㉥ 체언이 관형어로 쓰이기 위해서는 체언에 관형격 조사가 결합해야만 관형어가 될 수 있다.

① ㉠, ㉡, ㉥
② ㉡, ㉢, ㉣
③ ㉡, ㉣, ㉤
④ ㉣, ㉤, ㉥

### 02 [1회독] [2회독] [3회독]

〈보기〉의 ㉠~㉤에 대한 설명으로 옳지 않은 것은?

― 〈보기〉 ―
㉠ 그녀는 볼에 흐르는 눈물을 걷잡을 수 없었다.
㉡ 그가 착한 사람임을 모르는 사람은 거의 없다.
㉢ 방 안은 먼지 하나 없이 아주 깨끗했다.
㉣ 그의 방에는 인형이 아주 많다.
㉤ 그는 나와 달리 마음이 여리다.

① ㉠의 '볼에 흐르는'은 관형어의 구실을 하며, ㉡의 '그가 착한 사람임'은 목적어의 구실을 한다.
② ㉠은 주어가 생략된 관형절을 안고 있고, ㉡은 명사절, 관형절을 안고 있다.
③ ㉢과 ㉣에는 절 표지가 없이 안긴문장이 있다.
④ ㉢과 ㉤은 부사절을 안은문장이다.

## 03

**밑줄 친 부분의 문장 성분이 나머지 셋과 다른 하나는?**

① 그 약은 꼭 <u>사탕처럼</u> 생겼다.
② <u>누구나</u> 죽는 건 지극히 당연한 일이다.
③ 여름 <u>방학에</u> 집에서 농사일을 거들었다.
④ 우리는 아침에 <u>도서관에서</u> 만나기로 하였다.

## 04

**밑줄 친 서술어의 자릿수가 같은 것끼리 묶인 것은?**

① • 몰래 마시고 있던 술을 신문지로 <u>덮었다</u>.
  • 우울한 분위기가 방 안을 <u>덮었다</u>.
② • 일렬로 같은 간격을 <u>두었다</u>.
  • 나는 그를 혼자 외롭게 <u>두었다</u>.
③ • 어머니는 나에게 핀잔을 <u>놓았다</u>.
  • 메어치려고 쳐들었던 그의 멱살을 <u>놓았다</u>.
④ • 구름이 석양빛을 받아 붉게 <u>물들었다</u>.
  • 친구는 나쁜 사상을 가진 선배에게 <u>물들었다</u>.

## 05

**〈보기〉의 문장에서 '목적어'만 모두 고른 것은?**

〈보기〉
• 밥만 먹지 말고 ㉠<u>반찬도</u> 먹어라.
• 결국에는 모든 것이 ㉡<u>재가</u> 되었다.
• 몸이 마음대로 ㉢<u>움직이지를</u> 않아 놀랐다.
• 하루 종일 ㉣<u>잠만</u> 잤더니 머리가 띵했다.

① ㉠, ㉢  ② ㉠, ㉢, ㉣
③ ㉠, ㉣  ④ ㉡, ㉢, ㉣

## 06

**안긴문장이 없는 것은?**

① 오늘은 밖에 나가기가 싫다.
② 네가 애쓴 사실을 알고 있다.
③ 대화가 어디로 튈지 아무도 몰랐다.
④ 나는 나만의 삶을 나의 방식대로 산다.

## 07

**밑줄 친 부분의 문장 성분이 다른 하나는?**

① 나는 <u>지금</u> 막 집에 도착했다.
② 다 모아봤지만 <u>겨우</u> 다섯이었다.
③ <u>잘되던</u> 일을 훼방해서 일이 무산되었다.
④ 시험 때까지의 <u>공부</u> 계획을 완벽하게 세웠다.

## 08

**절과 절을 이어 주는 연결 어미를 사용할 때 나타나는 여러 제약에 대한 설명으로 가장 적절한 것은?**

① '-거든'의 후행 절에는 의문문이 올 수 없다.
② '-라도'는 형용사나 서술격 조사에만 붙여 쓰인다.
③ '-(으)ㄴ들'의 후행 절이 의문문이면 수사 의문문이어야 한다.
④ '-고서'는 '-았-/-었-'과는 결합하지 못하지만, '-겠-'과는 결합할 수 있다.

## 09

**〈보기〉의 ㉠~㉤ 중 문장의 주성분만 모두 고른 것은?**

― 〈보기〉 ―
- 일시가 바쁘니 어서 ㉠결정 내려라.
- ㉡할머니도 나들이옷을 입고 우리를 따라나섰다.
- 어느 학교 ㉢동창회에서 있었던 일이다.
- 방 안에는 ㉣아무도 없었다.
- 사람들이 ㉤희한하게도 동시에 쳐다보았다.

① ㉠, ㉡, ㉢  
② ㉠, ㉡, ㉣  
③ ㉡, ㉢, ㉣  
④ ㉢, ㉣, ㉤

## 10

**밑줄 친 부분의 품사와 문장 성분에 대한 설명으로 옳지 않은 것은?**

- ㉠보통 ㉡솜씨가 아니다.
- ㉢이 마을 사람들은 ㉣보통 소 한 마리씩은 기른다.
- 머리 모양을 바꾸니 사람이 ㉤달리 보인다.

① ㉠의 품사는 명사이고, 문장 성분은 관형어인 반면 ㉣의 품사는 부사이고, 문장 성분은 부사어이다.
② ㉡ '솜씨가'의 품사는 명사('솜씨'), 조사('가')이고, 문장 성분은 보어이다.
③ ㉢ '이'의 품사는 관형사이고, 문장 성분은 관형어이다.
④ ㉤ '달리'의 품사는 형용사이고, 문장 성분은 부사어이다.

## 11

**밑줄 친 부분의 문장 성분으로 옳지 않은 것은?**

- 지혜는 ㉠수아에게 책을 빌려주었다.
- ㉡너까지도 나를 못 믿겠니?
- 돈이 인생의 ㉢전부는 아니다.
- ㉣저자와의 대화가 기대된다.

① ㉠ : 부사어  
② ㉡ : 주어  
③ ㉢ : 목적어  
④ ㉣ : 관형어

## 12  1회독 2회독 3회독

〈보기〉의 ㉠~㉣에 대한 설명으로 적절하지 않은 것은?

─〈보기〉─
㉠ 우리가 시장에서 산 배추가 값이 싸다.
㉡ 그녀가 유명한 사업가임을 아는 사람이 거의 없다.
㉢ 이 선달바위산은 새벽 산책을 하기에 참 좋다.
㉣ 그는 정말 똑똑해서 복잡하고 어려운 문제들도 쉽게 풀어낸다.

① ㉠에는 서술절과 목적어가 생략된 관형절이 안겨 있다.
② ㉡에는 부사절을 안은 명사절이 안겨 있다.
③ ㉢에는 부사어 역할을 하는 명사절이 안겨 있다.
④ ㉣은 종속적으로 이어진문장으로 뒤 절에는 관형절이 안겨 있다.

## 13  1회독 2회독 3회독

밑줄 친 ㉠~㉤의 성분에 대한 설명으로 가장 옳은 것은?

• 그는 ㉠너무 헌 차를 한 대 샀다.
• 철수는 ㉡엄마와 닮았다.
• 어둠 가운데서 ㉢두려움이 앞섰다.
• 다른 사람은 몰라도 ㉣너만은 믿는다.
• ㉤혼자서 뭘 그렇게 쫑얼거리고 있니?

① ㉠의 품사는 부사지만 체언인 '차'를 수식하므로 관형어이다.
② ㉡은 부사어이므로 문장에서 생략이 가능하다.
③ ㉢과 ㉤은 주어임을 나타내는 격 조사와 결합한 주어이다.
④ ㉣은 보조사와 결합한 형태로 문장에서 주어 역할을 한다.

## 14

**〈보기〉의 ㉠~㉣과 관련된 설명으로 적절한 것은?**

―〈보기〉―
건강을 지속적으로 ㉠ 유지하기 ㉡ 원한다면 전문가의 처방에 따른 식단 세우기가 ㉢ 선행되어야 하며 식단을 철저하게 지키는 사람이 ㉣ 되어야 한다.

① ㉠이 서술어인 문장에서 목적어는 생략되었다.
② ㉡이 서술어인 문장에서 관형절이 목적어 기능을 한다.
③ ㉢이 서술어인 문장에서 명사절이 주어의 기능을 한다.
④ ㉣이 서술어인 문장에서 명사절이 관형어 기능을 한다.

## 15

**종결 어미의 유형이 나머지 셋과 다른 것은?**

① 얘야, 넘어질라.
② 정부는 수해 대책을 시급히 세우라.
③ 너도 먹어 보려무나.
④ 나도 내일 꼭 가마.

## 16

**〈보기〉의 밑줄 친 부분에 대한 설명으로 옳지 않은 것은?**

―〈보기〉―
㉠ 다시 못 만날지도 모를 게 아니<u>오</u>?
㉡ 우리는 친구가 아니<u>요</u>, 형제랍니다.
㉢ 친구가 많이 아프던가<u>요</u>?

① ㉠의 '-오'는 설명·의문·명령의 뜻을 나타내는 종결 어미이다.
② ㉡의 '-요'는 사물 등을 열거할 때 쓰이는 연결 어미이다.
③ ㉠의 '-오'는 상대방을 보통 낮추고, ㉢의 '요'는 청자에게 존대의 뜻을 나타낸다.
④ ㉢은 보조사로 생략이 가능하지만, ㉠의 '-오'는 생략이 불가능하다.

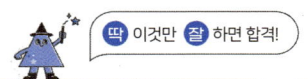

## 17

**밑줄 친 서술어의 자릿수가 나머지 셋과 다른 하나는?**

① 집 안 여기저기에 쥐약을 <u>놓았다</u>.
② 한평생 과학 연구에 몸을 <u>바쳤다</u>.
③ 거리에서 어릴 적 친구와 <u>마주쳤다</u>.
④ 끝까지 그녀와 의견을 <u>같이하였다</u>.

## 18

**청유문으로 가장 적절하지 않은 것은?**

① 밥 좀 먹읍시다.
② 조용히 좀 합시다.
③ 이제 그만 일어나게.
④ 우리 많이 웃고 함께 젊어지세.

## 19

**밑줄 친 서술어 중 〈보기〉의 ㉠과 서술어의 자릿수가 같은 것은?**

―――〈보기〉―――
그는 지리에 매우 ㉠<u>밝다</u>.

① 나이가 드니까 몸이 예전과 <u>다르다</u>.
② 메모지를 벽에 덕지덕지 <u>붙였다</u>.
③ 밥을 짓기 위해 아궁이에 불을 <u>넣었다</u>.
④ 순진하게 그의 말을 사실이라고 <u>여겼다</u>.

## 20

**밑줄 친 부분의 시제가 나머지 셋과 다른 것은?**

① 흙더미가 부스스 무너져 <u>내렸다</u>.
② 빨갛게 <u>익은</u> 딸기를 보니 기분이 좋다.
③ 고깃배가 <u>잡은</u> 고기를 싣고 들어왔다.
④ 그녀의 <u>아름다운</u> 마음씨가 참 예쁘다.

## 21

**홑문장에 해당하는 것은?**

① 눈물이 비 오듯이 흘렀다.
② 저녁이 되자 서편 하늘에 노을이 졌다.
③ 옆집 담장에는 노란 개나리가 늘어져 있다.
④ 두 사람은 현관에서 우연히 마주쳤다.

## 22

**〈보기〉의 ㉠, ㉡에 해당하는 것은?**

─〈보기〉─
우리말의 용언 중에는 피동사와 사동사의 형태가 동일한 것이 있다. 이때 ㉠<u>사동사인지</u>, ㉡<u>피동사인지</u>의 구별은 문장에서의 의미와 쓰임을 통해 이루어진다.

① ㉠ 아이가 엄마 등에 <u>업혀</u> 잠이 들었다.
　㉡ 나는 어린애를 동생에게 <u>업혀</u> 두고 밖으로 나갔다.
② ㉠ 부축을 받아 질질 <u>끌리다시피</u> 집으로 돌아왔다.
　㉡ 향긋한 냄새에 <u>끌려</u> 가게로 들어갔다.
③ ㉠ 어머니는 아들에게 김치와 잔치 음식을 잔뜩 <u>들려</u> 보냈다.
　㉡ 재미있는 이야기를 아이에게 <u>들렸더니</u> 아주 좋아한다.
④ ㉠ 잡초는 동생에게 <u>뜯기고</u> 나는 친구와 놀러 갔다.
　㉡ 밤새 모기에 <u>뜯겼는지</u> 얼굴이 탈바가지 같다.

## 23

**㉠과 ㉡에 해당하는 예가 바르게 연결된 것은?**

> 겹문장은 만들어지는 방식에 따라 안은문장과 이어진문장으로 나뉘는데, 이어진문장은 두 개의 홑문장이 대등한 자격으로 이어지는 ㉠대등하게 이어지는 문장과 앞의 홑문장이 뒤의 홑문장에 종속적으로 연결되는 ㉡종속적으로 이어진문장으로 나눌 수 있다.

① ㉠ 가는 말이 고와야 오는 말이 곱다.
　㉡ 혹시 길이 미끄럽거든 내게 꼭 기별을 해라.
② ㉠ 이 방은 넓은데 저 방은 좁다.
　㉡ 눈이 오는데 차를 몰고 나가도 될까?
③ ㉠ 내일 날씨가 좋으면 소풍을 가겠다.
　㉡ 그는 늦게까지 공부하다가 깜박 잠이 들었다.
④ ㉠ 나는 사과는 좋아하지만 수박은 싫어한다.
　㉡ 그 아이가 형이겠고 이 아이가 동생이겠다.

## 24

**사동문과 피동문에 대한 설명으로 가장 옳지 않은 것은?**

① 주동문이 사동문으로 전환될 때 서술어의 자릿수가 변하지만, 능동문이 피동문으로 전환될 때 서술어의 자릿수에는 변화가 없다.
② 사동 접사는 동사나 형용사에 붙어 사동의 의미를 더하고, 피동 접사는 타동사에 붙어 피동의 의미를 더한다.
③ 하나의 접미사가 모든 동사나 형용사에 자유롭게 결합하는 것은 아니다.
④ 피동문에는 행위의 주체에 해당되는 문장 성분이 생략되는 경우도 있다.

## 25

**안은문장이 아닌 것은?**

① 나는 너 없이 못 살겠다.
② 푸른 바다가 눈앞에 펼쳐졌다.
③ 이 난로는 그을음이 많이 난다.
④ 그 사람은 나의 보호자가 아니다.

## 26

**사동 표현이 없는 것은?**

① 모형 비행기를 옥상에서 공중에 날렸다.
② 그는 조심조심 손을 놀려서 성냥을 그어 댔다.
③ 그는 어림에도 불구하고 화살을 정확히 과녁에 맞혔다.
④ 장난을 치다가 친구에게 목을 졸리는 바람에 큰일이 날 뻔했다.

## 27

**〈보기〉의 ㉠과 ㉡에 대한 설명으로 옳지 않은 것은?**

───── 〈보기〉 ─────
㉠ 라디오에서 뉴스를 듣고 화가 난 군중들은 거리로 몰려나왔다.
㉡ 이 호수의 수심이 깊음을 아무도 알지 못한다.

① ㉠은 이어진문장이고, ㉡은 안은문장이다.
② ㉠과 달리 ㉡에는 명사절이 안겨 있다.
③ ㉠과 ㉡에서는 둘 다 주어가 생략되어 있다.
④ ㉡과 달리 ㉠에는 관형절이 안겨 있다.

## 28

**우리말 표현으로 가장 적절하지 않은 것은?**

① (길에서 친구에게) 오랜만이야. 선부군(先父君)께서는 잘 계시지?
② (평사원이 전무에게) 전무님, 과장님은 오전에 외근 나가셨습니다.
③ (카페에서 손님에게) 주문하신 음료 나왔습니다.
④ (손녀가 할아버지에게) 할아버지, 제가 한 말씀 올리겠습니다.

## 29
**밑줄 친 절의 성격이 나머지 셋과 다른 것은?**

① 그는 <u>내일 할</u> 일을 정리해 보았다.
② 나는 어릴 때 <u>먹던</u> 살구가 먹고 싶었다.
③ 도서관은 <u>공부를 하는</u> 학생들로 가득했다.
④ 그 순간 <u>자동차가 전복된</u> 기억이 떠올랐다.

## 30
**〈보기〉와 같이 문장에 실현되는 높임법을 분석할 때, 옳은 것은?**

―〈보기〉―
나는 동생에게 선물을 주었습니다.
(−주체, −객체, +상대)

① 아버지께서 선물을 사러 백화점에 가셨어. (+주체, −객체, −상대)
② 어머니는 할머니께 선물을 드리셨습니다. (−주체, +객체, +상대)
③ 할머니께서 저에게 선물을 주셨어요. (+주체, −객체, +상대)
④ 나는 할머니께 선물을 드렸다. (−주체, +객체, −상대)

## 31
**다음 설명을 고려할 때, 관형절의 생략된 성분이 나머지 셋과 다른 것은?**

관형절은 안은문장에서 관형어로 쓰이는데 관형절에는 주어가 생략된 관형절, 목적어가 생략된 관형절, 부사어가 생략된 관형절 등이 있다.

① 약속 시간에 늦은 친구들이 많았다.
② 우리는 그들이 헤어졌던 날에 다시 만났다.
③ 그녀는 장식이 새겨진 은갑을 선물 받았다.
④ 나는 그가 지금 사는 집에서 계속 살기를 바란다.

## 32

**높임법의 사용이 옳지 않은 것은?**

① 선생님, 약주를 많이 드셨으니 제가 댁까지 모셔다드리겠습니다.
② 주은아, 선생님께서 훈화하고 계시니까 조금 조용히 해 줄래?
③ 사장님, 사무실에 들어가서 직접 보고 말씀을 드리겠습니다.
④ 어머님, 제 말씀은 못 믿으셔도 그이 말은 믿으시겠다는 말씀이시죠?

## 33

**〈보기〉의 ㉠~㉣에 대한 설명으로 옳지 않은 것은?**

〈보기〉
㉠ 혼자서 이 일을 하기는 어렵다.
㉡ 그는 보기와 달리 마음이 여리다.
㉢ 나는 내가 선물했던 시계를 다시 받았다.
㉣ 그가 거짓말을 했다는 사실이 너무 실망스러웠다.

① ㉠의 안긴문장은 문장에서 주어 역할을 한다.
② ㉡은 주어와 서술어의 관계가 한 번 나타나므로 홑문장이다.
③ ㉢에는 관형어의 기능을 하는 안긴문장이 있으며, 그 문장 내의 목적어가 생략되었다.
④ ㉣의 관형절에 생략된 성분이 없다.

## 34

**㉠~㉥ 중 잘못된 높임 표현이 있는 문장을 모두 고른 것은?**

㉠ 아버님께서는 생전에 당신의 붓을 무척 소중히 다루었다.
㉡ 연세가 많으신 할머니께서는 홍시를 잘 잡수신다.
㉢ 할아버지께서 뭘 두고 오셨다며 당신 집으로 돌아가셨다.
㉣ 저희 같은 말단 직원이 회장님 만나 볼 기회가 있겠어요?
㉤ 누나는 드릴 것이 있다며 할머니께 갔다.
㉥ 궁금한 것이 있으시면 저에게 여쭤 보세요.

① ㉠, ㉢, ㉣, ㉥
② ㉠, ㉡, ㉢, ㉤
③ ㉡, ㉣, ㉤
④ ㉢, ㉤, ㉥

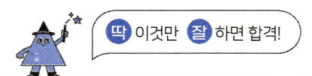

## 35

**문장의 구조가 나머지 셋과 다른 하나는?**

① 갖은 한방약을 다 써 봤는데도 아버지의 병세는 악화되었다.
② 그는 말로 안되니까 무력으로 나를 이기려 하였다.
③ 차가 고장이 나면 정비소에 연락해야 한다.
④ 그녀는 아무 말도 없이 우리를 떠나갔다.

## 36

**㉠, ㉡에 대한 설명으로 옳지 않은 것은?**

㉠ 할머니께서는 손자가 무슨 말을 해도 좋다고 하셨다.
㉡ 할머니께서는 내가 정성스럽게 만든 떡을 많이 잡수셨다.

① ㉠은 인용절을 안은문장이고, ㉡은 관형절을 안은문장이다.
② ㉠, ㉡에는 모두 수식언이 있다.
③ ㉠, ㉡에는 모두 시제를 나타내는 어미가 있다.
④ ㉠, ㉡에는 모두 주체를 높여주는 특수한 어휘가 있다.

## 37

**밑줄 친 부분 중 겹문장(복문)을 만드는 기능을 하는 어미만을 모두 고른 것은?**

철수 : 민호가 여행간 ㉠지 꽤 됐네.
영희 : 맞아. 요즘 햇빛이 좋㉡아서 춥㉢지는 않겠어.
       민호는 언제 돌아오㉣지?
철수 : 글쎄. 여행 이야기를 하㉤니 우리의 춘천 여행이 생각난다.
영희 : 그러게. 춘천도 정말 좋았지.

① ㉠, ㉡, ㉢, ㉤         ② ㉠, ㉢, ㉣
③ ㉡, ㉢                 ④ ㉡, ㉤

## 38

**상대 높임 등급이 같은 것끼리 묶은 것은?**

┌─────────────────────────────────────────┐
│ ㉠ 제 말대로 하십시오.    ㉡ 수고가 많았소. │
│ ㉢ 어디 갑니까?          ㉣ 학교가 참 크군. │
│ ㉤ 뭐가 그리 우스워?                      │
└─────────────────────────────────────────┘

|   | 하십시오체 | 하오체 | 해체 |
|---|---|---|---|
| ① | ㉠, ㉡ | ㉢, ㉣ | ㉤ |
| ② | ㉠, ㉢ | ㉡ | ㉣, ㉤ |
| ③ | ㉠, ㉢ | ㉡, ㉣ | ㉤ |
| ④ | ㉠, ㉡, ㉢ | ㉣ | ㉤ |

## 39

**밑줄 친 부분과 같은 기능을 하는 안긴문장을 포함한 것은?**

┌─────────────────────────────────────────┐
│         나는 <u>그녀가 오지 않을 것임</u>을 알고 있었다. │
└─────────────────────────────────────────┘

① 무엇을 먹을지 빨리 결정합시다.
② 주식으로 돈을 벌기가 생각보다 쉽지 않다.
③ 나는 할머니께서 주신 떡을 동생과 함께 먹었다.
④ 그는 하루 종일 나에게 일이 많다고 불평을 늘어놓았다.

## 40

**〈보기〉에 대한 문법적 설명으로 가장 적절하지 않은 것은?**

─〈보기〉─

A : 올해는 날씨가 ㉠<u>좋으니만큼</u> 농사가 잘될 것 같아.
B : 그러게. 이것을 얼른 정리해야 하는데, 저번에 돌에 ㉡<u>치인</u> 곳이 아직도 아파서 허리를 못 펴겠어.
A : 자네는 가만히 있어. 내가 빨리 ㉢<u>치울게</u>.
B : 그런데 ㉣<u>밭이랑</u>에 심은 옥수수랑 토마토는 어때?
A : 얼마나 ㉤<u>탐스럽게</u> 열렸는지 몰라. 수확하면 나눠줄게.

① ㉠의 '만큼'은 비교의 대상과 거의 비슷한 정도임을 나타내는 보조사이다.
② ㉢ '치우다'의 사동사는 ㉡ '치이다'와 의미는 다르지만 형태가 같다.
③ ㉣은 합성어이기 때문에 구개음화가 일어나지 않아 [반니랑]으로 발음된다.
④ ㉤은 형용사를 만드는 접미사 '-스럽다'가 붙은 형태이며, ㉤의 품사는 형용사이다.

## 41

**안긴문장이 주성분으로 쓰이지 않은 것은?**

① 우리 총장님은 덕망이 높으시다.
② 이제부터 어떻게 사느냐가 문제이다.
③ 부모는 언제나 자식이 행복하기 바란다.
④ 산을 오르는 동안 땀이 비 오듯이 흘렀다.

## 42

**두 사람의 대화가 표준 언어 예절에 어긋난 것은?**

① 장인 : 강 서방, 이리 와서 이 물건들을 옮겨 주게.
　사위 : 네, 아버님.
② 손녀 : 할머니, 생신 축하드립니다. 더욱 강녕하시기 바랍니다.
　할머니 : 오냐.
③ 문병객 : 불행 중 다행입니다. 쾌차하시기 바랍니다.
　환자 : 감사합니다.
④ 며느리 : 어머니, 여기 앉으셔서 절 받으세요.
　시어머니 : 그래, 새아가.

## 43

**㉠~㉢에 해당하는 예로 가장 옳지 않은 것은?**

| ㉠ 명사절을 안은문장 | ㉡ 관형절을 안은문장 |
| --- | --- |
| ㉢ 부사절을 안은문장 | ㉣ 서술절을 안은문장 |

① ㉠ : 주기적으로 운동하기가 건강의 첫걸음이다.
② ㉡ : 연어는 산란을 위하여 태어났던 강으로 재귀한다.
③ ㉢ : 철수가 아무 말이 없이 집에 갔다.
④ ㉣ : 농부들은 날마다 하늘에서 비가 오기를 기다린다.

## 44

**문장의 구조가 나머지 셋과 다른 하나는?**

① 예전에 봤던 영화가 아직도 기억난다.
② 컴퓨터를 사니 덤으로 책상을 주었다.
③ 동생은 추운 겨울에도 얼음을 먹었다.
④ 나는 신발 뒤창이 다 닳도록 돌아다녔다.

## 45

**㉠~㉢에 대한 설명으로 옳지 않은 것은?**

> ㉠ 햇빛이 눈이 부시게 반짝거렸다.
> ㉡ 우유를 마신 아이가 마루에서 잠들었다.
> ㉢ 아이들이 집에 도착했다는 연락을 받았다.

① ㉠과 ㉡에는 수식의 기능을 하는 안긴문장이 있다.
② ㉠과 달리 ㉡에는 안긴문장 속에 목적어가 있다.
③ ㉡과 ㉢의 안긴문장에는 생략된 성분이 없다.
④ ㉢의 안긴문장에는 부사어가 있다.

## 46

**구조에 따라 문장의 유형을 분류할 때, 〈보기〉와 같은 문장 구조를 가진 것은?**

> 〈보기〉
> 배추가 시장이 만 원이 싸다.

① 그들은 선창에서 일자리가 나기만을 기다렸다.
② 토끼가 귀가 길이가 길다.
③ 그는 수입에 상관없이 묵묵히 일했다.
④ 나는 그것이 내 잘못임을 깨달았다.

## 47

**밑줄 친 부분 중 청유형 종결 어미가 포함된 것은?**

① 수건 좀 가져다주게.
② 이제 그만 일어나세.
③ 빨리 집으로 돌아가오.
④ 그대들 앞날에 영광이 있으라.

## 48

**밑줄 친 부분의 시제가 나머지 셋과 다른 것은?**

① 털실로 짠 옷이다.
② 떠든 사람이 누군지 모르겠다.
③ 이 나무를 네가 심은 줄 알았다.
④ 훌륭하신 선생님 밑에서 배웠다.

## 49

**밑줄 친 사동 표현이 바르게 사용된 문장은?**

① 그는 자기 친구에게 나를 애인이라고 소개시켰다.
② 우리는 빈부 격차를 해소시킬 방안을 강구하였다.
③ 그는 갖은 노력으로 유통 경로를 단축시켰다.
④ 선생님께서 싸운 아이들을 불러 화해시켰다.

## 50

㉠과 ㉡의 예로 가장 적절하지 않은 것은?

> 접사 '-이-', '-히-', '-리-', '-기-'는 ㉠피동사를 만들기도 하고 ㉡사동사를 만들기도 한다.

① ㉠ : 벽에 걸려 있는 시계가 보였다.
　㉡ : 그는 나에게 사진첩을 보였다.
② ㉠ : 동생은 울다 지쳐 아버지에게 안겼다.
　㉡ : 일을 잘못 처리해서 회사에 손해를 안겼다.
③ ㉠ : 옷이 철조망에 걸려 찢겼다.
　㉡ : 동생에게 인형을 만들 헝겊을 찢겼다.
④ ㉠ : 사랑채와 행랑채는 동향 쪽에 앉혔다.
　㉡ : 이사회는 만장일치로 그를 사장으로 앉혔다.

## 51

밑줄 친 말이 가장 자연스러운 것은?

① 내일부터는 예년 기온을 되찾을 것으로 보여집니다.
② 나는 그네들에게 익히 알려져 있는 존재이다.
③ 그는 풀려진 신발 끈 때문에 넘어졌다.
④ 잊혀진 영웅의 이야기를 들려주셨다.

## 52

〈보기〉에 제시된 문장에 대한 설명으로 가장 옳지 않은 것은?

> 〈보기〉
> ㉠ 나는 떡에 콩고물만 묻혔다.
> ㉡ 진실이 그대로 묻혔다.
> ㉢ 나는 손안의 물건들을 나무 밑에 묻었다.

① ㉠은 사동문이며, 서술어인 사동사는 파생어이다.
② ㉡은 피동문이며, 서술어인 피동사는 파생어이다.
③ ㉡은 2자리 서술어에 해당한다.
④ ㉢에 대응하는 사동사는 있지만, 피동사는 없다.

## 53

㉠~㉤을 바탕으로 국어의 부정 표현에 대해 설명한 내용으로 가장 옳지 않은 것은?

> ㉠ 나는 국어 공부를 안 했다. / 나는 국어 공부를 하지 않았다.
> ㉡ 나는 국어 공부를 못 했다. / 나는 국어 공부를 하지 못했다.
> ㉢ 너는 국어 공부를 하지 마라.
> ㉣ 국어 공부를 하지 말자.
> ㉤ 나는 어제 공부를 못 하지는 않았다.

① ㉠과 ㉡같이 부정문은 부정 부사로 실현되는 짧은 부정문과 부정의 용언으로 실현되는 긴 부정문이 있다.
② ㉠의 부정문은 화자의 능력을 부정하는 의미에서 발전하여 화자의 능력과 관련된 부정에도 사용된다.
③ ㉢과 ㉣과 같이 명령문과 청유문에 사용하는 '말다' 부정문은 일반적으로 동사의 부정만 가능하다.
④ ㉤과 같이 부정 표현을 사용하였더라고 의미상으로 긍정인 경우가 있다.

## 54

〈보기〉의 ㉠에 들어갈 문장으로 적절한 것은?

―〈보기〉―

국어의 높임법에는 주체 높임법, 객체 높임법, 상대 높임법이 있다. 이러한 높임 표현은 한 문장에서 복합적으로 실현되기도 하는데, "( ㉠ )"의 경우, 주체, 객체, 상대를 모두 높이고 있다.

① 선생님께서 훈화 말씀을 하셨습니다.
② 이 선물을 어머니께 전해 드리면 될까요?
③ 동생이 할머니를 모시고 시골로 갔습니다.
④ 어머니는 할아버지께 옷을 가져다 드리셨습니다.

## 55

**다음 문장을 〈보기〉와 같은 규칙에 따라 옳게 표시한 것은?**

> 할머니께서 저에게 선물을 주셨어요.

**〈보기〉**

주체 높임과 객체 높임의 경우 높임은 +로, 높임이 아닌 것은 −로 표시하고 상대 높임의 경우 반말체를 −로, 해요체를 +로 표시한다.

① [+주체], [−객체], [+상대]  
② [+주체], [−객체], [−상대]  
③ [+주체], [+객체], [+상대]  
④ [−주체], [+객체], [+상대]

## 56

**㉠~㉢의 밑줄 친 부분이 높이고 있는 대상은?**

> ㉠ 영희는 어머니께 선물을 <u>드리고</u> 집으로 돌아갔다.
> ㉡ 할머니, 방금 이모에게서 연락이 <u>왔어요</u>.
> ㉢ 할머니께서 <u>진지</u>를 잡수셨다.

|   | ㉠ | ㉡ | ㉢ |
|---|---|---|---|
| ① | 어머니 | 이모 | 할머니 |
| ② | 선물 | 이모 | 잡수시다 |
| ③ | 영희 | 할머니 | 잡수시다 |
| ④ | 어머니 | 할머니 | 할머니 |

## 57

㉠~㉣의 밑줄 친 부분에 사용된 높임법에 대한 설명으로 옳지 않은 것은?

> ㉠ (한국인이 외국인에게) <u>저희</u> 나라에서는 새해 첫날에 떡국을 먹습니다.
> ㉡ (점원이 손님에게) 고객님, 문의주신 상품이 <u>품절이신데</u> 비슷한 걸로 보여드릴까요?
> ㉢ (부하 직원이 팀장님에게) 팀장님, 사장님께서 빨리 <u>오시라는데</u> 오후에 시간 있으십니까?
> ㉣ (공식적인 자리에서) 여러분, <u>대통령께서</u> 입장하십니다.

① ㉠의 '저희'는 '우리'의 낮춤말로 청자를 높일 때 쓰는 말이다. 그러나 '나라'는 겸양의 대상이 될 수 없으므로 '저희 나라'가 아니라 '우리나라'로 표현해야 한다.
② ㉡의 '품절이신데'의 '-시-'는 청자인 고객님을 간접적으로 높이는 표현이므로 자연스러운 문장이다.
③ ㉢의 '오시라는데'는 팀장님만 높이는 표현이므로 '오시라고 하시는데'로 고쳐 표현하는 것이 적절하다.
④ ㉣의 '께서'는 공식적인 자리나 깍듯이 존대해야 할 대상을 높일 때 사용하는 표현으로 쓰임이 적절하다.

## 58

**주체, 객체, 상대를 모두 높이고 있는 문장은?**

① 아버지께서 선생님을 뵙기 위해 학교로 찾아갔어요.
② 저는 항상 이웃집 어른들께 밝게 인사를 합니다.
③ 어머니께서는 항상 우리를 위하여 맛있는 음식을 만들어 주셔.
④ 우리 오빠는 아침마다 할머니께 전화로 문안을 여쭈었다.

## 59

㉠~㉣에 사용된 높임법의 종류가 일치하는 것을 모두 고른 것은?

> ㉠ 할아버지께서는 아직도 그 곳에 계십니다.
> ㉡ 어머니께서 피곤하셨는지 거실에서 주무신다.
> ㉢ 이것은 중요한 문제니까 부모님께 여쭤보는 게 어떠니?
> ㉣ 할머니께서 만드신 부침개를 이웃집 할아버지께 가져다 드렸다.

① ㉠, ㉡
② ㉠, ㉡, ㉢
③ ㉢, ㉣
④ ㉡, ㉢

## 60

**㉠~㉣의 높임법에 대한 설명으로 적절하지 않은 것은?**

> ㉠ 모두들 어서어서 들어오십시오.
> ㉡ 우리 선생님은 키가 매우 크시다.
> ㉢ 어제 도착했다는 소식은 들었어요.
> ㉣ 저는 칠십이 넘도록 자친을 모시고 있습니다.

① ㉠은 상대를 높이는 표현이고, 하십시오체 문장이다.
② ㉡에서는 '선생님'의 신체 일부인 '키'를 높이는데, 이는 실제 높임을 받는 대상인 '선생님'을 간접적으로 높여주는 표현법이다.
③ ㉢은 상대를 높이는 격식체인 해요체 문장이다.
④ ㉣에서는 특수한 어휘를 사용하여 객체 높임을 실현하고 있다.

## 61

**〈보기〉의 대화에 대한 설명으로 적절하지 않은 것은?**

> 〈보기〉
> 철수 : 영희야, 선생님께서 다음 시간에 있을 과제 발표는 네가 주도해서 ㉠준비하시라고 하셔.
> 영희 : 음운론 과제 말이지?
> 철수 : 응. 그런데 세부 주제에 대해서도 ㉡말씀 있으셨니?
> 영희 : 글쎄. 그건 이따가 네가 직접 선생님께 ㉢물어 본 다음 나한테도 알려줘.
> 철수 : 알겠어.

① ㉠의 주체는 '영희'이므로 높일 필요가 없으므로 '준비하라고'로 바꿔 말해야 한다.
② ㉡의 '말씀'은 주체인 '선생님'과 연관된 대상이므로, ㉡은 간접 높임의 자연스러운 표현이다.
③ ㉢은 윗사람인 '선생님'께 묻는 것이므로 '여쭈어'로 바꿔 말해야 한다.
④ 철수와 영희는 〈보기〉의 대화에서 모두 해체를 사용하고 있다.

## 62

**우리말에 대한 설명으로 옳지 않은 것은?**

① 우리말의 자음 체계에서 '파열음', '파찰음'의 분류는 조음 방법에 따른 것이다.
② 우리말의 문장 성분 중 주성분은 '주어', '목적어', '보어', '서술어'이다.
③ 우리말의 품사에서 명사 중에는 자립성이 없어 관형어의 수식을 받는 의존 명사가 있다.
④ '나는 문득 그는 참 좋은 사람이라는 생각이 들었다.'는 인용절을 안은 문장이다.

## 63

**밑줄 친 부분이 ㉠의 구성 방식과 같지 않은 것은?**

> 철수야, 영희가 얼른 집에 ㉠<u>가래</u>.

① 이번에 입사한 사람이 아주 <u>똑똑하대</u>.
② 언니가 이번 주에 같이 <u>놀러가재</u>.
③ 그 아이가 나보고 <u>선생님이시내</u>.
④ 사람이 왜 저 <u>모양이래</u>?

## 64

**국어의 '형태적' 특징의 예시로 가장 알맞은 것은?**

① '깨뜨리다'에서 '깨-'는 어근이고 '-뜨리-'는 접사로서 '강세'를 뜻한다.
② 국어 문장은 '주어 + 목적어 + 서술어' 유형을 기본으로 한다.
③ 국어 성분 중 수식 부사나 관형어 등의 수식어는 피수식어 앞에 온다.
④ 문장 성분의 순서가 비교적 자유롭다.

# chapter 05 의미론 / 담화론

정답 및 해설 p.31

## 1 의미론

### 01
〈보기〉의 내용을 참고할 때, 밑줄 친 ㉠에 해당하지 않는 것은?

〈보기〉
㉠상보 반의어는 양분적 대립 관계에 있기 때문에 두 단어가 상호 배타적인 영역을 갖는다. 즉, 상보 반의어는 한 단어의 긍정이 다른 단어의 부정을 함의하는 관계에 있다.

① 남자 - 여자  
② 있다 - 없다  
③ 알다 - 모르다  
④ 출발 - 도착  

### 02
다음 단어 사이의 관계가 가장 다른 것은?

① 수상 - 시상  
② 위 - 아래  
③ 살다 - 죽다  
④ 왼쪽 - 오른쪽  

### 03
어휘의 의미 관계가 나머지 셋과 다른 하나는?

① 주다 - 받다  
② 판매 - 구매  
③ 부모 - 자식  
④ 맞다 - 틀리다

## 04

**반의 관계 어휘에 대한 설명으로 옳지 않은 것은?**

① '밝다/어둡다'의 경우, 두 단어를 동시에 부정하여도 모순되지 않는다.
② '알다/모르다'의 경우, 한 단어의 부정이 다른 쪽 단어의 긍정을 함의하지 않는다.
③ '출발/도착'의 경우, 앞 단어의 부정이 다른 쪽 단어의 부정과 모순되지 않는다.
④ '높다/낮다'의 경우, 한 단어의 부정이 다른 쪽 단어의 의미를 함의하지 않는다.

## 05

**밑줄 친 부분의 의미 관계가 나머지 셋과 다른 것은?**

① • 우리 집에는 항상 먹을 것이 <u>푼푼</u>하였다.
　• 지난 주말에 장을 봐서 먹을 것이 <u>넉넉</u>하였다.
② • 사람들이 <u>빽빽</u>하게 들어선 강당에는 열기가 가득하였다.
　• 탱자나무의 <u>성긴</u> 가지 사이로 아이들의 모습이 얼비쳐 보였다.
③ • 사람이 마음과 행동을 <u>겸양</u>할 때 아름다운 생활을 누릴 수 있다.
　• 상대의 제의를 한두 번 <u>겸사하는</u> 것을 예의라고 생각한다.
④ • 기업 이미지를 <u>높이기</u> 위한 방책을 강구했다.
　• 회사에서 생산성을 <u>제고하기</u> 위하여 아이디어를 모았다.

## 06

**〈보기〉의 예들을 의미 관계에 따라 알맞게 연결한 것은?**

〈보기〉
㉠ 빠르다 : 느리다　㉡ 남자 : 여자　㉢ 늙다 : 젊다
㉣ 뫼 : 산　㉤ 부모 : 자식　㉥ 죽사리 : 생사

| | 유의 관계 | 상보 반의 관계 | 등급 반의 관계 | 방향 반의 관계 |
|---|---|---|---|---|
| ① | ㉣, ㉥ | ㉡ | ㉠, ㉤ | ㉢ |
| ② | ㉣, ㉥ | ㉡ | ㉠, ㉢ | ㉤ |
| ③ | ㉣ | ㉡, ㉥ | ㉠ | ㉢, ㉤ |
| ④ | ㉣ | ㉡, ㉥ | ㉠, ㉢ | ㉤ |

## 07

**유의어의 종류가 다음과 같은 것은?**

| 보조개 − 볼우물 |
|---|

① 부추 − 정구지  ② 호랑이 − 범
③ 원숭이 − 잔나비  ④ 해태 − 해치

## 08

**〈보기〉 ㉠~㉥을 두 부류로 나눌 때 가장 적절한 것은?**

─〈보기〉─
- 선풍기 ㉠바람에 책상 위에 있던 종잇조각들이 뒤집혔다.
- 술 ㉡바람에 할 말을 다 했다.
- 서구화 ㉢바람이 불어닥쳤다.
- 잠옷 ㉣바람으로 뛰어나갔다.
- 동생은 공부하는 형에게 나가 놀자며 ㉤바람을 집어넣는다.
- 워낙 ㉥바람이 센 자리라 늘 불안하다.

|  | 명사 | 의존 명사 |
|---|---|---|
| ① | ㉠, ㉥ | ㉡, ㉢, ㉣, ㉤ |
| ② | ㉠, ㉡, ㉤, ㉥ | ㉢, ㉣ |
| ③ | ㉠, ㉢, ㉤, ㉥ | ㉡, ㉣ |
| ④ | ㉠, ㉡, ㉤ | ㉢, ㉣, ㉥ |

## 09

**어휘의 관계가 나머지 셋과 다른 하나는?**

① 수사(修辭) − 비유(比喩)  ② 시계(時計) − 초침(秒針)
③ 문학(文學) − 희곡(戲曲)  ④ 국경일(國慶日) − 광복절(光復節)

## 10

**다음 문장에서 밑줄 친 단어 의미의 성질이 가장 다른 하나는?**

① 그 친구들과 손을 끊어라.
② 아이는 손을 흔들며 친구에게 인사를 했다.
③ 사업에 실패해서 집이 남의 손에 넘어갔다.
④ 사기꾼의 손에 놀아나다.

## 11

**다음 단어들과 공통적으로 대립하는 반의어는?**

| • (용돈을) 받다　　• (눈길을) 거두다　　• (시간을) 빼앗다 |
|---|

① 보다　　　　　　　　② 사다
③ 벌다　　　　　　　　④ 주다

## 12

**〈보기〉의 밑줄 친 부분과 문맥적 의미가 가장 가까운 것은?**

――〈보기〉――
나는 지금 하고 있는 일이 좋다.

① 나는 친구들과 사이가 좋다.
② 저는 그 아가씨가 좋습니다.
③ 나는 지금 기분이 최고로 좋다.
④ 이곳은 우리가 살기에는 더없이 좋다.

## 13

**〈보기〉의 반의 관계와 성격이 같은 것은?**

─────〈보기〉─────
시상(施賞) : 수상(受賞)

① 수출(輸出) : 수입(輸入)   ② 고온(高溫) : 저온(低溫)
③ 쾌속(快速) : 저속(低速)   ④ 남성(男性) : 여성(女性)

## 14

**다음 문장 중에서 의사 전달이 가장 명확한 것은?**

① 그가 먼저 나에게 손을 내밀었다.
② 우리 집은 시내에서 가까운 곳에 있다.
③ 그는 고향에서 온 친구를 어제 만났다.
④ 사람을 좋아하는 친구의 고양이가, 새끼를 낳았다.

## 15

**밑줄 친 고유어 '생각'에 대한 유의어를 한자어로 바꾸었을 때, 적절하지 않은 것은?**

① 나는 그의 생각에 찬성한다. → 의견(意見)
② 문득 그가 보고 싶다는 생각이 들었다. → 예상(豫想)
③ 그녀는 눈을 감고 지난 일을 생각하였다. → 회상(回想)
④ 저와 함께 일할 생각이 있으면 연락주세요. → 의향(意向)

## 16

㉠~㉣에 대한 고쳐쓰기 방안으로 옳지 않은 것은?

> ㉠ 동물은 사람을 경계하기도 하고 기대기도 한다.
> ㉡ 그는 마음씨 좋은 할머니의 손자이다.
> ㉢ 오늘도 나는 반장과 선생님을 찾아다녔다.
> ㉣ 동생이 새로 산 구두를 신고 있다.

① ㉠: '기대다'는 부사어가 필요한 서술어이므로, '동물은 사람을 경계하기도 하고 사람에게 기대기도 한다.'와 같이 고쳐 쓴다.
② ㉡: '마음씨 좋은'이 '할머니'를 수식하는 것인지, '손자'를 수식하는 것인지 불분명하므로 '그는 마음씨가 좋은, 할머니의 손자이다.'와 같이 쉼표를 사용하여 수식 관계를 명확하게 한다.
③ ㉢: 나 혼자서 반장과 선생님을 모두 찾아다닌 것인지, 내가 반장과 함께 선생님을 찾아다닌 것인지 불분명하므로 '오늘도 나는 반장과 함께 선생님을 찾아다녔다.'와 같이 고쳐 쓴다.
④ ㉣: 구두를 신는 동작이 진행 중인 것인지, 현재 구두를 다 신은 상태인 것인지 불분명하므로 '바로 이때'를 의미하는 부사어 '지금'을 사용하여 '동생이 새로 산 구두를 지금 신고 있다.'와 같이 고쳐 쓴다.

## 17

'두다'의 유의어에 해당하는 예문으로 적절하지 않은 것은?

| 유의어 | 예문 |
|---|---|
| 설치하다 | ㉠ |
| 버리다 | ㉡ |
| 쓰다 | ㉢ |
| 섞다 | ㉣ |

① ㉠: 지방 곳곳에 군영을 <u>두었다</u>.
② ㉡: 그 사람은 나를 <u>두고</u> 떠나버렸다.
③ ㉢: 우리는 직원을 하나 더 <u>두기</u>로 했다.
④ ㉣: 이불에 오리털만 <u>두어서</u> 누비기도 한다.

## 18

**의미의 중복이 없는 자연스러운 문장은?**

① 자신의 견해를 간략하게 약술하시오.
② 그는 그 사실을 가까운 측근에게만 말했다.
③ 그는 정말 지긋지긋한 숙적으로 만나고 싶지 않다.
④ 길을 걷다 보면 우리말로 된 재미있는 상호명이 많다.

## 19

**〈보기〉에서 중의성을 유발하는 요인이 같은 것으로만 묶인 것은?**

─〈보기〉─
㉠ 바람이 있다.
㉡ 우리는 가야 할 길이 있다.
㉢ 민아는 지혜와 소희를 만났다.
㉣ 나는 잘생긴 그의 동생을 만났다.

① ㉠ / ㉡, ㉢, ㉣
② ㉠, ㉡ / ㉢, ㉣
③ ㉠, ㉡, ㉣ / ㉢
④ ㉠, ㉣ / ㉡, ㉢

## 20

**의미 중복 없이 표현이 가장 자연스러운 것은?**

① 모두 자리에 착석해 주시기 바랍니다.
② 통곡하며 우는 모습을 보니 마음이 미어졌다.
③ 먼저 시범을 보여 주시면 바로 따라 하겠습니다.
④ 부모님과 계속하여 상의를 해 보았지만 결정은 내 몫이었다.

## 21

**중의적 문장이 아닌 것은?**

① 나는 동생을 차에 태웠다.
② 나는 그와 곧 그녀를 만나러 갈 것이다.
③ 나는 해야 할 일을 다 끝내지 못해 찝찝하다.
④ 나는 까만 모자를 쓰고 있는 그를 멍하니 바라보았다.

## 22

**〈보기〉의 ㉠에 대한 이해로 가장 적절하지 않은 것은?**

─〈보기〉─
사회 구조가 복잡해지고 새로운 사물과 행동이 나타나게 되면 그에 맞도록 언어가 변화하는데 이러한 변화의 예로는 ㉠<u>기존 어휘의 의미가 확대되거나, 새로운 의미로 변화는 경우</u>, 아예 새로운 어휘가 나타나는 경우를 들 수 있다.

① '길'은 '도로'에서 '도로, 방법, 수단, 도리' 등으로 의미가 변화하였다.
② '다리'는 '사람이나 짐승의 다리'에서 무생물까지 적용되는 의미로 의미가 변화하였다.
③ '겨레'는 '종친'에서 '종친, 동포'로 의미가 변화하였다.
④ '인정'은 '사람 사이의 정'에서 '사람 사이의 정, 뇌물'로 의미가 변화하였다.

## 23

**〈보기〉의 문장이 가지고 있는 중의성으로 인해 형성되는 의미가 아닌 것은?**

─〈보기〉─
손이 큰 친구는 사과와 귤 두 소쿠리를 가져왔다.

① 친구는 손의 크기가 크다.
② 친구가 귤 두 소쿠리와 사과를 가져왔다.
③ 친구가 큰 사과와 큰 귤을 각각 한 소쿠리씩 가져왔다.
④ 씀씀이가 후한 친구가 사과와 귤을 각각 두 소쿠리씩 가져왔다.

## 24

**㉠~㉣의 표현에 대한 설명으로 가장 적절하지 않은 것은?**

㉠ 배가 정말 많다.
㉡ 나는 예쁜 친구의 옷을 빌려 입었다.
㉢ 그는 어떤 사람이든지 만나고 싶어 한다.
㉣ 한결같이 어려운 이웃을 돕는 사람이 많다.

① ㉠은 '배'가 과일인지, 사람의 신체 부위인지, 물 위에 떠다니는 물건인지 의미가 불분명하다.
② ㉡은 '예쁜'이 '친구'를 수식하는지, '친구의 옷'을 수식하는지 불분명하다.
③ ㉢은 '그가 만나고 싶어 하다'인지, '그를 만나고 싶어 하다'인지 불분명하다.
④ ㉣은 '어려운 이웃을 돕는 사람이 한결같이 많다'의 의미로 명확한 의미의 문장이다.

## 25

**〈보기〉와 같이 의미 중복을 보이는 문장은?**

―〈보기〉―

역전 앞 사거리에서 만납시다.
→ '역전 앞'은 의미상 불필요한 말이 중복되어 나타났다. '역전'의 '전(前)'에 이미 '앞'이라는 의미가 포함되어 있기 때문이다.

① 이 문제는 재론의 여지가 없다.
② 그는 영화라면 사족을 못 쓴다.
③ 새색시를 구경하느라 정신이 없었다.
④ 그녀는 세상 사람들 말로 이른바 알부자였다.

## 26

**〈보기〉의 내용을 구체적으로 설명하기 위한 예로 적절하지 않은 것은?**

―〈보기〉―

한 언어기호와 관련하여 관습적으로 인정되는 의미가 다른 것으로 바뀌는 것을 의미 변화라고 한다.
의미 변화의 유형은 의미의 확대, 의미의 축소, 의미의 이동 등으로 나뉜다.

① '놈'은 '사람'의 뜻에서 '남자 또는 사람 낮잡아 이르는 말'로 의미가 확대되었다.
② '어리다'는 '어리석다(愚)'의 뜻에서 '나이가 적다(幼)'로 의미가 이동되었다.
③ '짐승'은 '살아 있는 모든 무리'의 뜻에서 '동물'로 의미가 축소되었다.
④ '어여쁘다'는 '불쌍하다'의 뜻에서 '아름답다'의 의미로 이동되었다.

## 2 담화론

### 01

다음 담화 상황의 ㉠~㉤ 중 가리키는 대상이 같은 것끼리 묶인 것은?

> 민호 : (옷을 한 벌 들고) 영희야, ㉠이 옷 어때?
> 영희 : 글쎄. 나는 ㉡그것보다 ㉢저것이 더 예쁜 것 같아.
> 민호 : 저기 있는 노란색 옷 말하는 거야?
> 영희 : 아니. 그 옆에 있는 초록색 옷이 예뻐 보여.
> 민호 : 그래? 그럼 내가 ㉣저 옷 가져올까?
> 영희 : 아니야. 내가 가져올게. ㉤그 옷도 제자리에 가져다 놓게 나에게 줘.

① ㉠, ㉡, ㉤
② ㉡, ㉣
③ ㉡, ㉣, ㉤
④ ㉢, ㉤

### 02

다음 〈보기〉의 내용이 담화로 기능하게 되는 기준과 가장 관련 있는 것은?

> ─〈보기〉─
> 철수 : 날씨가 후덥지근하게 덥네.
> 명수 : 갑자기 하늘에 먹구름이 꼈어.
> 민정 : 곧 소나기가 내리겠네.

① 결속성
② 응집성
③ 정보성
④ 상황성

## 03

**다음의 대화에서 ㉠~㉣을 이해한 내용으로 가장 적절하지 않은 것은?**

(영수, 철수, 민수가 대화를 하고 있다.)
영수 : 철수야, 이번 경시대회에서 일등 했다고 들어.
  ㉠ 역시 너는 똑똑하고 멋지구나.
철수 : ㉡ 천만에. 이번에 운이 좋았나 봐.
민수 : 철수야, 정말 축하해.
  ㉢ 그런데 이번 경시대회 문제가 쉬웠다는 말도 있더라.
영수 : 무슨. 철수가 똑똑해서 그렇지. 그런데 철수야, 혹시 네 시간이 괜찮을 때 모르는 문제에 대해 물어봐도 될까?
철수 : ㉣ 물론이지. 언제든지 내가 다 알려줄게.

① ㉠은 상대방의 칭찬을 극대화시키는 찬동의 격률을 지키고 있다.
② ㉡은 자신을 칭찬하는 말을 부정함으로써 겸양의 격률을 지키고 있다.
③ ㉢은 상대방에 대한 부담을 최소화하는 말을 함으로써 요령의 격률을 지키고 있다.
④ ㉣은 담화의 기능 중 발화에 담긴 내용의 수행을 다짐하는 약속 기능을 보이고 있다.

## 04

**다음의 대화에 적용된 공감적 듣기의 방법이 아닌 것은?**

유나 : 세림 씨, 나 처음 한 프로젠테이션인데 엉망이었어.
세림 : 정말? 무슨 일이 있었는지 자세히 말해 봐.
유나 : 너무 긴장해서 팀장님 질문에 대답도 못했어.
세림 : (고개를 끄덕이며) 그랬구나. 팀장님 질문에 대답을 못했구나. 처음 하는 프레젠테이션이라 유나 씨가 긴장을 많이 했나 보다.

① 세림은 '소극적 들어주기'를 통해 유나의 말에 계속 집중하고 있음을 보여 준다.
② 세림은 '소극적 들어주기'를 통해 유나가 계속 말을 할 수 있도록 격려하고 있다.
③ 세림은 '적극적 들어주기'를 통해 유나의 혼란스러운 감정을 스스로 정리할 수 있도록 도와준다.
④ 세림은 '적극적 들어주기'를 통해 유나의 말을 자신의 처지로 바꾸어 의미를 재구성하고 있다.

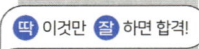 

# chapter 06 한글 맞춤법

정답 및 해설 p.36

## 01

**다음 중 띄어쓰기가 맞는 문장은? ('∨'는 띄어쓰기 부호)**

① 영희는∨사과하기는∨커녕∨오히려∨화를∨냈다.
② 여기서부터∨목적지까지∨200미터∨남았다.
③ 그의∨말은∨설명이라기∨보다는∨변명에∨가까웠다.
④ 차∨한대가∨집∨값∨만큼∨비싸구나.

## 02

**다음 중 밑줄 친 부분이 맞춤법에 어긋난 것은?**

① 이번에 상대할 팀을 보니 <u>만만치는</u> 않을 것이다.
② 몇 사람의 <u>모가치</u>만 남기고 남은 물건은 처분했다.
③ <u>요컨데</u>, 문제는 형식이 아니라 그 내용에 있다고 생각한다.
④ 단칸 <u>셋방일망정</u> 우리 식구는 잘 지낸다.

## 03

**다음 중 밑줄 친 부분의 맞춤법이 맞는 문장은?**

① 철수의 힘든 생활이 화재가 되어 <u>가정난</u>에 실렸다.
② 유명 가수의 기사가 <u>가십난</u>에 실렸다.
③ 5월 5일을 맞이하여 <u>어린이란</u>에 축제 내용이 적혀 있었다.
④ 어린 시절 할머니의 오래된 <u>장농</u>이 기억에 남는다.

## 04

**다음 중 밑줄 친 말이 적절하게 사용되지 않은 것은?**

① 바짓단을 <u>늘이다</u>.
② 탕약을 한 첩 <u>달이다</u>.
③ 김치를 간장에 <u>조린다</u>.
④ 한글날에 <u>붙이는</u> 글

## 05

**밑줄 친 부분의 맞춤법이 옳지 않은 것은?**

① 우리의 사업 제안을 어떻게 <u>생각할런지</u> 모르겠다.
② 결혼식장에 유정이 신랑도 <u>왔던데</u>.
③ 내가 어제 보니까 혜지가 참 <u>예쁘데</u>.
④ <u>잇단</u> 범죄 사건들 때문에 밤길이 무섭다.

## 06

**다음 중 바르게 표현된 것은?**

① 자리가 비좁으니 다리를 <u>오무려라</u>.
② 중요한 일을 앞두고 도대체 <u>왠일이니</u>?
③ 그는 친구에게 <u>듣던 말 대로</u> 활발했다.
④ 예산을 대충 <u>겉잡아서</u> 말하지 마요.

## 07

**다음 문장에서 맞춤법이 옳지 않은 것은?**

① 짐이 너무 많아 짐을 조금씩 나누어 지우기로 했다.
② 검찰은 오늘 새벽 대전에서 검찰 수사관을 파견하여 김 모 씨를 구속시켰다.
③ 어머니가 왜 아기를 울리느냐고 꾸중을 하셨다.
④ 아이들이 얼음 위에서 팽이를 돌린다.

## 08

**다음 밑줄 친 문장 중 바르게 표현된 것은?**

① 포도 껍데기는 먹지 마라.
② 병이 다 낳은 할머니를 찾아뵈었다.
③ 나는 그 일을 생각만 해도 온몸이 으시시 떨린다.
④ 약을 먹으니 효과가 금세 나타났다.

## 09

**다음 예문에서 가장 자연스러운 문장인 것은?**

① 철수는 어제 영화를 보러 갔었다.
② 늘 건강하시기를 바라겠습니다.
③ 그는 초등학생 때 꿈이 대통령이었었는데 중학생 때 와서는 과학자가 꿈이었다.
④ 병이 앞으로 호전될 것으로 예상되겠습니다.

## 10

**다음 중 밑줄 친 한자어의 표기가 옳지 않은 것은?**

① 그는 졸렬(拙劣)한 중상으로 동료를 깎아내렸다.
② 그는 숫자(數字) 관념이 제로이다.
③ 이 시는 형식와 운률(韻律)에 얽매이지 않은 작품이다.
④ 곳간(庫間)에 엄청난 양의 무곡을 재어 놓았다.

## 11

**다음 예문에서 밑줄 친 부분이 맞춤법에 맞는 것은?**

① 축구 경기에서 일본에게 패하였다.
② 사람들에게 진정한 내 모습이 보여졌다.
③ 취객에게 곤혹을 당하고 차까지 놓쳤다.
④ 청소를 하려고 동생의 이불을 들치고 정리하였다.

## 12

**다음 중 밑줄 친 부분의 띄어쓰기가 옳은 것은?**

① 둘 중 어느 쪽이 옳은 지를 단언하기는 어렵다.
② 아이고, 이게 얼마 만이니?
③ 그는 집을 나간 지 나흘만에 돌아왔다.
④ 이번 드라마는 남녀 모두 좋아할만 한 내용이다.

## 13

**밑줄 친 부분의 띄어쓰기가 바르지 않은 것은?**

① 로봇청소기가 바닥을 깨끗이도 청소했다.
② 고양이가 선반에 있는 그릇을 깨뜨려 버렸다.
③ 날씨가 더워서 잘 안 입는 반팔 옷을 한번 사 봤다.
④ 계곡에서 나의 슬리퍼가 떠내려가버렸다.

## 14

**다음 단어 중 사이시옷의 용법이 바르지 않은 것은?**

① 셋방(貰房)　　② 냇과(內科)
③ 찻간(車間)　　④ 횟수(回數)

## 15

**다음 〈보기〉에서 맞춤법에 어긋난 표현의 개수는?**

― 〈보기〉 ―
오랫만에 쉴려고 고향집에 들렸다가 들녁에 불려 나가 놀았는데 운동 부족의 댓가만 톡톡이 치뤄야 했읍니다.

① 5개　　② 6개
③ 7개　　④ 8개

## 16

**다음 중 밑줄 친 부분의 띄어쓰기가 옳지 않은 것은?**

① 살다 보면 <u>그럴 수도</u> 있지.
② 지인의 돌잔치에 <u>금 서돈</u>을 선물하였다.
③ 동생이 과자를 다 <u>먹어 버렸다</u>.
④ 그녀는 저번 우승 이후 <u>그때부터</u> 줄곧 우승을 놓치지 않았다.

## 17

**〈보기〉의 규정이 적용된 단어가 아닌 것은?**

―〈보기〉―
제30항 사이시옷은 다음과 같은 경우에 받치어 적는다.
　　1. 순우리말로 된 합성어로서 앞말이 모음으로 끝난 경우.

① 선짓국　　　　　　② 핏대
③ 샛강　　　　　　　④ 잇자국

## 18

**다음 중 '받치다'를 어법에 맞게 사용한 것은?**

① 그는 도박에 미쳐 전재산을 모두 갖다 <u>받쳤다</u>.
② 아버지는 소뿔에 <u>받쳐</u> 허리를 며칠 못 쓰셨다.
③ 꽃과 향을 <u>받쳐서</u> 공양을 드렸다.
④ 저 사람에게 우산을 <u>받쳐</u> 드려라.

## 19

**다음 예문에서 밑줄 친 부분이 맞춤법에 맞는 것은?**

① 도서관에 있는 <u>휴계실</u>에서 잠을 잤다.
② 컴퓨터는 정보의 <u>전달율</u>이 빠르다.
③ 오늘은 <u>햇님반</u>에서 장기자랑을 한다.
④ 드라이버가 <u>좀더 큰것</u>이 필요하다.

## 20

**밑줄 친 부분의 맞춤법이 옳지 않은 것은?**

① 아궁이에 불을 <u>당겼다</u>.
② 목거리가 <u>덧났다</u>.
③ 술을 체에 <u>밭친다</u>.
④ 빈대떡을 <u>부친다</u>.

## 21

**다음 〈한글 맞춤법〉 제23항에 대한 설명으로 옳지 않은 것은?**

> '-하다'나 '-거리다'가 붙는 어근에 '-이'가 붙어서 명사가 된 것은 그 원형을 밝히어 적는다.
> [붙임] '-하다'나 '-거리다'가 붙을 수 없는 어근에 '-이'나 또는 다른 모음으로 시작되는 접미사가 붙어서 명사가 된 것은 그 원형을 밝히어 적지 아니한다.

① '오뚝하다'라는 말이 있으므로 '오뚜기'가 아니라 '오뚝이'로 적어야겠군.
② '귀뚜라미'와 '뻐꾸기'는 [붙임]에 해당하는 말이겠군.
③ '-거리다'가 붙을 수 있는 어근에 접미사가 붙은 말로 '기러기'가 있겠군.
④ '부스러기' 같은 말은 원형을 밝히어 적지 아니한 예에 추가할 수 있겠어.

## 22

**다음 문장 중 띄어쓰기가 바르지 않은 것은?**

① 그 사람은 포용하는 힘이 많을 뿐 아니라 의기도 뛰어나다.
② 그는 이성적이라기보다는 감성적이다.
③ 우리는 그렇게 할 수밖에 없었다.
④ 두 집안이 이렇게 멀어지게 된데에는 그만한 내력이 있다.

## 23

**〈보기〉에 제시된 〈한글 맞춤법〉의 규정이 바르게 적용되지 않은 것은?**

─〈보기〉─
제12항 한자음 '라, 래, 로, 뢰, 루, 르'가 단어의 첫머리에 올 적에는, 두음 법칙에 따라 '나, 내, 노, 뇌, 누, 느'로 적는다.
[붙임 1] 단어의 첫머리 이외의 경우에는 본음대로 적는다.
[붙임 2] 접두사처럼 쓰이는 한자가 붙어서 된 단어는 뒷말을 두음 법칙에 따라 적는다.

① 누각
② 강릉
③ 실락원
④ 거래

## 24

**다음 중 띄어쓰기가 바르게 된 것은?**

① 여러분의 아낌 없는 성원을 부탁드립니다.
② 이 보험은 각종 재해로 부터 여러분을 보호해드립니다.
③ 어느 해 보다도 기록 경신이 두드러졌다.
④ 출장을 부산, 광주, 대전 등지로 다녀왔다.

## 25

**밑줄 친 부분이 어법에 맞는 것은?**

① 오늘은 할머니 <u>제사날</u>이라 친척들이 다 모였다.
② <u>아래집</u> 형이 나에게 수학을 가르쳐준다.
③ 나는 책을 읽을 때 <u>머리말</u>을 먼저 읽는다.
④ 우리는 부동산에서 <u>전세집</u>을 계약했다.

## 26

**다음 중 표기가 옳게 된 것은?**

① 배불뚜기  ② 늙수그레하다
③ 곰곰히  ④ 삼질날

## 27

**사이시옷 표기가 모두 옳지 않은 것은?**

① 조갯살 – 갯수  ② 머릿기름 – 마굿간
③ 훗일 – 꼭짓점  ④ 댓가 – 인사말

## 28

**다음 중 맞춤법에 맞지 않는 것은?**

① 이 자리를 빌려서 감사의 말씀을 드립니다.
② 그가 나타나자 그녀는 적이 당황한 모습이었다.
③ 갑자기 웅성대며 지꺼리는 소리가 들려왔다.
④ 우리 집 개 깜순이가 암캉아지 네 마리를 낳았다.

## 29

**〈한글 맞춤법〉 제30항의 사이시옷 표기 규정에 맞게 사이시옷을 표기한 것을 모두 고른 것은?**

| ㉠ 하굣길 | ㉡ 북엇국 |
| ㉢ 초점 | ㉣ 뒷통수 |

① ㉠, ㉡  ② ㉠, ㉢
③ ㉡, ㉢  ④ ㉡, ㉣

## 30

**밑줄 친 부분의 표기가 옳지 않은 것은?**

① 어머니는 아들에게 잔치 음식을 <u>들려</u> 보냈다.
② 민수는 우승한 후 <u>으시대고</u> 있었다.
③ 영희는 큰 시험을 <u>치르고</u> 나니 몸살이 났다.
④ 얼굴에 난 칼자국이 <u>그렇잖아도</u> 험상궂은 사내의 얼굴을 더욱 무섭게 만들었다.

## 31

**〈보기〉에서 사이시옷에 대한 표기 중 옳고 그름의 표시(○, ×)가 바르게 된 것만을 고른 것은?**

〈보기〉
㉠ 해쑥(○) / 햇쑥(×)　　㉡ 코털(○) / 콧털(×)
㉢ 위쪽(○) / 윗쪽(×)　　㉣ 송화가루(○) / 송홧가루(×)
㉤ 예사일(○) / 예삿일(×)

① ㉠, ㉡
② ㉡, ㉣
③ ㉢, ㉣
④ ㉣, ㉤

## 32

**빈칸에 들어갈 말을 순서대로 바르게 나열한 것은?**

- 지금은 바쁘니 _____ 통화하자.
- 곁을 지나가는 무당을 _____ 눈길만 따라갈 뿐이었다.
- 소매 길이가 모자라서 덧단을 붙여 소매를 _____.
- 일손이 _____ 고생이 심하니 도움을 요청합니다.

① 이따가 - 쫓아 - 늘였다 - 딸려
② 이따가 - 좇아 - 늘였다 - 달려
③ 있다가 - 쫓아 - 늘렸다 - 딸려
④ 있다가 - 좇아 - 늘렸다 - 달려

## 33

**밑줄 친 부분의 맞춤법이 가장 옳지 않은 것은?**

① 이렇게 만나게 돼서 반갑다.
② 왔으면 가서 선생님을 먼저 봬.
③ 이번 주말에 부모님을 뵈러 시골에 갔다.
④ 아버지는 바른 사람이 돼라고 말했다.

## 34

**밑줄 친 부분이 〈한글 맞춤법〉 규정에 맞는 것은?**

① 나는 여덟 살이 되어서야 한글을 겨우 깨우쳤다.
② 주인은 장부에 순서대로 일련번호를 메겨 두었다.
③ 그는 항상 말만 떠벌여 놓기만 하고 수습할 줄은 모른다.
④ 이 마을에는 김씨 성의 사람들만 몇 대째 깃들여 산다.

## 35

**〈보기〉의 설명에 따라 올바르게 표기된 경우가 아닌 것은?**

―――――――〈보기〉―――――――
- 어간의 끝음절 '하'의 'ㅏ'가 줄고 'ㅎ'이 다음 음절의 첫소리와 어울려 거센소리로 될 적에는 거센소리로 적는다.
- 어간의 끝음절 '하'가 아주 줄 적에는 준 대로 적는다.

① 간편케
② 깨끗치 않다
③ 다정타
④ 넉넉지 않다

## 36

**밑줄 친 부분이 바르게 쓰이지 않은 것은?**

① 그는 다음 달 <u>사흗날</u>에 돌아오겠다는 말을 뒤로하고 떠났다.
② <u>그리고 나서</u> 조금 후에 포성 소리가 들리기 시작했다.
③ 감탕물이 휩쓸고 빠져나간 자리처럼 들판은 온통 <u>싯누렇다</u>.
④ 졸음을 이기지 못하고 잠에 <u>곯아떨어지다</u>.

## 37

**밑줄 친 용언의 준말 표기가 옳지 않은 것은?**

① 싸이다 → 쌔다
② 누이다 → 뉘다
③ 뜨이어 → 띄어
④ 쓰이어 → 씌여

## 38

**밑줄 친 표기가 〈한글 맞춤법〉에 맞는 것은?**

① 어머니께서는 <u>얼룩배기</u> 송아지 한 마리를 사 오셨다.
② 과일 장수는 <u>맛빼기</u>로 손님들에게 수박 한 쪽씩 주었다.
③ 장승감으로 박아서 세워 두는 물건을 '<u>장승배기</u>'라고 한다.
④ 죽은 아들의 뼈를 추려 은장봉 그 <u>언덕배기</u>로 올라갔다.

## 39

**밑줄 친 단어의 쓰임이 옳지 않은 것은?**

① 우리는 <u>뗄래야</u> 뗄 수 없는 사이다.
② 제가 제일 좋아하는 음식은 <u>떡이에요</u>.
③ 날씨가 추우니 일찍 가게를 <u>드리고</u> 집에 들어와라.
④ 그는 일을 <u>떠벌여</u> 놓고 수습할 줄은 모른다.

## 40

**띄어쓰기가 가장 옳은 것은?**

① 잠을 잔듯 만듯 정신이 하나도 없다.
② 충무공이순신의 충의를 기념하여 정한 날이다.
③ 시간 날 때 낚시나 한번 갑시다.
④ 산악인 2명이 알프스 산맥에서 조난되었다.

## 41

**현행 〈한글 맞춤법〉에 따른 표기로 가장 적절한 것은?**

① 이 쌀의 생산 년도는 2021 년산이다.
② 햇님반과 햇빛반의 교실 청소 횟수를 점검해주세요.
③ 나는 유럽 여행을 하려고 몇 년 전부터 벼루어 왔다.
④ 철수는 서슴지 않고 침대로 가더니 번듯이 누웠다.

## 42

**띄어쓰기가 모두 옳은 것은? (∨는 띄어쓰기 표시)**

① 보아하니∨이∨옷은∨내∨게∨아니라∨그사람∨거야.
② 김∨사장∨네∨첫째∨아들은∨성실하기로∨이름이∨난∨사람이다.
③ 지난번∨회의에서의∨나의∨행동은∨고의라기보다는∨실수였다.
④ 며칠∨밤을∨내리∨새운∨뒤∨이틀∨밤∨낮을∨잠만∨잤다.

## 43

**맞춤법 표기가 가장 옳은 것은?**

① 철수는 먹으므로 스트레스를 푼다.
② 일상이 지겨우리만큼 단조롭게 느껴졌다.
③ 여기에 며칠 더 이따가 갈게.
④ 헐벗고 줄인 백성의 고혈을 빨아 국가 재정을 채웠다.

## 44

**띄어쓰기 규정의 '원칙'에 맞게 쓴 것 중 가장 적절한 것은?**

① 물로 지워도 잘 지워 진다.
② 털북숭이 강아지를 좋아 한다.
③ 말투가 점점 거칠어 지고 있었다.
④ 선물을 몹시 마음에 들어 하다.

## 45

**밑줄 친 부분이 어법에 맞는 것은?**

① 아기가 널따란 아빠 품에 안겨 잤다.
② 그 인물은 중세 시기에 보기 어려운 신녀성이었다.
③ 예산을 대충 걷잡아서 말하지 말고 잘 계산해줘요.
④ 숲속에 와서 신선한 공기를 들어마셨다.

## 46

**밑줄 친 부분의 띄어쓰기가 모두 옳은 것은?**

① 그는 제집 드나들듯이 우리집을 왔다갔다했다.
② 지난주에 온 새 일꾼이 일도 잘할뿐더러 성격도 듬직스럽다.
③ 우리의 나아갈 바는 이미 정해진 바 우리는 이제 그에 따를 뿐이다.
④ 동생은 이랬다저랬다 변덕이 죽 끓듯하여 직접 나서는 수 밖에 없다.

## 47

**〈보기〉의 ㉠~㉥ 중 〈한글 맞춤법〉 규정에 맞게 표기한 것을 모두 고르면?**

| 〈보기〉 | | |
|---|---|---|
| ㉠ 판잣대기 | ㉡ 이마빼기 | ㉢ 귀퉁배기 |
| ㉣ 코빼기 | ㉤ 뚝배기 | ㉥ 그루배기 |

① ㉠, ㉡, ㉢
② ㉠, ㉢, ㉤
③ ㉡, ㉢, ㉤
④ ㉢, ㉣, ㉥

## 48

**띄어쓰기가 옳지 않은 것은?**

① 가정 교육도 못 받은 사람처럼 왜 이렇게 막되게 구니?
② 조용하라는 그의 말에 모두 끽소리도 못하고 얌전히 앉아 있었다.
③ 사장은 불황에도 상관없이 계속 사업을 늘려 갔다.
④ 두 사람은 가까워지기는커녕 점점 더 멀어져만 갔다.

## 49

**밑줄 친 부분이 어문 규정에 맞는 것은?**

① 그 이야기를 듣자 <u>웬지</u> 불길한 예감이 들었다.
② 어제 마신 술로 아침에 머리가 <u>아폈다</u>.
③ 마당의 개나리 꽃이 정말 <u>노라네</u>.
④ 피의자는 경찰에게 지은 죄를 <u>낱낱히</u> 불었다.

## 50

**띄어쓰기가 옳지 않은 것은?**

① 서울에 도착하는 대로 집으로 전화를 해 주세요.
② 동생이 엄마를 도와드린다며 행주질하고 그릇 정리도 했다.
③ 지난겨울 나는 얼어 붙은 한강변을 헤매었었다.
④ 그는 은연중에 자신의 감정을 글 속에 투사시키고 있었다.

## 51

**밑줄 친 부분의 띄어쓰기가 옳은 것은?**

① 그는 그 광경을 보고 <u>놀라기 보다는</u> 오히려 차분했다.
② 코로나 때문에 <u>지칠 대로</u> 지친 마음이었다.
③ <u>밥은 커녕</u> 죽도 못 먹었다.
④ <u>집안일 일랑은</u> 걱정말고 다녀오세요.

## 52

**〈보기〉에서 표준어로만 이루어진 문장을 모두 고른 것은?**

〈보기〉
㉠ 바로 엇그제의 일 같은데 벌써 일 년이 지났다니 세월 참 빠르다.
㉡ 이튿날 아침 느지거니 일어나 국 한술 떠먹고는 바로 출발하였다.
㉢ 그는 작은아버지를 쫓겨나게 했던 일이 조금 꺼림직하였다.
㉣ 형편이 엔간하면 나도 돕고 싶네만 나도 워낙 쪼들려서 그럴 수 없네.

① ㉠, ㉣
② ㉡, ㉢
③ ㉠, ㉢
④ ㉡, ㉢, ㉣

## 53

**띄어쓰기가 가장 옳은 것은?**

① 철수가 산 그 옷은 입어볼 만하다.
② 철수는 다른 직원들에 비해 일 처리가 빨라 팀장이 예뻐 한다.
③ 형의 반 만큼만이라도 닮아서 사고를 치지 말아라.
④ 그녀를 향한 나의 마음을 어느만큼이나 이해했을까.

## 54

**〈보기〉의 〈표준어 규정〉에 해당하는 사례로 옳지 않은 것은?**

〈보기〉
제16항 준말과 본말이 다 같이 널리 쓰이면서 준말의 효용이 뚜렷이 인정되는 것은, 두 가지를 다 표준어로 삼는다.

| 본말 | 준말 |
|---|---|
| ① 노을 | 놀 |
| ② 수두룩하다 | 수둑하다 |
| ③ 외우다 | 외다 |
| ④ 이기죽거리다 | 이죽거리다 |

## 55

**밑줄 친 부분의 띄어쓰기가 옳지 않은 것은?**

① 정육점 가서 삼겹살 <u>두 근만</u> 사오거라.
② 내가 다니는 학교는 <u>15킬로미터</u> 거리에 있다.
③ 비가 올 확률은 <u>50%내지</u> 60%이다.
④ 아버지는 오늘 <u>부부의날</u>이라며 어머니께 선물을 건넸다.

## 56

**밑줄 친 부분이 표준어가 아닌 것은?**

① 농담조로 가볍게 <u>야불거렸을</u> 뿐인데, 그이는 나를 노려보았다.
② 불편한 신을 신었더니 발에 물집이 생기더니 <u>짓물어</u> 터졌다.
③ 흙장난을 심하게 하면 <u>손거스러미</u>가 일어서 불편하다.
④ 하늘이 <u>끄물끄물하더니</u> 마침내 비를 퍼붓기 시작하였다.

## 57

**㉠~㉤을 사전 등재 순서에 맞게 배열한 것은?**

| ㉠ 갸륵하다 | ㉡ 개구리 |
|---|---|
| ㉢ 게다가 | ㉣ 꾀병 |
| ㉤ 꽤 | |

① ㉠ - ㉡ - ㉢ - ㉣ - ㉤
② ㉠ - ㉡ - ㉢ - ㉤ - ㉣
③ ㉡ - ㉠ - ㉢ - ㉤ - ㉣
④ ㉡ - ㉠ - ㉢ - ㉣ - ㉤

## 58

밑줄 친 부분이 옳게 쓰인 것은?

① 이상한 소리가 나서 창문을 <u>열어제껴</u> 밖을 보았다.
② 반쯤 열린 문 사이로 <u>뒤뜨락</u> 안의 장독대가 내다보였다.
③ 그들은 제 나름대로 고통을 안은 채 <u>아등바등</u> 살아갔다.
④ <u>얼레리꼴레리</u>, 철수는 오줌싸개래요.

## 59

밑줄 친 단어가 어법에 어긋나는 것은?

① 눈이 <u>옴팡겨서</u> 더 매섭게 보였다.
② 오늘도 <u>오지게</u> 더울 모양이다.
③ 이마에 난 <u>뾰루지</u> 때문에 무척 신경이 쓰인다.
④ 그는 톱으로 나무 밑동을 <u>쓱삭쓱삭</u> 자르고 있었다.

## 60

〈보기〉는 〈표준어 규정〉 제22항의 내용이다. 이를 바탕으로 추리한 내용으로 가장 적절하지 않은 것은?

〈보기〉
제22항 고유어 계열의 단어가 생명력을 잃고 그에 대응되는 한자어 계열의 단어가 널리 쓰이면, 한자어 계열의 단어를 표준어로 삼는다.

① '상다리 모양이 개의 다리처럼 휜 막치 소반'을 '개다리소반'이라고 하며, '개다리밥상'은 비표준어이다.
② 고유어 계열의 '홑벌'보다 한자어 계열의 '단벌'이 더 널리 쓰이므로 '단벌'을 표준어로 삼는다.
③ '총각김치', '총각무'보다 더 널리 쓰이는 '알타리김치', '알타리무'를 표준어로 삼는다.
④ '그릇 위로 수북하게 높이 담은 밥'은 '높은밥'보다 '고봉밥'으로 더 널리 쓰이므로 '고봉밥'을 표준어로 삼는다.

## 61

〈보기〉에서 한국어의 어문 규범에 맞는 문장만 모두 고른 것은?

─〈보기〉─
㉠ 이불 귀퉁이를 헤집어 솜을 뜯어냈다.
㉡ 노름으로 남은 땅때기마저 송두리째 날려 버렸다.
㉢ 부족한 부분을 다 메꾸었는데도 까탈스럽게 굴었다.
㉣ 수입 쇠고기가 한우로 둔갑하여 뻐젓이 팔리고 있다.

① ㉡, ㉣
② ㉢, ㉣
③ ㉠, ㉡, ㉢
④ ㉠, ㉢, ㉣

## 62

밑줄 친 부분은 비슷한 의미를 지닌 단어들이다. 이 중 표준어가 아닌 것은?

① • <u>눈대중</u>으로 고기 한 근 정도를 베어 냈다.
　• <u>눈어림</u>으로 봐도 이 옷은 동생에겐 작겠다.
② • 동생의 옆구리를 <u>간지럽히며</u> 장난을 걸었다.
　• 옆구리를 <u>간지르며</u> 놀아 주려고 하였다.
③ • 꼬박꼬박 말대답하는 품이 <u>여간내기</u>가 아니었다.
　• 말하는 것을 보니 <u>보통내기</u>가 아니다.
④ • 발바닥이 얼얼하며 <u>복숭아뼈</u>까지 저린다.
　• 발목을 접질려서 <u>복사뼈</u>가 아프다.

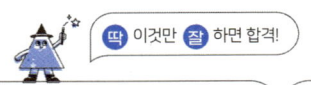

## 63

**〈보기〉의 ㉠~㉣에 대한 이해로 가장 옳지 않은 것은?**

─〈보기〉─
㉠ 그녀는 6·25 때 남편을 여의고 홀몸으로 남매를 키우느라 고생을 많이 했다고 한다.
㉡ 한국과 미국은 0:0으로 팽팽히 맞서고 있다.
㉢ "어디 나하고 한번…" 하고 민수가 말했다.
㉣ 푯말에는 "출입 금지 구역"이라고 쓰여 있었다.

① ㉠: 특정한 의미가 있는 날을 표시할 때 월과 일을 나타내는 아라비아 숫자 사이에 마침표 대신 가운뎃점을 쓸 수 있다.
② ㉡: 쌍점은 의존 명사 '대'가 쓰일 자리에 대신 쓰일 수 있으며, 이때 앞말과 뒷말에 붙여 쓰는 것만 허용된다.
③ ㉢: 점은 가운데에 찍는 대신 아래쪽에 찍을 수도 있다. 그리고 여섯 점을 찍는 대신 세 점을 찍을 수도 있다.
④ ㉣: 인용한 말이나 글이 문장 형식이 아니더라도 큰따옴표를 쓴다.

## 64

**다음 안내장의 ㉠~㉤ 중 고쳐 쓰기 위한 방안으로 가장 적절한 것은?**

㉠○○○ 님께

안녕하십니까. ○○○입니다.
㉡그 동안의 원조에 힘입어 협상은 원만히 진행되었습니다.
남아 있는 3차 협상이 큰 쟁점이 ㉢될 듯합니다.
㉣번번히 불편을 드려 정말 죄송합니다.
감사한 마음으로 편지를 ㉤우송합니다.
항상 평안하시길 기원합니다.

① ㉠ '님'은 고유 명사 뒤에 쓰지 않으므로 '과장님께'와 같이 직급명을 붙이거나, '○○○ 귀중'으로 고쳐 쓴다.
② ㉡과 ㉢은 한 단어이므로 붙여 씀이 원칙이다.
③ ㉣은 끝소리가 '-이'로 나기 때문에 '번번이'로 고쳐 쓴다.
④ ㉤은 '잘못된 우편'이라는 의미로 '발송'으로 고쳐 쓴다.

# chapter 07 표준 발음법

정답 및 해설 p.46

## 01 [1회독] [2회독] [3회독]
표준 발음으로 가장 옳지 않은 것은?
① 넋과[넉꽈]
② 핥다[할따]
③ 삶만[삼만]
④ 짧게[짭께]

## 02 [1회독] [2회독] [3회독]
〈보기〉의 밑줄 친 부분과 동일한 음운 현상이 나타나는 예로 모두 적절한 것은?

─〈보기〉─
음운 현상이란 입력부의 분절음이 환경에 따라 변동된 출력형으로 실현되는 현상으로 그 결과에 따라 한 음운이 다른 음운으로 바뀌는 ㉠<u>대치</u>, 특정 음운이 발화 표면에 나타나지 않는 ㉡<u>탈락</u>, 입력형에 없던 음운이 생기는 ㉢<u>첨가</u>, 둘 이상의 음운이 하나로 합쳐지는 ㉣<u>축약</u> 등으로 분류된다.

① ㉠의 예: 달나라, 여덟
② ㉡의 예: 앉다, 쌓이고
③ ㉢의 예: 콩잎, 학문
④ ㉣의 예: 좋다, 법당

## 03 [1회독] [2회독] [3회독]
표준 발음으로 가장 옳지 않은 것은?
① 넋이[넉씨]
② 물곬이[물꼴씨]
③ 굵고[극꼬]
④ 굵다[극따]

## 04

**표준어의 자음과 모음에 대한 설명으로 틀린 것은?**

① 표준어의 자음은 19개이며 방언에 따른 차이가 거의 없다.
② 국어의 자음은 5개의 조음 위치에서 발음된다.
③ 'ㅚ'와 'ㅟ'는 단모음으로 발음한다.
④ 자음의 첫소리로 가지고 있는 음절의 'ㅢ'는 이중모음으로 발음한다.

## 05

**다음 중 단어의 발음이 옳은 것끼리 묶인 것은?**

① 니은을[니으늘], 지읒을[지으즐]
② 뚫는[뚤른], 넓죽하다[넙쭈카다]
③ 흙이[흘기], 솜이불[소미불]
④ 닿는[단는], 상견례[상결례]

## 06

**〈보기〉 중 〈표준 발음법〉에 가장 맞지 않는 것은 모두 몇 개인가?**

―――――〈보기〉―――――

| 맑게[막께]   | 않던[안턴]     | 부엌을[부어글] |
| 여덟이[여더리] | 지읒을[지으슬] | 손재주[손째주] |

① 2개
② 3개
③ 4개
④ 5개

## 07

**〈보기〉에서 표준 발음으로 옳은 것을 모두 고른 것은?**

―――――〈보기〉―――――

ㄱ. 쌓인 눈[싸힌 눈]
ㄴ. 놓고[노코]
ㄷ. 싫증[실층]
ㄹ. 쌓네[싼네]

① ㄱ, ㄴ
② ㄱ, ㄷ
③ ㄴ, ㄷ
④ ㄴ, ㄹ

## 08

**밑줄 친 부분의 표준 발음이 옳지 않은 것은?**

① 그 혈압 높은 양반이 졸도[졸또] 안한 것이 다행이지.
② 발바닥[발빠닥]에 들어박힌 가시를 빼냈다.
③ 내일은 상견례[상결례]를 위한 모임이 있는 날이다.
④ 그는 나에게 그 일을 반드시 할 것을[할꺼슬] 약속했다.

## 09

**표준 발음으로 가장 옳지 않은 것은?**

① 물약[물략]
② 여덟이[여더리]
③ 짓이기다[진니기다]
④ 밟는[밤는]

## 10

**밑줄 친 단어의 표준 발음으로 옳지 않은 것은?**

① 지렁이는 미생물을 흙과[흑꽈] 함께 먹고 산다.
② 너구리가 굴속[굴 : 쏙]에 숨어 버렸다.
③ 대통령[대 : 통녕]이 야당 대표와 회동했다.
④ 철수는 학교에서 돌아오는 길에 물장난[물짱난]을 하였다.

## 11

**낱말의 발음이 옳지 않은 것은?**

① 주의 → [주이]
② 밭을 → [바츨]
③ 지혜 → [지헤]
④ 미닫이 → [미 : 다지]

## 12

<보기>에서 밑줄 친 부분의 발음으로 가장 옳지 않은 것은?

―〈보기〉―
아 들 : 아버지, 여기 있는 ㉠닭에게 모두 모이를 줘야 해요?
아버지 : 응, 여기 ㉡닭 전부에게 주면 돼.
아 들 : 이 ㉢닭한테만 주면 안 돼요?
아버지 : 왜 그 ㉣닭만 주려고 하니?

① ㉠ : [다게게]  ② ㉡ : [닥]
③ ㉢ : [다칸테]  ④ ㉣ : [당만]

## 13

<보기>의 <표준 발음법> 규정에 비추어 이중 모음의 발음이 바르지 않은 것은?

―〈보기〉―
제5항 'ㅑ, ㅒ, ㅕ, ㅖ, ㅘ, ㅙ, ㅛ, ㅝ, ㅞ, ㅠ, ㅢ'는 이중 모음으로 발음한다.
  다만 1. 용언의 활용형에 나타나는 '져, 쪄, 쳐'는 [저, 쩌, 처]로 발음한다.
  다만 2. '예, 례' 이외의 'ㅖ'는 [ㅔ]로 발음한다.
  다만 3. 자음을 첫소리로 가지고 있는 음절의 'ㅢ'는 [ㅣ]로 발음한다.
  다만 4. 단어의 첫음절 이외의 '의'는 [ㅣ]로, 조사 '의'는 [ㅔ]로 발음함도 허용한다.

① 지혜[지헤]  ② 강의의[강의에]
③ 뒤띔[뒤띰]  ④ 유예[유에]

## 14

다음 중 표준 발음이 아닌 것은?

① 보아 → 봐[봐ː]  ② 기어 → 겨[겨ː]
③ 치어 → 쳐[쳐ː]  ④ 하여 → 해[해ː]

## 15

발음과 관련하여 〈보기〉의 내용을 설명하는 어문 규범의 내용으로 가장 적절한 것은?

─〈보기〉─
키읔과[키윽꽈], 있다[읻따], 쫓다[쫃따]

① 겹받침 'ㄳ', 'ㄵ', 'ㄼ, ㄽ, ㄾ', 'ㅄ'은 어말 또는 자음 앞에서 각각 [ㄱ, ㄴ, ㄹ, ㅂ]으로 발음한다.
② 'ㅎ(ㄶ, ㅀ)' 뒤에 모음으로 시작된 어미나 접미사가 결합되는 경우에는, 'ㅎ'을 발음하지 않는다.
③ 받침 'ㄲ, ㅋ', 'ㅅ, ㅆ, ㅈ, ㅊ, ㅌ', 'ㅍ'은 어말 또는 자음 앞에서 각각 대표음 [ㄱ, ㄷ, ㅂ]으로 발음한다.
④ 'ㅎ(ㄶ, ㅀ)' 뒤에 'ㅅ'이 결합되는 경우에는, 'ㅅ'을 [ㅆ]으로 발음한다.

## 16

표준 발음이 아닌 것은?

① 꽃을[꼬츨]
② 꽃 위[꼬뒤]
③ 윷놀이[윤 : 노리]
④ 벼훑이[벼홀티]

## 17

㉠~㉣에 대한 예로 가장 적절한 것은?

한국어는 'ㄱ, ㄷ, ㅂ, ㅅ, ㅈ' 같은 예사소리가, 'ㄲ, ㄸ, ㅆ, ㅉ'와 같은 된소리로 바뀌는 경음화 현상이 있다. ㉠'ㄱ, ㄷ, ㅂ' 뒤에 연결되는 경음화, ㉡어간 받침 'ㄴ, ㅁ' 뒤에 결합되는 어미의 경음화, ㉢한자어 'ㄹ' 받침 뒤에 연결되는 'ㄷ, ㅅ, ㅈ'의 경음화, ㉣관형사형 어미 뒤에 연결되는 첫소리의 경음화가 있다.

① ㉠ : 받고[받꼬]
② ㉡ : 손바닥[손빠닥]
③ ㉢ : 할 것[할껃]
④ ㉣ : 갈색[갈쌕]

## 18

**〈표준 발음법〉에 따라 읽은 것으로 올바른 것은?**

① 여덟을[여덜블]  ② 티읕에[티으테]
③ 묻히다[무티다]  ④ 짓는[진ː는]

## 19

**〈보기〉 중 〈표준 발음법〉에 가장 맞지 않는 것은 모두 몇 개인가?**

―――――――〈보기〉―――――――
| | | | |
|---|---|---|---|
| 문법[뭄뻡] | 천리[철리] | 공권력[공꿜력] | 되어[되여] |
| 수세미[쑤세미] | 대통령[대ː통녕] | 강릉[강능] | 묽고[물꼬] |

① 2개  ② 3개
③ 4개  ④ 5개

## 20

**단어의 발음이 옳은 것끼리 묶인 것은?**

① 닳는[달는], 결단력[결딴녁]
② 넓둥글다[넙뚱글다], 읊조리다[을쪼리다]
③ 않던[안턴], 맑다[말따]
④ 꽃망울[꼰망울], 끓이다[끄리다]

## 21

**밑줄 친 부분의 표준 발음이 옳지 않은 것은?**

① 이번 조치는 <u>일시적</u>[일씨적]인 미봉지책에 불과하다.
② 오늘은 유난히도 하늘빛이 <u>맑다</u>[말따].
③ <u>옆집</u>[엽찝]은 사는 형편이 말이 아니다.
④ 그녀는 항상 <u>틔어</u>[티어] 있는 마음으로 사람을 대했다.

## 22

**밑줄 친 부분의 발음이 옳은 것은?**

① 때로는 허허실실[허허실씰]로 내버려둠으로써 문제를 해결했다.
② 영철이는 바이러스성 결막염[결마겸]으로 눈이 충혈되었다.
③ 지휘소에서는 무전기로 3연대[삼년대]와 교신하였다.
④ 너도 그렇게 차리니 옷맵시[온맵시]가 나는 구나.

## 23

**밑줄 친 부분의 발음이 현행 〈표준 발음법〉에서 표준 발음으로 인정되지 않는 것은?**

① 머리에서 열이 나는 걸 보니 감기 기운이 있다. – 감기[강기]
② 아이들이 줄넘기를 하면서 노래를 부른다. – 줄넘기[줄럼끼]
③ 법적 절차를 밟다. – 밟다[밥따]
④ 불여우의 꾐에 빠졌다. – 불여우[불려우]

## 24

**표준 발음으로 옳은 것은?**

① 계시다[게 : 시다]  ② 미쳐[미쳐]
③ 넝쿰[넝쿰]  ④ 없애다[업쌔다]

## 25

**밑줄 친 단어의 표준 발음으로 옳지 않은 것은?**

① 찰흙으로 짝궁을 본떠 만들었는데 얽죽빼기가 되었다. [억쭉빼기]
② 친구의 사연을 듣고 콧등이 찡하였다. [코뜽]
③ 그 선장은 위대한 항로를 운항할 계획을 세웠다. [항노]
④ 송충이는 솔잎을 먹고 산다. [소립]

## 26

**다음 중 밑줄 친 부분이 표준 발음인 것은?**

① 어떻게 응대를 해야 할는지[할른지] 갈피가 안 잡혔다.
② 대관령[대관녕]은 폭설로 차가 끊기는 경우가 종종 있다.
③ 아버지는 입원료[이붠뇨]가 비싸 걱정을 하셨다.
④ 구김이 잘 가지 않는 옷감[옥깜].

## 27

**표준 발음이 아닌 것은?**

① 흙과[흑꽈]
② 넓다[널따]
③ 밟지[밥찌]
④ 묽고[물꼬]

## 28

**다음 중 ( ) 안에 들어갈 단어로 적절한 것은?**

> 제1항 표준 발음법은 표준어의 실제 발음을 따르되, 국어의 ( )과 합리성을 고려하여 정함을 원칙으로 한다.

① 명확성
② 현장성
③ 전통성
④ 응용성

## 29

⊙~②에 해당하는 예를 바르게 연결한 것은?

> 경음화는 장애음 중 평음이 일정한 환경에서 경음으로 바뀌는 현상이다. 한국어의 대표적인 경음화 유형은 다음과 같다.
> ⊙ 'ㄱ, ㄷ, ㅂ' 뒤에 연결되는 평음은 경음으로 발음된다.
> ⓒ 비음으로 끝나는 용언 어간에 연결되는 어미의 첫소리는 경음으로 발음된다.
> ⓒ 관형사형 어미 '-(으)ㄹ' 뒤에 연결되는 평음은 경음으로 발음된다.
> ② 한자어에서 'ㄹ' 뒤에 연결되는 'ㄷ, ㅅ, ㅈ'은 경음으로 발음된다.

|   | ⊙ | ⓒ | ⓒ | ② |
|---|---|---|---|---|
| ① | '빗다' | '신기다' | '할 것' | '절도' |
| ② | '닦다' | '삼고' | '발전' | '갈증' |
| ③ | '닭장' | '더듬지' | '만날 사람' | '물질' |
| ④ | '잡고' | '굶기다' | '갈 데가' | '발동' |

## 30

밑줄 친 부분의 표준 발음이 옳은 것만을 〈보기〉에서 모두 고르면?

〈보기〉
> ⊙ 계집[게집]애가 토라져 입술을 쪼뼛 내밀었다.
> ⓒ 각 일간지의 신춘문예 공모는 젊은 소설가들의 등용문[등룡문]이다.
> ⓒ 발등까지 음푹 빠지는 눈을 밟고[밥 : 꼬] 걸었다.
> ② 나는 어머니의 넓죽한[널쭈칸] 얼굴을 닮았다.

① ⊙, ⓒ  
② ⊙, ⓒ  
③ ⓒ, ⓒ  
④ ⓒ, ②

## 31

다음 단어의 표준 발음으로 옳은 것은?

① 공권력[공꿜력]  
② 꽃길[꼭낄]  
③ 피어[피여]  
④ 옷맵시[온맵씨]

## 32

**밑줄 친 발음이 표준 발음이 아닌 것은?**

① 세금 감액의 혜택[헤택]
② 명예[명에]를 건 출전
③ 경의의[경이에] 표시
④ 회의[회의]에 따른 결정

## 33

**〈표준 발음법〉상 'ㄹ'의 발음이 동일한 것들을 바르게 묶은 것은?**

① 의견란, 구근류, 법리
② 임진란, 생산량, 천리
③ 입원료, 칼날, 물난리
④ 이원론, 상견례, 대관령

## 34

**표준 발음이 아닌 것은?**

① 낯을[나슬]          ② 쌓이다[싸이다]
③ 빚다[빋따]          ④ 부엌이[부어기]

## 35

**밑줄 친 부분의 발음이 〈표준 발음법〉에 맞는 것은?**

① 땀받이[땀바디]를 씻어라.
② 재산을 몫몫이[목목씨] 나누었다.
③ 이유 여하를 막론[망논]하고 네가 잘못했다.
④ 빠사삭 낙엽 밟는[발는] 소리.

## 36

**다음 단어들의 발음이 표준 발음이 아닌 것은?**

① 뛰어[뛰어/뛰여]   ② 감기[감기/강기]
③ 연계[연계/연게]   ④ 벼훑이[벼훌치]

## 37

**밑줄 친 부분을 〈표준 발음법〉에 맞게 발음한 것은?**

> "이 집은 거실이 참 넓네요."

① [널브네요]   ② [넙네요]
③ [널레요]    ④ [넘네요]

## 38

**〈표준 발음법〉에 맞지 않는 것은?**

① 맑게[막게]   ② 핥다[할따]
③ 밟게[밥ː께]  ④ 넓다[널따]

## 39

**㉠~㉣ 발음 중 표준 발음이 아닌 것은?**

- 한국은 ㉠예의의 나라이다.
- 나는 그의 보호자가 ㉡아니오.
- 그는 독립을 해서 자립성을 ㉢가져 보기로 했다
- 첩첩산중을 ㉣뚫는 난공사를 하게 되었다.

① ㉠ : [예이에]   ② ㉡ : [아니요]
③ ㉢ : [가저]    ④ ㉣ : [뚤는]

## 40

**표준 발음으로 옳지 않은 것은?**

① 철수네 집 마당은 폭이 넓니[널리]?
② 뒷일[뒤딜]을 어떻게 감당해야 할지 모르겠다.
③ 쓴 물약[물략]을 꼴깍 삼켰다.
④ 이 약은 진통 효과[효 : 꽈]가 탁월하다.

## 41

**〈표준 발음법〉에 맞게 발음하지 않은 것은?**

① 강아지가 알사탕을 핥다가[할따가] 방으로 들어갔다.
② 지하철에서 남의 발을 밟지[밥 : 찌] 않도록 주의해라.
③ 오월의 하늘은 맑고[막꼬] 푸르다.
④ 금이 간 자리를 흙으로[흘그로] 메웠다.

## 42

**밑줄 친 부분이 〈표준 발음법〉에 맞지 않는 것은?**

① 감이 잘 익어 떫지[떱 : 찌] 않은 맛이 났다.
② 한여름[한녀름]에 그늘에서 땀을 식혔다.
③ 휘발유[휘발류]는 인화성이 커서 주의해야 한다.
④ 아기는 꼬까옷 입고[온닙꼬] 할머니께 세배를 하였다.

## 43

**표준 발음으로 바르지 않은 것은?**

① 인후병[인후뼝]   ② 건조증[건조쯩]
③ 위조죄[위조쬐]   ④ 나무잔[나무짠]

## 44 1회독 2회독 3회독
**표준 발음으로 옳은 것은?**

① 몌별[메별]  ② 가져[가져]
③ 무늬[무늬]  ④ 없애다[업쌔다]

## 45 1회독 2회독 3회독
**다음 축약의 결과가 〈표준 발음법〉에 맞지 않는 것은?**

① 보아 → 봐[봐ː]   ② 뜨이다 → 띄다[띠ː다]
③ 가지어 → 가져[가저ː]   ④ 기어 → 겨[겨ː]

# chapter 08 로마자 표기법 / 외래어 표기법

정답 및 해설 p.53

## 1 로마자 표기법

### 01 [1회독] [2회독] [3회독]
국어 〈로마자 표기법〉 규정에 어긋난 것은?

① 집현전 Jiphyeonjeon    ② 압구정 Apggujeong
③ 울산 Ulsan            ④ 백마 Baengma

### 02 [1회독] [2회독] [3회독]
다음 중 문화재 명의 로마자 표기로 틀린 것은?

① 석굴암 : Seokguram    ② 은진미륵 : Eunjinmireuk
③ 의상대 : Uisangdae    ④ 다보탑 : Dabotab

### 03 [1회독] [2회독] [3회독]
〈보기〉의 로마자 표기가 옳은 것을 모두 고르면?

─〈보기〉─
㉠ 묵호 Muko          ㉡ 샛별 saetbyeol
㉢ 신문로 Sinmunro    ㉣ 백암 Baegam

① ㉠, ㉡    ② ㉠, ㉢
③ ㉡, ㉣    ④ ㉢, ㉣

## 04

**외래어 표기법과 로마자 표기법이 맞는 것으로만 묶인 것은?**

① gas – 가스, 양주(지명) – Yangjoo
② centimeter – 센티미터, 합덕(지명) – Hapdeok
③ frypan – 후라이팬, 원주(지명) – Wonju
④ center – 센타, 서산(지명) – Seosan

## 05

**〈보기〉의 ㉠~㉣을 현행 〈로마자 표기법〉에 따라 표기한 것으로 가장 적절한 것은?**

―〈보기〉―
㉠ 백록담    ㉡ 백마봉
㉢ 동래      ㉣ 한밭

① ㉠ : Baekrokdam
② ㉡ : Baekmabong
③ ㉢ : Dongnae
④ ㉣ : Hanbad

## 06

**다음 중 로마자 표기가 옳지 않은 것은?**

① 한복남(인명) : Han Bok-Nam
② 삼죽면 : Samjuk-myeon
③ 화랑대 : Hwarangdae
④ 촉석루 : Chokseongnu

## 07

**국어의 로마자 표기가 옳지 않은 것은?**

① 반월성 Banwolseong
② 불국사 Bulguksa
③ 대릉원 Daeleungwon
④ 분황사 Bunhwangsa

## 08
**다음 중 로마자 표기가 올바르지 않은 것은?**

① 강릉 : Gangleung
② 인왕리 : Inwang-ri
③ 연화교 : Yeonhwagyo
④ 울산 : Ulsan

## 09
**로마자 표기의 예로 옳지 않은 것은?**

① 종로[종노] → Jongro
② 잡혀[자펴] → japyeo
③ 놓다[노타] → nota
④ 물난리[물랄리] → mullalli

## 10
**다음 중 로마자 표기가 올바르지 않은 것은?**

① 충청북도 : Chungcheongbuk-do
② 경기도 : Gyeongi-do
③ 전라남도 : Jeollanam-do
④ 경상북도 : Gyeongsangbuk-do

## 11
**〈로마자 표기법〉이 가장 옳지 않은 것은?**

① 고령읍 Goryeong-eup
② 설악면 Seorak-myeon
③ 종로 2가 Jongno 2(i)-ga
④ 신율리 Sinyul-li

## 12

**다음 중 로마자 표기가 올바른 것은?**

① 마당 : matang  ② 삼진날 : samjitnal
③ 한가위 : hangaui  ④ 대보름 : daeboreum

## 13

**〈로마자 표기법〉으로 가장 옳지 않은 것은?**

① 강림리 Gangrim-ri  ② 한라산 Hallasan
③ 정릉 Jeongneung  ④ 독립문 Dongnimmun

## 14

**국어의 〈로마자 표기법〉에 맞는 단어들로만 묶인 것은?**

① 서울 Seoul, 부산 Busan, 광주 Kwangju
② 해돋이 Haedoji, 놓다 nohta, 맞히다 mathida
③ 신라 Silla, 백제 Baekje, 조선 Joseon
④ 낙동강 Nakdonggang, 횡성군 Hoingseong-gun, 종로 Jongno

## 15

**표준 발음과 로마자 표기가 모두 옳은 것은?**

① 오죽헌[오주컨] - Ojukeon  ② 극락전[궁낙쩐] - Geungnakjeon
③ 촉석루[촉썽누] - Chokseoknu  ④ 독도[독또] - Doktto

## 16
**〈로마자 표기법〉이 옳지 않은 것은?**

① 우정국로 Ujeonggungno
② 신림 Sillim
③ 석남 Seongnam
④ 문래동 Munnae-dong

## 17
**〈로마자 표기법〉이 옳지 않은 것은?**

① 북한강 Bukankang
② 청량산 Cheongnyangsan
③ 용유도 Yongyudo
④ 울릉도 Ulleungdo

## 18
**우리말에 대한 〈로마자 표기법〉으로 바르지 않은 것은?**

① 왕십리 Wangsimni
② 알약 allyak
③ 굳히다 guchida
④ 홍빛나(인명) Hong Binna

## 19
**국어의 〈로마자 표기법〉에 맞게 표기한 것은?**

① 해돋이 haedoti
② 의정부시 Uijeongpu-si
③ 광한루 Gwanghanlu
④ 세종대왕 Sejongdaewang

## 20
**<로마자 표기법>이 바르지 않은 것은?**
① 신라 Silla
② 나뭇잎 namutnip
③ 신창읍 Sinchang-eup
④ 낙성대 Nakseongdae

## 21
**국어의 <로마자 표기법>에 따라 바르게 적은 것은?**
① 속리산 Sokrisan
② 진주시 Jinju
③ 홍천사길 Hungcheonsa-gil
④ 신문로 Simmunno

## 22
**국어의 <로마자 표기법>이 옳지 않은 것은?**
① 영동 Yeongdong
② 구미 Gumi
③ 울릉 Ulreung
④ 임실 Imsil

## 23
**국어의 로마자 표기와 그에 대한 설명으로 가장 적절한 것은?**
① 팔당 – Paldang – 된소리되기는 표기에 반영하지 않는다.
② 반구대 – Ban-gudae – 자연 지물명, 문화재명, 인공 축조물명은 붙임표를 붙여 쓴다.
③ 한복남 – Han Bongnam – 이름에서 일어나는 음운 변화는 표기에 반영한다.
④ 집현전 – Jipyeonjeon – 'ㄱ, ㄷ, ㅂ, ㅈ'이 'ㅎ'과 합하여 거센소리로 소리 나는 경우, 거센소리로 적는다.

## 2 외래어 표기법

### 01

〈보기〉 중 〈외래어 표기법〉에 맞지 않는 단어의 개수는?

〈보기〉
커터(cutter), 락커(locker), 텔레비전(television), 메시지(message), 후라이드 치킨(fried chiken)

① 1개  ② 2개
③ 3개  ④ 4개

### 02

다음 중 밑줄 친 외래어 표기가 올바른 것은?
① 다양한 <u>컨텐츠</u>를 통해 소프트웨어를 풍부하게 하는 것이 중요하다.
② 설탕이 듬뿍 묻은 <u>도넛</u>.
③ 깡통은 철제와 <u>알미늄</u>제로 나뉜다.
④ 간호사는 벽에 붙은 인터폰 <u>부저</u>를 다급하게 눌렀다.

### 03

외래어 표기 용례로 올바른 것은?
① barbecue : 바베큐  ② desktop : 데스크탑
③ concept : 컨셉  ④ sit-in : 싯인

## 04

**다음 밑줄 친 단어의 외래어 표기가 올바른 것은?**

① 무분별한 크레디트 카드의 사용이 증가하면서 신용 불량자가 급증하였다.
② 과학 수업 시간에 선생님께서 PPT 슬레이드를 보여주셨다.
③ 그 선수의 홈런은 결승전의 피날래를 장식했다.
④ 첨단 칼라복사기를 써서 만든 위조 화폐가 급증했다.

## 05

**〈외래어 표기법〉 규정에 맞는 단어로만 짝지어진 것은?**

① 룩셈부르크(Luxembourg), 니카라구아(Nicaragua)
② 마다가스카(Madagascar), 불가리아(Bulgaria)
③ 모잠비크(Mozambique), 아이티(Haiti)
④ 말레이지아(Malaysia), 에콰도르(Ecuador)

## 06

**다음 밑줄 친 외래어 표기가 올바른 것은?**

① 팬더는 하루에 12.5kg의 대나무를 섭취한다.
② 우주 정류장을 건설할 경우 랑데부는 필수적인 수단이다.
③ 이 미라는 지금까지 미스테리에 쌓여 있었다.
④ 그녀의 바이얼린 솜씨는 수준급이다.

## 07

**밑줄 친 외래어의 표기가 올바르게 된 것은?**

① 이날 행사의 하일라이트는 유명 가수의 사인회였다.
② 정전으로 엘리베이터가 멈춰서 계단으로 올라갔다.
③ 나는 커피를 마실 때 다회용 스트로우를 이용한다.
④ 엄마는 오렌지를 갈아서 쥬스를 직접 만들었다.

## 08

**다음 밑줄 친 말의 외래어 표기가 올바른 것은?**

① 나는 플롯의 고운 음색을 좋아한다.
② 매실이 알코올에 담겨 있다.
③ 우리는 공항에 도착하자마자 렌트카를 빌렸다.
④ 까페에는 조용한 음악이 흘렀다.

## 09

**외래어 표기가 옳지 않은 것은?**

① 스케줄(schedule)
② 패밀리(family)
③ 쉬림프(shrimp)
④ 카디건(cardigan)

## 10

**다음 밑줄 친 외래어 표기가 올바른 것은?**

① 축제의 시작을 알리는 팡파레가 울려 퍼졌다.
② 그녀는 프로포즈를 단호하게 거절했다.
③ 진우는 뛰어난 리더쉽을 발휘했다.
④ 그는 개신교에서 가톨릭으로 개종하였다.

## 11

**외래어 표기가 옳은 것은?**

① 난센스(nonsense)
② 아울렛(outlet)
③ 프레쉬맨(freshman)
④ 쉐타(sweater)

## 12

**다음 중 외래어 표기가 맞는 것은?**

① 잉글리쉬
② 프론트
③ 후레쉬
④ 플라자

## 13

**다음에서 외래어 표기가 알맞은 것끼리 짝지어진 것은?**

| ㉠ nonstop 난스톱 | ㉡ fanfare 팡파르 |
| ㉢ leadership 리더십 | ㉣ cunning 컨닝 |

① ㉠, ㉡
② ㉠, ㉢
③ ㉡, ㉢
④ ㉢, ㉣

## 14

**다음 밑줄 친 외래어 표기가 올바른 것은?**

① 그는 점심에는 <u>그라탱</u>을 먹고 도서관을 갔다.
② 나는 다리를 삐어서 발목에 <u>기브스</u>를 했다.
③ 이번 <u>워크샵</u>의 구체 일정이 확정되었다.
④ 승마를 <u>레져</u>로 즐기기에는 그 비용이 만만치 않다.

## 15

**다음 밑줄 친 외래어 중 〈외래어 표기법〉에 맞게 표기된 것을 고르면?**

① 이 집에서 잘하는 <u>메뉴</u>는 된장찌개이다.
② 가전제품을 사면 <u>메뉴얼</u>을 상세히 보아야 한다.
③ <u>발렌타인데이</u>에 좋아하는 사람에게 고백을 했다.
④ 설득의 용이성 때문에 <u>프리젠테이션</u>을 하는 사람이 많아졌다.

## 16

**다음 중 외국 인명의 표기로 바른 것은?**

① Shakespeare – 세익스피어
② The Beatles – 비틀스
③ Chingiz Khan – 징기스칸
④ Columbus – 콜롬버스

## 17

**〈보기〉의 ㉠~㉣ 중 외래어 표기가 옳은 것을 모두 고르면?**

〈보기〉
㉠ 악센트(accent)
㉡ 슈퍼마켓(supermarket)
㉢ 불독(bulldog)
㉣ 매니아(mania)

① ㉠, ㉡
② ㉠, ㉡, ㉢
③ ㉡, ㉢
④ ㉢, ㉣

## 18

**다음 중 외래어 표기 규정에 맞는 것은?**

① 심볼(symbol)
② 섕크(shank)
③ 판넬(pannel)
④ 샤시(sash)

## 19

**〈보기〉의 ㉠~㉤ 중 외래어 표기가 옳은 것만을 모두 고르면?**

〈보기〉
㉠ 레모네이드(lemonade)
㉡ 리포트(report)
㉢ 스탠다드(standard)
㉣ 옐로(yellow)
㉤ 프로포즈(propose)

① ㉠, ㉤
② ㉢, ㉣
③ ㉠, ㉡, ㉣
④ ㉡, ㉢, ㉤

## 20
〈외래어 표기법〉에 따라 바르게 표기된 것으로만 묶인 것은?

① 알코올(alcohol), 핼러윈(Halloween)
② 메론(melon), 트레일러(trailer)
③ 액센트(accent), 콜롬비아(Columbia)
④ 프리젠테이션(presentation), 오믈렛(omelet)

## 21
외래어 표기가 옳은 것은?

① cafe – 까페
② flash – 플래쉬
③ doughnut – 도너츠
④ conte – 콩트

## 22
외래어 표기 규정에 모두 맞는 것은?

① 윈도우, 로봇
② 플룻, 엔돌핀
③ 초콜릿, 캐러멜
④ 케찹, 돈가스

## 23
〈외래어 표기법〉에 따라 바르게 표기된 것으로만 묶인 것은?

① 색소폰, 앰뷸런스, 아이섀도, 크리스털
② 엠블란스, 섹소폰, 캘린더, 아이섀도우
③ 크리스탈, 스카웃, 엠블런스, 스노보드,
④ 엠뷰런스, 스카우트, 크리스탈, 스노우보드

## 24

**〈외래어 표기법〉에 어긋나는 단어가 있는 것은?**

① 레인보, 카펫, 캐럴
② 크리스천, 로켓, 애드립
③ 스로인, 랍스터, 톱
④ 바통, 산타클로스, 재스민

## 25

**밑줄 친 부분의 표기가 바르지 않은 것은?**

① 어릴 적부터 선행을 해온 나는 <u>엔젤</u>이라는 별명이 있다.
② 평소에 내 외출복은 허름한 <u>잠바</u> 하나뿐이다.
③ 우리가 가지고 있는 돈이 <u>토털</u> 100만 원쯤 됩니다.
④ 수입한 품목에는 <u>로열티</u>를 지급한다.

## 26

**밑줄 친 표현들 중 〈외래어 표기법〉에 따라 바르게 적은 것은?**

① 제과점에서 생일 <u>케익</u>을 샀다.
② 대형 크레인이 <u>콘테이너</u>를 옮기고 있다.
③ <u>메론</u>을 고를 때는 줄무늬를 잘 살피는 것이 좋다.
④ 앞으로 <u>코즈모폴리턴</u> 시대가 올 것이다.

## 27

**밑줄 친 부분이 〈외래어 표기법〉에 맞는 것은?**

① 그녀는 항상 독특한 <u>액세서리</u>로 멋을 내고 다닌다.
② 이 옷은 꼭 <u>드라이크리닝</u>으로 세탁해야 한다.
③ 내 스마트폰 기종은 다운받을 수 있는 <u>어플리케이션</u>이 많지 않다.
④ 입학생을 환영하는 <u>플랭카드</u>가 걸렸다.

# chapter 09 고전 문법

## 01

**〈보기〉의 ㉠에 해당하는 글자가 아닌 것은?**

〈보기〉

한글의 초성자는 기본자, 가획자, 이체자로 구분된다. 기본자는 조음 기관의 모양을 상형한 글자이다. ㉠가획자는 기본자에 획을 더한 것으로, 획을 더할 때 소리가 세어진다는 특징이 있다. 이체자는 획을 더한 것은 가획자와 같지만 소리가 세어지지 않는다.

① ㅎ  
② ㅈ  
③ ㄹ  
④ ㅌ

## 02

**'훈민정음'에 대한 설명으로 옳지 않은 것은?**

① '훈민정음'은 세종의 서문과 예의, 해례로 구성되어 있다.
② 해례편은 제자해, 초성해, 중성해, 종성해, 합자해로 5가지로 나누어져 있다.
③ '훈민정음'은 유네스코에서 지정한 세계 기록유산으로 등재되어 있다.
④ 정인지의 서문은 책 맨 끝에 실려있다.

## 03

**훈민정음의 기본글자에 해당하지 않는 것은?**

① ㄱ  
② ㅁ  
③ ㅈ  
④ ㅇ

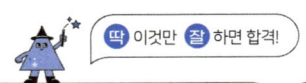

## 04

**훈민정음 운용규정에 대한 설명으로 바르지 않은 것은?**

① 병서는 각자 병서와 합용 병서로 나뉜다.
② 합용 병서의 경우 세 개의 자음까지 나란히 쓸 수 있었다.
③ 부서법으로는 하서법과 우서법이 있었다.
④ 소리의 장단을 나타내기 위해 음절의 왼쪽에 점을 찍어 표시하던 방점이 있었다.

## 05

**〈훈민정음해례본〉에 나오는 한글의 제자원리로 가장 옳은 것은?**

① 'ㄱ, ㄴ, ㅁ, ㅅ, ㅇ' 기본자에 가획의 원리로, 'ㅋ, ㄷ, ㅌ, ㄹ, ㅂ, ㅈ, ㅊ, ㆆ' 총 8개의 문자를 만들었다.
② 'ㄹ'와 'ㅿ'는 혀와 이의 모양을 본뜬 것으로, 세기가 커짐을 나타낸다.
③ 초성은 17자이며 아음은 혀뿌리가 목청을 닫는 모양을 본뜬 것이다.
④ 중성은 11자이며 'ㆍ'의 모양은 태양을 본뜬 것이다.

## 06

**중세의 주격 조사에 대한 설명으로 바르지 않은 것은?**

① 'ㅣ' 모음 이외의 모음으로 끝난 체언 뒤에 주격 조사 'ㅣ'가 결합하였다.
② 영주격 조사는 표기상으로는 쓰이지 않았으나 발음은 되었을 것으로 추정된다.
③ 현대와는 다르게 보격 조사와 형태에 차이가 있었다.
④ 자음으로 끝난 체언 뒤에는 주격 조사 '이'가 쓰였다.

## 07

**훈민정음의 이체자에 해당하지 않는 것은?**

① ㆁ　　　　　　② ㄹ
③ ㆆ　　　　　　④ ㅿ

## 08

**중세 국어 성조에 대한 설명으로 바르지 않은 것은?**

① 처음은 낮고 점점 높아지는 소리로 거성이 있다.
② 성조는 임진왜란 이후에 소멸하여 현대에 긴소리 자질만 남게 되었다.
③ 입성은 소리의 높낮이를 나타내는 것이 아니라 종성의 특성을 나타내는 것이다.
④ 단어의 뜻을 분별해 주는 기능을 가진다.

## 09

**훈민정음의 28자모(子母) 체계에 들지 않는 것은?**

① ㅘ
② ㅿ
③ ㅕ
④ ㆆ

## 10

**다음 글의 설명에 해당하는 사례로 옳은 것은?**

> 이화(dissimilation)는 자음 또는 모음 등의 분절음이 주변의 음과 다른 특성의 음으로 변화함으로써 표현의 효과를 가져오는 현상이다.

① 고ㅎ > 코
② 거우루 > 거울
③ 소곰 > 소금
④ 어느제 > 언제

## 11

**한글 창제 당시 초성 17자에 포함되지 않는 글자가 쓰인 것은?**

① 아춤
② 싀훤호씨오
③ 므지게
④ 뫼사리

## 12

**다음에서 설명하고 있는 책의 이름은?**

> 이 책은 1448년 신숙주를 포함한 집현전 학자들이 세종의 명으로 만들어 발간한 우리나라 최초의 음운서이다. 이 책에서 사용한 한자음은 당시의 한자음을 중국의 원음과 가깝게 표기하려 한 노력의 일환이었다.

① 용비어천가  ② 월인석보
③ 동국정운  ④ 훈몽자회

## 13

**훈민정음에서 기본자와 가획자의 관계가 바른 것은?**

① ㄴ - ㄷ  ② ㆆ - ㅎ
③ ㄱ - ㄲ  ④ ㅅ - ㅿ

## 14

**다음 자료를 토대로 중세 국어의 특징을 설명한 것으로 가장 적절하지 않은 것은?**

| 중세 국어의 자료 | 중세 국어의 특징 |
| --- | --- |
| 나·랏·해, 내히 | ㉠ 받침이 'ㅎ'음으로 끝나는 체언이 있었다. |
| 곶 : 됴·코 여·름·하ᄂ·니 | ㉡ 구개음화가 일어나지 않고 있다.<br>㉢ 종결 어미 '니'가 쓰였다. |
| 불·휘 기·픈 남·ᄀ | ㉣ 주격 조사 '은/는'이 사용되었다. |

① ㉠  ② ㉡
③ ㉢  ④ ㉣

## 15

**다음의 〈훈민정음언해〉에서 훈민정음의 창제 동기와 목적 중 관련 없는 것은?**

> 나랏 말쓰미 中國에 달아 文字와로 서르 스뭇디 아니 홀씨 이런 젼ᄎ로 어린 百姓이 니르고져 홇 배 이셔도 ᄆᆞᄎᆞᆷ내 제 ᄠᅳ들 시러 펴디 몯ᄒᆞᇙ 노미 하니라 내 이ᄅᆞᆯ 爲ᄒᆞ야 어엿비 너겨 새로 스믈여듧字ᄅᆞᆯ 밍ᄀᆞ노니 사ᄅᆞᆷ마다 ᄒᆡᅇᅧ 수ᄫᅵ 니겨 날로 ᄡᅮ메 便安킈 ᄒᆞ고져 홇 ᄯᆞᄅᆞ미니라

① 실용정신　　　　　② 자주정신
③ 애민정신　　　　　④ 개혁정신


## 16

**훈민정음 초성자 가운데 제자의 기본이 된 다섯 자에 속하는 것은?**

① ㆁ　　　　　② ㄷ
③ ㅅ　　　　　④ ㄹ


## 17

**〈보기〉는 〈훈민정음언해〉의 한 부분이다. 이에 대한 설명으로 가장 옳은 것은?**

〈보기〉

> 나랏 말쓰미 中國에 달아 文字와로 서르 스뭇디 아니 홀씨 이런 젼ᄎ로 ㉠어린 百姓이 니르고져 홇 배 이셔도 ᄆᆞᄎᆞᆷ내 제 ᄠᅳ들 시러 펴디 몯ᄒᆞᇙ 노미 ㉡하니라 내 이ᄅᆞᆯ 爲ᄒᆞ야 어엿비 너겨 새로 ㉢스믈여듧字ᄅᆞᆯ 밍ᄀᆞ노니 사ᄅᆞᆷ마다 ᄒᆡᅇᅧ 수ᄫᅵ 니겨 날로 ᄡᅮ메 便安킈 ᄒᆞ고져 홇 ㉣ᄯᆞᄅᆞ미니라

① ㉠은 '나이가 적다'의 의미를 가진다.
② ㉡은 '사람이 어떤 행동이나 작용을 이루는 것'을 말한다.
③ 현대 국어와 달리 이 당시 ㉢에는 'ㅿ, ㆆ, ㅸ, ·' 등이 있었다.
④ ㉣은 중세 국어의 표음적 표기법의 예시로 볼 수 있다.

## 18

**높임법의 유형이 다른 하나는?**

① 一聲白螺를 듣즙고
② 我后를 기드리ᅀᆞ바
③ 山이 草木이 軍馬ㅣ ᄃᆞ욍니이다
④ 大耳兒를 臥龍이 돕ᄉᆞᄫᆞ니

## 19

**훈민정음 운용 규정에 대한 설명으로 옳지 않은 것은?**

① 이어쓰기를 '연서'라고도 한다.
② 병서는 '각자 병서와 합용 병서'가 있다.
③ 'ㅂ'계 합용 병서는 'ㅂ'의 발음도 함께 해야 한다.
④ 부서법은 '좌서법, 우서법'이 있다.

## 20

**중세 국어의 의문문에 대한 설명으로 바르지 않은 것은?**

① 현대 국어와 마찬가지로 설명 의문문과 판정 의문문이 있었다.
② 판정 의문문의 경우 '가', '니여' 등 주로 '아/어' 형을 사용하여 묻는다.
③ 설명 의문문의 경우는 '고', '뇨' 등 주로 '오' 형을 사용하여 묻는다.
④ 주어가 1, 3인칭인 경우의 의문문은 주로 '-ㄴ다' 형을 사용하여 묻는다.

## 21

**차자 표기에 대한 설명으로 바르지 않은 것은?**

① 한자를 구어의 어순대로 나열한 서기체 표기가 있다.
② 향찰은 훈주음종의 원리에 의해 표기되었다.
③ 구결은 주로 서리 계층들과 관련되었다.
④ 훈을 빌리는 훈차와 음을 빌리는 음차가 있다.

## 22

**다음 중 의문문의 종류가 다른 하나는?**

① 沙羅樹大王이 어듸 겨시뇨
② ᄒᆞ몰며 阿羅漢果를 得게 호미ᄯᅡ니잇가
③ 어느 法으로 得ᄒᆞ는고
④ 菩薩이 엇던 因緣으로 예 오시니잇고

## 23

**성조에 대한 설명으로 바르지 않은 것은?**

① 점은 음절의 발음상 장단을 나타내고 높낮이는 나타내지는 않는다.
② 중세 국어의 상성은 현대 국어의 장음으로 바뀌게 된다.
③ 방점은 16세기 말에 소멸되었다고 볼 수 있다.
④ 입성은 종성이 'ㄱ, ㄷ, ㅂ, ㅅ'으로 끝나는 음절은 모두 입성이다.

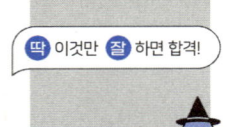

## chapter 10 언어 예절

정답 및 해설 p.61

### 01

**호칭어가 적절하지 않은 것은?**

① 아내의 언니 : 자형
② 남편의 여동생 : 아가씨
③ 아내의 여동생의 남편에게 : 동서
④ 남편의 누나의 남편에게 : 아주버님

### 02

**표준 언어 예절에 가장 알맞게 발화한 것은?**

① (사위가 장인에게) 장인, 안사람이 요즘 힘들어 합니다.
② (상사가 아래 직원에게 전화할 때) 김철수 부장입니다.
③ (시어머니가 며느리에게) 새아가, 사장어른은 좀 괜찮으시니?
④ (자신을 소개할 때) 처음 뵙습니다. 저는 김철수입니다.

### 03

**호칭어와 지칭어의 사용이 적절한 것은?**

① (남편의 누나에게) 고모, 저 좀 도와주세요.
② (며느리가 시어머니에게) 어머니, 어떤 것이 더 좋으세요?
③ (남편의 남동생에게) 서방님, 여자 친구랑 한번 놀러오세요.
④ (아내의 남동생에게) 동서, 요즘 일은 좀 어때?

## 04

**다음 중 어법에 맞는 표현은?**

① (면접을 마친 후 면접관에게) 면접관님, 수고 많으십니다.
② (응대 중인 고객에게) 네, 손님은 매월 59,000원 되세요.
③ (평사원이 부장에게) 네, 부장님께서 시킨 것 모두 처리했습니다.
④ (초청장 문안에서) 귀하를 이번 행사에 꼭 모시고자 하오니 참석해 주시기 바랍니다.

## 05

**표준 언어 예절에 어긋난 것은?**

① 친구의 아내를 언제나 '제수씨'라고 부를 수 있다.
② 직장 상사의 아내를 '사모님'이라고 부른다.
③ 직장 상사의 아내를 직장 동료에게 '과장님 부인'이라고 지칭한다.
④ 직장 상사의 남편을 직장 동료에게 '과장님 바깥어른'이라고 지칭한다.

## 06

**표준 언어 예절에 가장 알맞은 것은?**

① (윗사람에게 아침 인사로) 잘 주무셨습니까?
② (외출했다가 집에 들어올 때) 나 왔다.
③ (관공서에서 손님이 들어올 때) 어떻게 오셨습니까?
④ (가게에서 손님과 헤어질 때) 또 오십시오.

## 07

**전화를 사용할 때의 표준 언어 예절로 적절하지 않은 것은?**

① (전화를 걸었는데 어른이 받았을 때) 안녕하십니까? 저는 ○○(친구)의 친구 ○○(이름)입니다.
② (전화를 받았는데 상대방이 찾는 사람이 없을 때) 지금 안 계십니다. 뭐라고 전해 드릴까요?
③ (잘못 걸려온 전화일 때) 아닙니다, 전화 잘못 거셨습니다.
④ (전화를 바꾸어 줄 때) 잠시 기다려 주십시오. 바꾸어 드리겠습니다.

## 08

**우리말 표현으로 어법상 옳은 것은?**

① (방송에 출연해서) 저희 나라는 이번 대회에서 우승을 기대하고 있습니다.
② (직급이 같은 동료에게 아침 인사로) 좋은 아침!
③ (사회자가 20대 연예인을 소개하면서) ○○○씨를 소개하겠습니다.
④ (퇴근하면서 윗사람에게) 수고하십시오.

## 09

**우리말 표현으로 어법상 옳지 않은 것은?**

① (사원이 사장에게) 과장님은 지금 출장 가셨습니다.
② (학생이 선생님에게) 저의 아버지 이름은 홍 자 길동 자이십니다.
③ (아내의 오빠의 아내에게) 아주머니, 잘 지내셨어요?
④ (사위가 장모에게) 어머님, 장인어른께서는 어디 가셨나요?

# chapter 11 바른 표현

정답 및 해설 p.63

## 01
가장 자연스러운 표현은?
① 교수님께서는 돌 지난 손자가 계신다.
② 저희 학원에서는 무료로 교육시켜 드립니다.
③ 나는 조금 전까지 만화책을 읽었었다.
④ 이 건물에서는 흡연을 삼가 주시기 바랍니다.

## 02
다음 중 압존법(壓尊法)의 사용이 바른 것은?
① 할아버지께서 생전에 하신 말씀.
② 할아버지, 아버지가 아직 안 왔습니다.
③ 교수님, 여기 앉으십시오.
④ 아버지께서 일본으로 출장을 다녀오셨다.

## 03
다음 예문에서 의미의 중복 표현이 없는 것은?
① 오늘 수업은 실내체육관에서 진행된다.
② 12월에 대관령 고개에는 많은 눈이 내린다.
③ 이산화탄소 규제 결과로 인해 지구온난화가 완화되었다.
④ 적막의 거리는 음모와 배반의 열기를 뿜어냈다.

## 04

**㉠~㉣에 대한 고쳐 쓰기 방안으로 옳지 않은 것은?**

> 선생님께,
> 그동안 안녕하셨는지요? 문득 선생님 생각이 나서 편지를 씁니다.
> 선생님은 저희들을 위한 일이라면 어떤 일도 ㉠마다하지 않았던 기억이 납니다.
> 그런 선생님의 정성이 얼마나 고마웠던지 지금도 잊을 수가 없습니다.
> ㉡어줍잖은 제가 그 은혜를 어떻게 ㉢갚을런지 모르겠습니다.
> ㉣인제라도 자주 연락드릴게요.
> 안녕히 계십시오.

① ㉠의 주체는 선생님이므로 높임법을 고려하여 '마다하지 않으셨던'으로 고친다.
② ㉡은 잘못된 표현이므로 '어쭙잖다'로 고친다.
③ ㉢은 연결 어미 '-는지'의 잘못된 표현이므로 '갚을는지'로 고친다.
④ ㉣의 '인제'는 이제의 잘못된 표현이므로 '이제'로 고친다.

## 05

**〈보기〉의 ( ) 안에 들어갈 단어가 순서대로 바르게 나열된 것은?**

> 〈보기〉
> • 이번 협상에는 많은 변수가 ( )되어 있다.
> • 그에 대한 기사가 지방지에 ( )되었다.
> • 지난 선거는 우리나라 지방자치의 ( )를 가름하는 분수령이다.

① 게재 – 개재 – 승패
② 개재 – 게재 – 승패
③ 게재 – 개재 – 성패
④ 개재 – 게재 – 성패

## 06

**밑줄 친 말이 어법에 맞고 가장 자연스러운 것은?**

① 에메랄드빛을 띈 바다를 보고 싶다.
② 보수 공사를 하는 모습이 자주 눈에 띤다.
③ 눈을 껌벅껌벅하며 손님은 장난스러운 미소를 띤다.
④ 비리를 파헤치는 중대한 임무를 띄다.

## 07

**밑줄 친 말이 옳게 쓰인 것은?**

① <u>유래</u>를 찾아볼 수 없는 호황.
② 그는 바쁘다는 <u>빌미</u>로 모임에 참여하지 않았다.
③ 빨리 가보라는 아이의 <u>채근</u>이 성화같았다.
④ 건강을 지키기 위한 환경이 <u>조장</u>되고 있다.

## 08

**밑줄 친 말이 어법에 맞고, 가장 자연스러운 것은?**

① 사람만큼 귀한 것은 이 세상에 또 있을 수가 없다. <u>그럼으로</u> 똑같이 존중받아야 한다.
② 나는 매주 2시간씩 장애인 복지시설에서 봉사활동을 한다. <u>그럼으로</u> 삶의 보람을 느낀다.
③ 우리 교수님은 청렴결백하다. <u>그럼으로</u> 학생들에게 존경을 받는다.
④ 아무 책임도 지지 않겠다. <u>그럼으로</u> 아무것도 선택하지 않겠다.

## 09

**어법상 바른 문장은?**

① 잠수함이 바닷속에서 물 위를 부상했다.
② 막노동을 했더니 손에 굳은살이 박였다.
③ 말을 잘 새겨듣지 않으면 오해하기 쉽상이다.
④ 경기가 끝나자 관객들이 봇물을 이루듯 쏟아져 나왔다.

## 10

**문장의 표현이 가장 적절한 것은?**

① 이 연구에서 주장하고 있는 것은 그것을 무엇이라고 명하느냐 하는 것은 중요하지 않다.
② 그는 어려서부터 자질과 품성이 특출하고 남달리 총명했다.
③ 그가 막 도착했을 때 이미 사고 현장에서는 벌어지고 있었다.
④ 개인차를 고려에 넣는다면 학습 지도에 도움이 될 것이다.

## 11

**우리말 어법에 맞고 가장 자연스러운 문장은?**

① 미영이는 영희가 영만이가 떠나는 것을 보았다고 말했다.
② 학문은 따지고 의심스럽게 보고 다시 검토하는 데서 출발해야 한다.
③ 맛도 영양도 훨씬 많다.
④ 비록 그는 가난하지만 이 세상에 사는 보람을 느꼈다.

## 12

**밑줄 친 어휘의 사용이 바른 문장은?**

① 세계 3위의 <u>갑부</u>는 과연 누구인가?
② 청소년 상담사는 청소년들의 <u>애환</u>을 위로해 준다.
③ 이번에 화재에 휘말려 <u>운명</u>을 달리한 고인의 영결식이 치러졌다.
④ 공무원은 <u>불편부당</u>하도록 최선을 다해야 한다.

## 13

**문장의 표현이 가장 적절한 것은?**

① 민영이는 정신 없이 사느라 배고픈 것도 잃어버렸다.
② 사장은 배후의 책동에 부화뇌동했다.
③ 최근 대도시 근교의 인구가 높아졌다.
④ 참고삼아 말씀드리는 것이니 염두해 두십시오.

## 14

밑줄 친 어휘의 사용이 바른 것은?

① 나는 물건을 잘 잃어버려 아내에게 지청구를 듣는다.
② 채욱이는 오늘 농구 경기에서 공격형 가드다운 면모를 발휘했다.
③ 사랑스러운 아이는 앙칼진 포즈를 취했다.
④ 개발 도상국들은 우리나라의 성공을 타산지석으로 삼는다.

## 15

어법에 맞는 문장은?

① 영희는 돌아서서 매무시를 가다듬었다.
② 정부의 시급한 지원이 현 재해 상황을 전개하는 유일한 방책이다.
③ 형은 얌전해서 웬간해서는 성질내지 않는다.
④ 최근 남북 관계는 전례 없던 일이 생겨 소강상태에 빠졌다.

## 16

밑줄 친 고유어의 쓰임이 적절하지 않은 것은?

① 이 비장은 추근추근 논개의 뒤를 따라가면서 지껄인다.
② 땀에 전 몸을 질근질근 끌고 나와 집으로 향했다.
③ 바람에 커다란 나뭇잎이 너붓너붓 춤을 춘다.
④ 청바지가 물이 빠져 여기저기가 해끔해끔 변했다.

## 17

밑줄 친 조사의 쓰임이 가장 옳지 않은 것은?

① 나는 공기정화 식물인 스투키에 물을 주었다.
② 나는 간호사로서 환자들을 돌본다.
③ 이 음료는 우리나라 배로 갈아 만든 주스이다.
④ 그 선수는 UFC에서 "반드시 우승을 하겠다."라고 말했다.

## 18

**다음 밑줄 친 말에 해당하는 순화어로 적절하지 않은 것은?**

① 검정에 가까운 곤색 양복. → 감색
② 한강 고수부지에 체육공원을 만들다. → 둔치
③ 새로 산 책들의 겉표지에 견출지를 붙여 구분해 두어야 한다. → 묶음표
④ 우리는 저간의 전염병에 대해 많이 우려하고 있다. → 요즈음

## 19

**문장의 표현이 가장 적절한 것은?**

① 엔간해서는 쉽게 해결되지 않는 문제이다.
② 우리나라 축구팀이 압도적으로 능가하였다.
③ 그들은 전문가의 자문을 구해 일을 처리했다.
④ 친구가 자기의 약혼자를 소개시켜 주었다.

## 20

**다음 중 가장 올바른 국어 표현은?**

① 비에 젖은 꼬락서니가 가관이다.
② 아이는 살색 크레파스를 다 썼다며 새것을 사 달라고 졸랐다.
③ 우리 가족은 추석에 아나고회를 먹는다.
④ 원유가 폭등으로 정부의 경제 개발은 기본 계획부터 재수정되었다.

## 21

**어법에 맞는 것은?**

① 뜰에 핀 꽃이 여간 탐스럽고 예뻐.
② 선생님, 선생님께 베스트 티처상이 추서되었대요.
③ 길을 다니거나 놀 때 사고 위험이 많으니 조심해라.
④ 바이러스 백신 신청자에 한하여 백신을 투여하고 있습니다.

## 22

**다음 중 자연스러운 문장은?**

① 내가 강조하는 것은 순혈주의는 국제화 시대에 어울리지 않는다.
② 그 몹쓸 사람을 그대로 두고 심평 좋게 지내다니 이해가 가지를 않는다.
③ 도로상의 돌출물은 교통사고를 돌발한다.
④ 학문의 목적은 진리를 탐구하고 문제를 해결하는 것이다.

## 23

**다음 중 가장 자연스러운 문장은?**

① 검찰이 성역 없는 수사를 한다고 해서, 수사 결과를 두고 볼 일이다.
② 그가 오므로서 일이 쉽게 해결되었다.
③ 그의 인생에 드디어 대단원의 막이 오른 것이다.
④ 이번 일은 우리 사회에 커다란 경각심을 불러일으켰다.

## 24

**어법에 맞고 자연스러운 문장은?**

① 성수 대교의 붕괴 사건은 정부에게 책임이 있다.
② 그는 태연한 척하며 웃으면서 두 눈에는 슬픔이 어리비쳐 있었다.
③ 이 연구의 중요한 연구 내용은 객관적이고 정확한 내용 전달을 위해 적절한 연구 방법과 적용이라고 할 수 있다.
④ 이 신문 기사는 산소 부족 현상으로 인해 물고기가 떼죽음을 당했다는 내용이다.

## 25

**다음 중 가장 적절한 문장은?**

① 내가 강조하고 싶은 것은 귀관들은 육군의 영예로운 장교 후보생이다.
② 내 생각은 부모님의 생각과 달리 인문계에 진학하는 것으로 결정했다.
③ 그것은 합리적이다라는 생각이 들더군요.
④ 어머니는 사위가 마땅하지 않다고 불쾌스러운 음성으로 말했다.

## 26

**어법에 가장 맞는 것은?**

① 증빙 서류의 미비 또는 신청인의 서명이 없는 서류는 무효이다.
② 영수의 목표는 명문대학을 가는 것이었고, 그래서 선생님 말씀을 한마디도 흘려듣지 않으려고 숨도 크게 쉬지 않았다.
③ 작가의 세계관은 작품의 기법, 어조 따위의 문학적 장치를 통해 보여집니다.
④ 관련 도서는 해당 부서에 비치하고 그것을 관리자에게 열람하게 한다.

## 27

**문장 쓰기 어법이 가장 옳은 것은?**

① 나는 층간 소음 때문에 이웃집에게 항의했다.
② 미래를 살아가기 위해서는 진취적인 사고와 적극적인 행동이 요구되어진다.
③ 우리나라는 그동안 많은 댐이 만들어지고, 한강뿐만 아니라 전국 주요 홍수 시스템들이 마련되어 가고 있다.
④ 이것은 아직도 한국 사회가 무사안일주의를 벗어나지 못했다는 생각을 들게 한다.

## 28

**문장이 가장 자연스러운 것은?**

① 농사꾼은 모름지기 논과 밭을 잘 경작해서 가을에 많은 수확을 거둔다.
② 그는 축구 선수치고 공을 잘 찬다.
③ 여러분들은 학창에서 가능한 많은 경험을 하는 것이 좋습니다.
④ 정부는 국제 정세에서 가상화폐가 어떠한 파장을 불러 올 것인지 심각하게 고려해 왔다.

## 29

**문장의 표현이 가장 적절한 것은?**

① 우리 팀은 빠른 패스와 팀워크가 튼튼해서 이겼다.
② 쫀득한 찹쌀떡은 시험에서도 그 질감처럼 '철썩'하고 붙을 거라는 믿음에 합격떡으로 사용돼 왔다.
③ 우리 구조대원들은 승객의 안전을 보호하기 위해 애쓰고 있습니다.
④ 커피 한 잔은 되지만 한 잔 이상 마시면 해로울 수 있습니다.

## 30

**어법에 맞는 문장은?**

① 좋은 프로그램을 만들려면 설문 조사와 시청자의 요청에 귀를 귀울여야 한다.
② 폭군은 카리스마가 있어야 하고, 창검으로 지배하기도 한다.
③ 그가 일생동안 학문에 몰두했던 것은 그것이 단순히 좋아서라기보다는 인간관계에서 인정 욕구를 충족하기 위해서였다.
④ 다행스러운 것은 그의 노력이 충분한 보상을 받았으며 누구의 조언도 없이 사업을 하기로 결심했다는 점이다.

## 31

**번역투의 표현이 아닌 문장인 것은?**

① 화물선의 선장과 선원들은 배침몰과 함께 사망했습니다.
② 작성한 내용을 처리함에 있어 어떤 불이익도 받지 않습니다.
③ 그 아이에 대해 어떻게 생각해?
④ 이런 짓은 교통질서를 깨뜨리는 일이므로 절대로 해서는 안 된다.

## 32

문장 중 가장 자연스러운 것은?

① 결식 아동에게 밥 한 끼는 밥이 아니라 사랑에 다름 아니다.
② 가구와 집기가 주로 나의 안목에 의해 골라졌다.
③ 우리 목표는 우승에 있다.
④ 그는 시골에서 세 마리의 소를 먹이고 있었다.

## 33

단어의 의미를 정확하게 사용한 문장으로 가장 알맞은 것은?

① 세종대왕은 우수한 우리말과 글을 만들었는데 한글은 언어 구조가 간단하고 단순하여 쉽게 배울 수 있다.
② 사기(詐欺) 사건의 주인공이 드디어 나타났다.
③ 그 양반의 이야기에 어디 틀린 대목이 있습디까?
④ 강아지가 고기를 넓죽 받아먹었다.

## 딱잘 강의일정

| 구분 | 2023년 | | | | | | 2024년 | | | | | |
|---|---|---|---|---|---|---|---|---|---|---|---|---|
| | 7월 | 8월 | 9월 | 10월 | 11월 | 12월 | 1월 | 2월 | 3월 | 4월 | 5월 | 6월 |
| 필수 커리큘럼 | 기본이론 | | 심화이론 | | 단원별 문제풀이 | | 기출 분석 | | 국가직 대비 전범위 문제풀이 | | 지방직(서울시) 대비 핵심정리 & 문제풀이 | |
| 특강 | 딱잘 하프모의고사 | | 딱잘 한자특강 (1단계 압축) | | 딱잘 한자특강 (1단계 압축) | 딱잘 주요 문학 작품 정리 | 딱잘 트렌디 모의고사 (국가직 대비) | | | 딱잘 트렌디 모의고사 (지방직 대비) | | |
| | | | 딱잘 문법 특강 | | | | | | | | | |
| | | | 딱잘 기본이론 1단계 압축(문법) | | 딱잘 기본이론 2단계 압축 (전범위) | | | | | | | |

※ 상기 일정은 변동될 수 있습니다.

최신판
공무원 국어

딱이것만
잘하면 합격 시리즈

# 딱잘 문법

탐쌤과 함께하면 기필코 된다!

## 정답 및 해설

배영표 편저

Youtube 채널
시스스

동영상 강의 〈에듀윌〉
www.eduwill.net

탐공국어
Tam Since 2010

미래가치

# 정답 및 해설편

chapter 01 언어와 국어 · 2
chapter 02 음운론 · 4
chapter 03 형태론 · 9
chapter 04 통사론 · 21
chapter 05 의미론 / 담화론 · 31
chapter 06 한글 맞춤법 · 36
chapter 07 표준 발음법 · 46
chapter 08 로마자 표기법 / 외래어 표기법 · 53
chapter 09 고전 문법 · 58
chapter 10 언어 예절 · 61
chapter 11 바른 표현 · 63

## chapter 01 언어와 국어

01 ④  02 ③  03 ②  04 ②  05 ②
06 ③  07 ③  08 ①  09 ③  10 ②
11 ④  12 ④  13 ②

## 01 ④

**정답해설** ④ (라)는 언어의 자의성에 대한 내용이다. 자의성이란 언어 기호의 형식과 내용이 대응하는 관계가 필연적이지 않고 자의적이라는 뜻이다.

**오답해설** ① (가)는 '하다'라는 의미가 변한 것에 대한 설명이므로 언어의 역사성의 예이다.
② (나)는 어린아이가 단어를 익혀 새로운 문장을 만들어 내는 것으로 언어의 창조성에 해당한다.
③ (다)는 '요오드'라는 단어를 사회적 약속에 따라 '아이오딘'으로 변경한 것은 음성과 의미를 개인이 마음대로 바꿀 수 없고 사회안에서 수용되어야 하는 언어의 사회성을 나타낸다.

## 02 ③

**정답해설** 언어의 추상성에 관한 내용이다. 예를 들어, '꽃'이라는 말은 '개나리, 진달래, 장미' 등 무수한 꽃들 사이의 공통적인 속성을 가리키는 말이다. 인간은 현실을 범주에 따라 분류하고 현실을 조직화하는 것이 가능하다.

**오답해설** ① 규칙성은 언어는 문법과 같은 규칙하에서 존재한다는 성질이다.
② 체계성은 각 언어는 나름대로의 체계를 가지고 있다는 것을 의미한다. 언어의 체계는 각 언어의 문법이라는 규칙에 따라 실현된다.
④ 창조성은 각 언어는 한정된 음운과 어휘를 가지고 있지만 이를 바탕으로 무한한 내용을 표현할 수 있다는 언어의 성질을 의미한다.

## 03 ②

**정답해설** ② 언어의 자의성 : 언어를 구성하는 필수 요소인 '소리'와 '의미'는 애초부터 서로 필연적으로 연결되어 있는 것이 아니라 같은 의미를 가지는 단어에 언어마다 다양한 소리가 결합될 수 있다는 것을 의미한다.

## 04 ②

**정답해설** 언어는 형식과 내용으로 구성되며, 형식과 내용의 관계가 자의적인 특성을 갖고 있다. 언어가 필연적이라고 하면 인간이 쓰는 모든 언어가 똑같을 것이다.

**오답해설** ① 역사성은 언어가 시간의 흐름에 따라 음운이나 어휘적 측면에서 생성, 변화, 소멸하며 변화하는 것을 일컫는 개념이며, 가변성과 관련이 있다.
③ 추상성은 서로 다른 대상들 사이의 공통된 성질을 추출하여 기호와 의미를 연결하여 언어로 표현하는 개념이다.
④ 기호성은 언어가 의미라는 내용과 말소리 혹은 문자라는 형식이 결합된 기호로서 나타난다는 개념이다.

## 05 ②

**정답해설** ② 언어의 역사성에 해당하는 것으로 본문은 음운 변화와 의미 변화의 예시이다.

## 06 ③

**정답해설** ⓒ 'ㅏ, ㅐ, ㅗ'는 밝고 가벼운 느낌을 가지는 양성모음이며, 'ㅓ, ㅔ, ㅜ'는 상대적으로 어둡고 무거운 느낌을 가지는 음성모음이다.
ⓒ 동사는 명령형, 청유형 어미를 취할 수 있고, 부정형에서도 마찬가지로 '앉지 말아라, 앉지 말자'와 같이 성립된다.

**오답해설** ㉠ 모음은 성대를 떨게 한 공기가 구강이나 비강으로 흘러 나갈 때 덜 막혀 울리는 소리인 공명음이며, 자음에 비해 조음체나 조음점이 명확하지 않으므로 혀의 모양과 높이를 기준하여 발음 위치로 삼는다.
㉣ 한국어에는 상하의 수직적 사회 구조로 인해 높임법이 발달하였으며, 화자가 청자를 높이거나 낮추는 상대높임법, 서술상의 주체가 화자보다 나이가 많거나 사회적 지위가 높을 때 주체를 높이는 주체높임법, 서술의 객체인 목적어나 부사어가 지시하는 대상을 높이는 객체높임법이 있다.

• 조음체 : 자음을 만들어 내는 과정에서 능동적으로 움직여 조음점에 접근하는 발음 기관. 혀, 아랫입술 따위가 있다.
• 조음점 : 조음체가 접근하는 자리. 윗입술이나 윗잇몸, 입천장 따위와 같이 스스로 움직이지 못하는 기관을 이른다.

## 07 ③

**정답해설** ③ 소쉬르는 사물과 명칭의 관계를 종이에 비유하며, 언어 기호의 특징으로 사물과 명칭이 아니라 개념(기의, 시니피에)과 청각 영상(기표, 시니피앙)의 관계로 언어 기호를 새롭게 정의하였다. 이는 사고와 음성의 유기적 관계를 설명하고자 한 것이다.

**오답해설** ① 언어의 가변성에 대한 예시이다.
② 언어의 자의성에 대한 예시이다.
④ 언어의 창조성에 대한 예시이다.

## 08 ①

**정답해설** ㉠ 미안(未安) : 남에게 대하여 마음이 편치 못하고 부끄러움.
㉡ 창피(猖披) : 체면이 깎이는 일이나 아니꼬운 일을 당함 또는 그에 대한 부끄러움.

**오답해설** ㉢ 설마 : 그럴 리는 없겠지만. 부정적인 추측을 강조할 때 쓴다.
㉣ 이토록 : 이러한 정도로까지.
㉤ 외동딸 : '외딸'을 귀엽게 이르는 말.
㉥ 허전하다 : 무엇을 잃거나 의지할 곳이 없어진 것같이 서운한 느낌이 있다.

## 09 ③

**정답해설** ③ 언어 기호의 특성으로 해당 특징은 역사에 따라서 말소리와 의미, 문법 규칙 등이 변하는 것을 나타내는 역사성에 해당한다.

## 10 ②

**정답해설** ② '크래프트 맥주(craft麥酒)'는 대기업이 아닌 개인이나 소규모 양조장이 자체 개발한 제조법에 따라 만든 맥주로 '수제 맥주'로 다듬어 표현할 수 있다.

**오답해설** ① '지분'은 원어가 '持分, もちぶん'인 일본식 한자어로 '몫'으로 다듬어 표현할 수 있다.
③ '미망인(未亡人)'은 『춘추좌씨전』의 〈장공편(莊公篇)〉에 나오는 말로, 아직 따라 죽지 못한 사람이라는 뜻이다. 따라서 고 ○○○의 부인, 고 ○○○ 씨의 부인, 그 외 '전사자의 부인, 순국선열의 부인' 등 문맥에 맞게 사용하는 것이 적절하다.
④ '언더도그 효과(underdog效果)'에서 언더도그는 '약자'를 뜻하며, 언더도그 효과는 사람들이 약자라고 믿는 주체를 응원하게 되는 현상 또는 약자로 연출된 주체에게 부여하는 심리적 애착을 뜻한다. '언더도그 효과'는 '약자 효과'로 다듬어 활용할 수 있다.

## 11 ④

**정답해설** ④ 국어는 조사와 어미 등 첨가어적 특징이 발달하여 문장 성분의 위치가 바뀌어도 성분이 주어인지 목적어인지 알 수 있기 때문에 생략할 수 있는 것이다.

**오답해설** ① 국어는 한 음절에서 '몫[목]'처럼 둘 이상의 자음이 올 수 없고, 영어는 'Spring'에서처럼 가능하다.
③ 국어 음절 구조는 자음 + 모음 + 자음으로 되어 있고 중성 모음은 필수적이다. 종성의 발음은 평폐쇄음화하여 7개의 자음만 발음된다(음절의 끝소리 규칙).

## 12 ④

**정답해설** ④ '근심'은 해결되지 않은 일 때문에 속을 태우거나 우울해 함을 뜻하는 말로 고유어이다.

**오답해설** ① '빵'은 어원적으로 포루투갈어 'pão'에서 비롯된 말이다.
② 냄비는 일본어 '나베(nabe)'에서 온 말이다.
③ 고추는 '고초(苦椒)'가 변한 말로, 초는 산초나무 열매를 가리킨다.

## 13 ②

**정답해설** ② 사리는 국수, 새끼, 실 따위의 뭉치를 세는 단위를 뜻하는 고유어이다.

**오답해설** ① 찌찌 → 젖
③ 땡땡이 → 물방울
④ 땡강 → 생떼

## chapter 02 음운론

| 01 ① | 02 ② | 03 ④ | 04 ③ | 05 ② |
|---|---|---|---|---|
| 06 ④ | 07 ③ | 08 ② | 09 ④ | 10 ① |
| 11 ③ | 12 ④ | 13 ④ | 14 ① | 15 ③ |
| 16 ① | 17 ④ | 18 ④ | 19 ③ | 20 ④ |
| 21 ① | 22 ② | 23 ④ | 24 ④ | 25 ③ |
| 26 ② | 27 ② | 28 ④ | 29 ④ | 30 ② |
| 31 ④ | 32 ③ | 33 ② | | |

## 01 ①

**정답해설** ① 화장실: ㅎ/ㅘ/ㅈ/ㅏ/ㅇ/ㅅ/ㅣ/ㄹ – 8개

**오답해설** ② 이야기: ㅣ/ㅑ/ㄱ/ㅣ – 4개
③ 안개꽃: ㅏ/ㄴ/ㄱ/ㅐ/ㄲ/ㅗ/ㅊ – 7개
④ 유리창: ㅠ/ㄹ/ㅣ/ㅊ/ㅏ/ㅇ – 6개

## 02 ②

**정답해설** ② • 모자[모자]: 머리에 쓰는 물건의 하나. 예의를 차리거나 추위, 더위, 먼지 따위를 막기 위한 것이다.
• 모자[모ː자]: 어머니와 아들을 아울러 이르는 말.

**오답해설** ① • 부자[부ː자]: 재물이 많아 살림이 넉넉한 사람.
• 부자[부자]: 아버지와 아들을 아울러 이르는 말.
③ • 사과[사ː과]: 자기의 잘못을 인정하고 용서를 빎.
• 사과[사과]: 사과나무의 열매.
④ • 이사[이ː사]: 법인(法人)의 사무를 처리하며 이를 대표하여 법률 행위를 행하는 집행 기관. 또는 그 직위에 있는 사람.
• 이사[이사]: 사는 곳을 다른 데로 옮김.

## 03 ④

**정답해설** '어', '아'에서 첫소리의 'ㅇ'은 소릿값이 없기 때문에 '자음 + 모음'으로 이루어진 음절은 '나/머/니/조/다'로 모두 5개이다.

**오답해설** ① 단어: 나/는/어머니/를/정말/좋아한다 – 6개
② 어절: 나는/어머니를/정말/좋아한다 – 4개
③ 음절: 나/는/어/머/니/를/정/말/조/아/한/다 – 12개

## 04 ③

**정답해설** 국어의 연구개음은 /ㄱ, ㅋ, ㄲ, ㅇ/이며, /ㅎ/는 목청에서 나는 소리인 후음이다.

**오답해설** ① 자음 중 유성음에 해당하는 '비음, 유음'을 제외한 나머지 '파열음, 마찰음, 파찰음'은 장애음으로 보고 나머지 '비음, 유음'은 비장애음으로 본다. 단, 견해에 따라 자음 모두를 장애음으로 보기도 한다.
④ 자음을 장애음과 비장애음으로 구분할 때 울림 여부로 구분할 수 있다. 따라서 자음을 장애음과 유성음으로 구분할 수 있다.

## 05 ②

**정답해설** 울림소리에는 자음 'ㄴ, ㄹ, ㅁ, ㅇ'과 모든 모음이 있고, '혀끝과 윗잇몸이 닿아서 나는 소리(치조음)'에는 'ㄴ, ㄹ, ㄷ, ㄸ, ㅌ, ㅅ, ㅆ'이 포함된다. '입 안의 통로를 막고 코로 공기를 내보내면서 내는 소리(비음)'에는 'ㄴ, ㅁ, ㅇ'이 있다. 따라서 〈보기〉의 조건을 모두 충족하는 음운인 'ㄴ'이 포함된 단어는 '나무'이다.

**오답해설** ① 가족: ㄱ(안울림소리, 파열음, 연구개음), ㅈ(안울림소리, 파찰음, 경구개음), ㅏ・ㅓ(울림소리)
③ 사랑: ㅅ(안울림소리, 마찰음, 치조음), ㄹ(울림소리, 유음, 치조음), ㅇ(울림소리, 비음, 연구개음)
④ 두부: ㄷ(안울림소리, 파열음, 치조음), ㅂ(안울림소리, 파열음, 양순음)

## 06 ④

**정답해설** 반모음은 단독으로 조음되지 않고 반드시 단모음과 함께 이중모음을 형성한다. 국어의 반모음은 'j'와 'w'가 있다. 'ㅑ, ㅕ, ㅛ, ㅠ / ㅘ, ㅙ, ㅝ, ㅞ, ㅟ'와 같이 '반모음(j / w) + 단모음(a, ə, o, u / a, æ, ə, e, i)'의 순서로 연결되는 이중모음을 '상향 이중모음'이라 하고, 'ㅢ'와 같이 '단모음(i) + 반모음(j)'의 순서로 연결되는 이중모음을 '하향 이중모음'이라고 한다.

## 07 ③

**정답해설** 'ㅈ, ㅉ, ㅊ'은 공기를 막았다가 서서히 터트리면서 마찰을 일으켜 내는 소리인 파찰음이며 안울림소리이다.
공기를 막았다가 터트리면서 내는 소리인 파열음에는 'ㄱ, ㄲ, ㅋ, ㄷ, ㄸ, ㅌ, ㅂ, ㅃ, ㅍ'이 포함되며 이는 안울림소리이다.

**오답해설** ㉠ 'ㄴ, ㅁ, ㅇ'은 비음이며 울림소리에 속한다.
㉡ 'ㅅ, ㅆ, ㅎ'은 마찰음이며 안울림소리에 속한다.

## 08 ②

**정답해설** ㉠ 치조음은 혀끝과 윗잇몸이 닿아서 나는 소리이며, 'ㄴ, ㄷ, ㄸ, ㅌ, ㄹ, ㅅ, ㅆ'이 이에 속한다.
㉢ 치조음인 'ㄷ, ㄸ, ㅌ'은 파열음으로 공기를 막았다가 터트리면서 내는 소리이다.

**오답해설** ㉡ 치조음에는 자음 'ㄴ, ㄷ, ㄸ, ㅌ, ㄹ, ㅅ, ㅆ'이 속하며, 'ㄷ, ㄸ, ㅌ'은 파열음, 'ㄴ'은 비음, 'ㅅ, ㅆ'은 마찰음, 'ㄹ'은 유음이다. 파찰음인 'ㅈ, ㅉ, ㅊ'은 경구개음이므로 ㉡은 잘못된 설명이다.
㉣ 'ㄴ, ㄹ'은 치조음이지만, 'ㅇ'은 연구개음이다.

## 09 ④

**정답해설** '휴지'의 'ㅈ'은 경구개음이고 조음 방법이 파열음이 아닌 파찰음이므로 옳지 않다.

**오답해설** ① 그네 : 'ㄱ'의 조음 위치와 방법은 [연구개음, 파열음]이고, 'ㄴ'의 조음 위치와 방법은 [치조음, 비음]이다.
② 소리 : 'ㅅ'의 조음 위치와 방법은 [치조음, 마찰음]이고, 'ㄹ'의 조음 위치와 방법은 [치조음, 유음]이다.
③ 토양 : 'ㅌ'의 조음 위치와 방법은 [치조음, 파열음]이고, 'ㅇ'의 조음 위치와 방법은 [연구개음, 비음]이다.

## 10 ①

**정답해설** '진리'는 [질리]로 발음되는데, 이는 음운의 교체 중 유음화로 'ㄴ'이 'ㄹ'의 앞이나 뒤에서 'ㄹ'로 발음되는 현상이다. '진리'가 발음될 때 '진'의 'ㄴ'이 'ㄹ'로 바뀌는데, 'ㄴ'과 'ㄹ'은 둘 다 치조음으로 조음 위치는 같으나 조음 방법이 비음에서 유음으로 바뀐다.

**오답해설** ②, ③ 비음화는 끝소리가 파열음인 음절 뒤에 비음이 올 때 앞 음절의 파열음이 비음으로 동화되는 현상이다.
　예 먹는대[멍는대]
④ 'ㄴ'이 'ㄹ'로 바뀔 때 조음 위치는 그대로이며, 조음 방법만 바뀐다.

## 11 ③

**정답해설** 'ㅏ'는 '후설모음, 저모음, 평순모음'에 해당한다.

**단모음 체계**

| 혀의 위치 | 전설모음 | | 후설모음 | |
|---|---|---|---|---|
| 입술의 모양 | 평순모음 | 원순모음 | 평순모음 | 원순모음 |
| 혀의 높이 고모음 | ㅣ | ㅟ | ㅡ | ㅜ |
| 중모음 | ㅔ | ㅚ | ㅓ | ㅗ |
| 저모음 | ㅐ | | ㅏ | |

## 12 ④

**정답해설** '맨입'은 'ㄴ' 첨가 현상으로 인해 '맨닙'으로 발음된다. 'ㄴ' 첨가 현상은 첨가에 해당한다.

**오답해설** ① 돌나물[돌라물] : 유음인 'ㄹ'과 인접한 'ㄴ'이 'ㄹ'로 바뀌는 유음화 현상으로 대치에 해당한다.
② 산란기[살 : 란기] : 유음인 'ㄹ'과 인접한 'ㄴ'이 'ㄹ'로 바뀌는 유음화 현상으로 대치에 해당한다.
③ 침략[침 : 냑] : 파열음이나 유음이 비음으로 교체되는 비음화 현상으로 대치에 해당한다.

## 13 ④

**정답해설** 〈보기〉의 설명은 '전설모음, 고모음, 평순모음'을 의미한다. 전설모음의 고모음 'ㅣ, ㅟ' 중 평순모음 'ㅣ'가 포함된 단어는 '비누'이다.

**오답해설** ① 해조 : ㅐ(전설모음, 저모음, 평순모음), ㅗ(후설모음, 중모음, 원순모음)
② 위성 : ㅟ(전설모음, 고모음, 원순모음), ㅓ(후설모음, 중모음, 평순모음)
③ 참외 : ㅏ(후설모음, 저모음, 평순모음), ㅚ(전설모음, 중모음, 원순모음)

## 14 ①

**정답해설** (가)의 ㉠은 음절의 끝소리 규칙이며, ㉡은 음운의 동화 현상, ㉢은 음운의 축약이나 탈락 현상을 가리킨다.
㉠-ⓐ의 예시에서 모두 음절의 끝소리 규칙 현상을 확인할 수 있다.
• 속옷[소 : 곧] : 'ㅅ'이 음절의 끝소리 규칙에 의해 'ㄷ'으로 발음된다.
• 밑천[믿천] : 음절의 끝소리 규칙으로 [믿천]이 된다.
㉡-ⓒ의 예시는 유음화, 비음화 현상으로 동화 현상을 확인할 수 있다.
• 불능[불릉] : 유음화로 'ㄴ'이 'ㄹ'로 발음된다.
• 함량[함냥] : 비음화로 'ㄹ'이 'ㄴ'으로 발음된다.
㉢-ⓓ의 예시는 축약과 탈락 현상이므로 옳게 연결되었다.
• 법학[버팍] : 'ㅂ'과 'ㅎ'이 축약되어 'ㅍ'으로 발음된다.
• 닿으니[다으니] : 'ㅎ' 뒤에 모음으로 시작되는 어미가 결합하면 발음할 때 'ㅎ'이 탈락한다.

**오답해설** ⓑ • 넓다[널따] : 먼저 경음화가 일어나 '넓다'가 '넓따'가 되고 자음군 단순화로 'ㅂ'이 탈락하여 '널따'가 된다. 다만, 이 과정을 학자에 따라 자음군 단순화로 'ㅂ'이 탈락하여 [널다]가 되고, 된소리되기 현상으로 [널따]로 발음되는 것으로 보기도 한다.
• 창밖[창박] : 'ㄲ'이 음절의 끝소리 규칙에 의해 'ㄱ'으로 발음된다.

## 15 ③

**정답해설** ③ 국어의 이중모음은 모두 11개이며, 'ㅢ'는 하향 이중모음에 속한다.

| 상향 이중모음 | ㅣ+단모음 | ㅑ, ㅕ, ㅛ, ㅠ, ㅒ, ㅖ |
|---|---|---|
| | ㅗ/ㅜ+단모음 | ㅘ, ㅙ, ㅝ, ㅞ |
| 하향 이중모음 | 단모음+ㅣ | ㅢ |

**오답해설** ① 국어에서 파열음(ㄱ, ㄲ, ㅋ, ㄷ, ㄸ, ㅌ, ㅂ, ㅃ, ㅍ)과 파찰음(ㅈ, ㅊ, ㅉ)은 '예사소리(평음) – 된소리(경음) – 거센소리(격음)'의 삼중 체계를 이룬다.
② 소리를 낼 때 조음 기관이 좁혀진 사이로 공기가 빠져나가면서 마찰이 나는 소리를 '마찰음'이라고 하며, 'ㅅ, ㅆ, ㅎ'이 이에 해당한다.
④ 'ㅑ'와 'ㅢ'는 모두 반모음 'ㅣ[j]'와 결합되어 형성된다. 'ㅑ'는 반모음이 단모음보다 앞에 오는 상향 이중모음(ㅣ+단모음)이고, 'ㅢ'는 반모음이 단모음보다 뒤에 오는 하향 이중모음(단모음+ㅣ)이다.

## 16 ①

**정답해설** 겹받침이 모음으로 시작된 조사나 어미, 접미사와 결합되는 경우에는 받침 중 뒤엣것만을 뒤 음절 첫소리로 옮겨 발음한다. 따라서 ㉠은 '흙'의 겹받침 중 뒤엣것인 'ㄱ'이 뒤 음절 첫소리로 옮겨가 [찰흙기]라고 발음되어야 한다.

**오답해설** ② 구개음화는 끝소리가 'ㄷ, ㅌ'인 형태소가 모음 'ㅣ'나 반모음 'ㅣ[j]'로 시작되는 형식 형태소를 만나면 'ㄷ, ㅌ'이 구개음인 'ㅈ, ㅊ'으로 변하는 현상이다.
③ 음절의 끝소리 규칙은 음절 끝에 'ㄱ, ㄴ, ㄷ, ㄹ, ㅁ, ㅂ, ㅇ' 이외의 자음이 오면 이 7개의 자음 중 하나로 바뀌는 현상이다.
* '텃마당'이 [턴마당]으로 소리 나는 것을 사잇소리 현상으로 보기도 한다. 순우리말로 된 합성어(터+마당)에서 뒷말의 첫소리 'ㄴ, ㅁ' 앞에서 'ㄴ' 소리가 덧나는 경우 사이시옷을 받치어 적는다. '텃마당'의 경우 [턴마당]으로 소리나므로 사이시옷을 받치어 적는다.
④ 〈표준 발음법〉 제6장 경음화 제23항에 따라 받침 'ㄱ(ㄲ, ㅋ, ㄳ, ㄺ), ㄷ(ㅅ, ㅆ, ㅈ, ㅊ, ㅌ), ㅂ(ㅍ, ㄼ, ㄿ, ㅄ)' 뒤에 연결되는 'ㄱ, ㄷ, ㅂ, ㅅ, ㅈ'은 된소리로 발음한다.

## 17 ④

**정답해설** 단모음은 발음할 때 입술의 모양에 따라 평순모음과 원순모음으로 나뉘는데, 그중 'ㅟ, ㅚ, ㅜ, ㅗ'가 원순모음이다. 따라서 원순모음으로 이루어진 것은 '로, 위, 주'이다.

**오답해설** ① 더, 고, 죄 'ㅓ'는 평순모음이다.
② 우, 배, 사 'ㅐ, ㅏ'는 평순모음이다.
③ 레, 비, 그 'ㅔ, ㅣ, ㅡ'는 평순모음이다.

## 18 ③

**정답해설** '가셔도'는 '가시어도'의 준말로 두 음절의 모음이 한 음절로 되는 모음 축약 현상이다.
①, ②, ④는 모두 음운의 탈락이 일어난 경우이다.

**오답해설** ① '서다'의 어간인 '서–'와 연결 어미 '–어서'가 결합하면서 동일 모음인 'ㅓ'가 하나 탈락되어 '서서'가 되었다.
② '삼가다'의 어간인 '삼가–'와 종결 어미 '–아'가 결합하면서 동일 모음인 'ㅏ'가 하나 탈락되어 '삼가'가 되었다.
④ 'ㅡ' 탈락은 'ㅡ'가 'ㅏ/ㅓ'로 시작하는 어미 앞에서 탈락하는 현상으로, '담그다'의 어간인 '담그–'와 연결 어미 '–아서'가 결합하면서 'ㅡ'가 탈락하여 '담가서'가 되었다.

## 19 ③

**정답해설** 현대 국어에서 긴소리는 일반적으로 단어의 첫음절에서만 실현되며, 둘째 음절 이하에서는 짧은 소리로만 난다.
③ '밤'이 밤나무의 열매인 '栗'을 의미할 경우 긴소리로 발음한다.

**오답해설** ① 눈 : '눈'이 '目'을 의미할 경우 짧은 소리로 발음한다.
② 배 : '배'가 '梨'를 의미할 경우 짧은 소리로 발음한다.
④ 잔말 : '말'이 '言語'를 의미할 경우 긴소리로 발음하지만, 단어의 첫 음절에서만 긴소리가 실현된다.

## 20 ③

**정답해설** ㉡ 뜻하다[뜨타다] : 'ㅅ → ㄷ(음절의 끝소리 규칙)'과 'ㅎ'의 자음 축약으로 음운의 수가 한 개 줄었다.
㉣ 호박엿[호 : 방년] : 호 : 박연(음절의 끝소리 규칙) → 호 : 박년('ㄴ' 첨가) → 호 : 방년(비음화)'가 적용되었으며 'ㄴ' 첨가로 음운의 수가 한 개 늘었다.

**오답해설** ㉠ 안팎[안팍] : 음절의 끝소리 규칙이 적용되었으며, 음운의 수는 변하지 않았다.
㉢ 높낮이[놈나지] : '놉나지(음절의 끝소리 규칙, 연음) → 놈나지(비음화)'가 적용되었으며, 음운의 수는 변하지 않았다.
㉤ 눈인사[누닌사] : 연음만 일어난 경우로 음운 변동이 일어나지 않았다.

## 21 ①

**정답해설** (가)에서 '훑'이 [훌]로 발음되는 것은 음절 끝의 겹받침 가운데 하나가 탈락하고 나머지 하나만 발음되는 자음군 단순화 현상으로 음운 현상 중 '탈락'에 해당한다.
(나)에서 [훌는]이 [훌른]과 같이 발음되는 것은 'ㄴ'이 'ㄹ'의 앞이나 뒤에서 'ㄹ'로 발음되는 유음화 현상으로 음운 현상 중 '교체'에 해당한다. 따라서 (가)와 (나)에 해당하는 음운 현상의 유형은 ㉡, ㉢이다.

**오답해설** ㉠의 예로는 'ㄴ' 첨가가 있고, ㉣의 예로는 자음·모음 축약이 있다.

## 22 ②

**정답해설** '끊기다'는 자음 축약으로 [끈키다]로 발음된다.

**오답해설** ① '탈놀음'→[탈 : 로름] : 유음화
③ '닭냉채'→[닥냉채] : 자음군 단순화→[당냉채] : 비음화
④ '묻짐승'→[묻짐승] : 음절의 끝소리 규칙→[묻찜승] : 된소리되기

## 23 ④

**정답해설** ④ '서+어도→서도'는 '서다'의 어간 '서-'에 연결 어미 '-어도'가 결합한 것으로, 똑같은 모음인 'ㅓ'가 연속되어 하나가 탈락하는 동음 탈락 현상으로 음운 현상의 유형 중 '탈락'에 해당한다.

**오답해설** ①, ②, ③은 모두 모음 축약이 일어났으므로 음운 현상의 유형 중 '축약'에 해당한다.

## 24 ④

**정답해설** '밭이'가 [바치]로 발음되는 것은 구개음화로 끝소리가 'ㄷ, ㅌ'인 형태소가 모음 'ㅣ'나 반모음 'ㅣ[j]'로 시작되는 형식 형태소를 만날 때만 일어나는 현상이다. '티끌', '느티나무'와 같은 다른 환경에서는 'ㅌ'이 'ㅣ' 앞에 올 수 있으므로 자동적 교체로 볼 수 없다.

> **참고**
> 형태소의 교체는 동기가 무엇인지에 따라 자동적 교체와 비자동적 교체의 두 가지를 나눌 수 있다. 자동적 교체는 교체가 일어나지 않고 그대로 실현된다면 그 형태가 절대 허용되지 않기 때문에 일어나는 교체를 가리킨다. 즉, 강력한 음운론적 제약을 반영하는 것이 자동적 교체이다. 비자동적 교체는 자동적 교체가 아닌 것을 포괄한다. 즉, 비자동적 교체는 교체가 일어나지 않고 그대로 실현된다고 해도 그 형태가 한국어에서 허용 가능하지만 교체가 일어난 경우이다.
> – 출처 : 이진호, 『국어 음운론 강의』, 집문당

**오답해설** ① ㉠은 한국어에서 'ㄹ'과 'ㄴ'이 연속될 때 'ㄹㄴ'이 함께 발음될 수 없다는 제약으로 인해 예외 없이 용언 어간의 종성 'ㄹ'이 탈락하는 필수적 교체로 자동적 교체이다.
② ㉡은 한국어에서 종성에 올 수 있는 자음에 대한 제약으로 예외를 허용하지 않는 매우 강력한 제약으로 자동적 교체이다.
③ ㉢은 한국어에서 평파열음 뒤에 평장애음이 오지 못하는 제약으로 평장애음을 경음으로 바꾸어 발음하는 자동적 교체의 예이다.

## 25 ③

**정답해설**
- 무릎[무릅] : 교체(음절의 끝소리 규칙)이므로 ㉠의 예로 적절하다.
- 쓰+이어[씌어] : 'ㅡ'와 'ㅣ'가 결합하여 'ㅢ'로 줄어든 축약이므로 ㉡의 예로 적절하다.
- 좋+은[조은] : 'ㅎ' 뒤에 모음으로 시작되는 어미가 결합하면 발음할 때 'ㅎ'이 탈락하므로 ㉢의 예로 적절하다.
- 식용유[시굥뉴] : 'ㄴ' 첨가 현상이 일어나므로 ㉣의 예로 적절하다.

**오답해설** ① • 부엌[부억] : 교체(음절의 끝소리 규칙)
- 켜+었고[켣꼬] : 탈락(동음 탈락)
- 가+아서[가서] : 탈락(동음 탈락)
- 금융[금늉] : 첨가('ㄴ' 첨가)
② • 감기[강기] : 비표준발음으로 올바른 발음은 [감 : 기]이다.
- 좋+고[조코] : 축약(자음 축약), 'ㅂ, ㄷ, ㅈ, ㄱ'과 'ㅎ'이 만나면 [ㅍ, ㅌ, ㅊ, ㅋ]이 된다.
- 따르+아[따라] : 탈락('ㅡ' 탈락), 'ㅡ'가 'ㅏ/ㅓ'로 시작되는 어미 앞에서 탈락하는 현상이다.
- 인사말[인삿말] : 비표준발음으로 올바른 발음은 [인사말]이다.
④ • 국민[궁민] : 교체(비음화), 파열음이나 유음이 비음을 만나 비음(ㄴ, ㅁ, ㅇ)로 발음되는 현상이다.
- 푸+어[퍼] : 탈락('ㅜ' 탈락)
- 날+는[나는] : 탈락('ㄹ' 탈락)
- 한+여름[한녀름] : 첨가('ㄴ' 첨가)

## 26 ②

**정답해설** 〈보기〉의 음운 변동 현상은 '탈락'으로 'ㅎ' 뒤에 모음으로 시작되는 어미가 결합하면 발음할 때 'ㅎ'이 탈락하는 현상이다. ②의 '주+어라[줘라]'는 'ㅜ'와 'ㅓ'가 만나 한 음절인 'ㅝ'로 축약된 현상이므로 '축약'에 해당한다.

**오답해설** ① 넋[넉] : 탈락(자음군 단순화)
③ 자+아래[자래] : 탈락(동음 탈락)
④ 팔+는[파는] : 탈락('ㄹ' 탈락)

## 27 ②

**정답해설** ㉠ 맏형[마텽] : 'ㄷ'과 'ㅎ'이 만나 'ㅌ'이 되는 자음 축약 현상이다.
㉡ 미닫이[미 : 다지] : 끝소리가 'ㄷ, ㅌ'인 형태소가 모음 'ㅣ'나 반모음 'ㅣ[j]'로 시작되는 형식 형태소를 만나면 'ㄷ, ㅌ'이 구개음인 'ㅈ, ㅊ'으로 변하는 구개음화 현상이다.

**오답해설** 연구개음화는 연구개음이 아닌 'ㄴ, ㄷ, ㅁ, ㅂ'이 연구개음 'ㄱ, ㄲ, ㅇ'을 만나 연구개음으로 잘못 발음되는 현상으로 비표준 발음이다.

## 28 ④

**정답해설** 첫여름→[천여름]: 음절의 끝소리 규칙→[천녀름]: 'ㄴ' 첨가→[천녀름]: 비음화

**오답해설** 두음 법칙: 단어의 첫소리에 올 수 없는 자음에 대한 법칙을 말하며, 한자음 중 'ㄴ'이나 'ㄹ'이 단어 첫머리에 올 때 'ㄴ'이나 'ㄹ'로 적는 것을 피하고 'ㄴ'은 'ㅇ'으로, 'ㄹ'은 'ㅇ'이나 'ㄴ'으로 바꾸어 적는다.

## 29 ④

**정답해설** ④ '막히+어→막혀[마켜]'는 'ㄱ'과 'ㅎ'이 'ㅋ'으로, 'ㅣ'와 'ㅓ'가 'ㅕ'로 줄어드는 음운의 축약 현상이다.

**오답해설**
① 둥글+ㄴ→둥근: 'ㄹ' 탈락
② 우러르+어→우러러: 'ㅡ' 탈락
③ 건너+어서→건너서: 동음 탈락

## 30 ②

**정답해설** ② ㉠ '붓[붇]'은 음절 끝소리 규칙으로 'ㅅ'은 대표음 'ㄷ'으로 실현된다.
㉡ '납량[남냥]'은 표준 발음법 제19항 [붙임]에 따라 '납량→[납냥]'으로 바뀌고, 비음화 규칙에 따라 '[납냥]→[남냥]'으로 바뀐다.
㉢ '실눈[실룬]'은 'ㄴ'이 'ㄹ'의 앞이나 뒤에서 'ㄹ'로 발음되는 유음화 현상이다.
㉣ '굳히다[구치다]'는 'ㄷ'과 'ㅎ'이 'ㅌ'으로 축약된 후, 'ㅌ'이 모음 'ㅣ'로 시작되는 형식 형태소를 만나 구개음인 'ㅊ'으로 바뀌는 구개음화 현상이다.

**오답해설**
① ㉠ 잎[입]: 음절 끝소리 규칙
㉡ 국민[궁민]: 비음화
㉢ 종로[종노]: 비음화
㉣ 맏이[마지]: 구개음화
③ ㉠ 옷짱[옫짱]: 음절 끝소리 규칙
㉡ 불놀이[불로리]: 유음화
㉢ 독립[동닙]: 표준 발음법 제19항 [붙임]에 따라 [독닙]으로 바뀐 후, [동닙]으로 비음화
㉣ 라디오[라디오]: 한 형태소 안에서나 합성어에서는 구개음화가 일어나지 않는다.
④ ㉠ 부엌[부억]: 음절 끝소리 규칙
㉡ 사랑니[사랑니]: 한글 맞춤법 제27항에 따라 '이(齒, 虱)'가 합성어나 이에 준하는 말에서 '니' 또는 '리'로 소리 날 때에는 '니'로 적는다.
㉢ 오늘날[오늘랄]: 유음화
㉣ 해돋이[해도지]: 구개음화

## 31 ④

**정답해설** 동화 현상은 인접한 두 음운이 닮는 현상으로 방향에 따라 순행 동화와 역행 동화로 나눌 수 있다. 뒤의 음운이 앞의 음운의 영향을 받아 그와 비슷하거나 같아지면 순행 동화, 뒤에 오는 음운의 영향을 받아 앞의 음운이 그와 비슷하거나 같아지면 역행 동화이다.
④ '대관령[대 : 괄령]'은 'ㄴ'이 'ㄹ' 앞에서 [ㄹ]로 발음하는 유음화의 역행 동화 현상이다.

**오답해설**
① 칼날[칼랄]: 유음화(순행 동화)
② 종로[종노]: 비음화(순행 동화)
③ 줄넘기[줄럼끼]: 유음화(순행 동화)

## 32 ③

**정답해설** ③ '꽃잎[꼰닙]', '신여성[신녀성]', '내복약[내 : 봉냑]'은 모두 'ㄴ' 첨가 현상과 관련이 있다. 합성어 및 파생어에서, 앞 단어나 접두사의 끝이 자음이고 뒤 단어나 접미사의 첫음절이 '이, 야, 여, 요, 유'인 경우(반모음 'ㅣ'를 갖는 경우)에는, 'ㄴ'음을 첨가하여 [니, 냐, 녀, 뇨, 뉴]로 발음한다는 〈표준 발음법〉 제29항의 규정과 관련 있는 예이다.

**오답해설**
① • 쫓는[쫀는]: 음절 끝소리 규칙, 비음화
• 앉고[안꼬]: 음절의 끝소리 규칙, 경음화, 자음군 단순화
• 싫대[실타]: 자음 축약
② • 굳이[구지]: 구개음화
• 미닫이[미다지]: 구개음화
• 홑이불[혼니불]: 음절 끝소리 규칙, 'ㄴ' 첨가, 비음화
④ • 난로[날로]: 유음화
• 천리마[철리마]: 유음화
• 공권력[공꿘녁]: 유음화의 예외 현상

## 33 ②

**정답해설** ② 국어의 자음은 영어와 달리 유성/무성음 대립을 보이지 않는다.

**오답해설** ① 국어의 자음은 평음 – 경음 – 격음, ㅈ – ㅉ – ㅊ 등의 3항으로 대립하는 특징을 보인다.
④ 예[jɛ], 야[ja], 왜[wa], 워[wʌ] 등 국어의 반모음은 'ㅢ'를 제외하고 모두 단모음에 선행한다.

## chapter 03 형태론

| | | | | |
|---|---|---|---|---|
| 01 ② | 02 ③ | 03 ③ | 04 ③ | 05 ④ |
| 06 ④ | 07 ② | 08 ① | 09 ③ | 10 ① |
| 11 ① | 12 ① | 13 ① | 14 ③ | 15 ④ |
| 16 ② | 17 ③ | 18 ④ | 19 ③ | 20 ③ |
| 21 ② | 22 ③ | 23 ② | 24 ③ | 25 ② |
| 26 ③ | 27 ② | 28 ① | 29 ② | 30 ④ |
| 31 ② | 32 ② | 33 ④ | 34 ① | 35 ① |
| 36 ③ | 37 ① | 38 ④ | 39 ③ | 40 ① |
| 41 ③ | 42 ③ | 43 ② | 44 ③ | 45 ④ |
| 46 ③ | 47 ② | 48 ③ | 49 ③ | 50 ② |
| 51 ④ | 52 ② | 53 ② | 54 ③ | 55 ④ |
| 56 ③ | 57 ③ | 58 ④ | 59 ③ | 60 ③ |
| 61 ② | 62 ② | 63 ② | 64 ③ | 65 ① |
| 66 ③ | 67 ④ | 68 ③ | 69 ① | 70 ② |
| 71 ④ | 72 ④ | 73 ④ | 74 ② | 75 ② |
| 76 ① | | | | |

## 01 ②

**정답해설** 형태소의 개수를 분석하면 다음과 같다.
나/는/굽/ㄴ/밤/을/많/이/좋/아/하/ㄴ/다 – 13개

**오답해설** ① 어제/먹/더/ㄴ/달/ㄴ/팥/죽/이/남/았/다 – 12개(11개)
'더–ㄴ–'은 '–던'으로 분석하기도 한다.
③ 어머니/께서/고향/으로/가/시/었/다 – 8개
④ 나무/잎/이/물/에/뜨/어/내리/어/가/이/다 – 12개

## 02 ③

**정답해설** 자립 형태소는 '이(어린이)', '떡', '모습'으로 3개이다.

**오답해설** ① 형태소 : 어리/ㄴ/이/들/이/새/빨가/ㄴ/떡/볶/이/를/먹/는/모습/을/보/고/놀라/았/다 – 21개
② 의존 형태소 : 어리/ㄴ/들/이/새/빨가/ㄴ/볶/이/를/먹/는/을/보/고/놀라/았/다 – 18개
④ 실질 형태소 : 어리/이/빨가/떡/볶/먹/모습/보/놀라 – 9개

## 03 ③

**정답해설** 용언의 어간은 자립하여 쓰일 수 없으므로 '의존 형태소'이며, 실질적인 의미를 가지고 있으므로 '실질 형태소'이다. 따라서 '의존 형태소'이면서 '실질 형태소'일 수 없다는 ③은 옳지 않다.

**오답해설** ①, ② 형태소는 자립성 유무에 따라 '자립 형태소', '의존 형태소'로 나뉘며, 실질적 의미의 유무에 따라 '실질 형태소'와 '형식 형태소'로 나뉜다.
④ 홀로 자립하여 쓸 수 있는 '자립 형태소'는 곧 '실질 형태소'가 된다. 그러나 모든 '실질 형태소'가 '자립 형태소'가 되지는 않는다. 예를 들어, 용언의 어간은 실질적 의미를 가지므로 '실질 형태소'이지만, 홀로 쓰일 수 없기 때문에 '의존 형태소'이다.

## 04 ③

**정답해설** ㉢의 형태소의 개수를 분석하면 '고개/를/숙/이/고/곰곰/이/생각/을/하/였/다'로 12개이고, 실질 형태소는 '고개/숙/곰곰/생각/하'로 5개, 의존 형태소는 '를/숙/이/고/이/을/하/였/다'로 9개이다.

**오답해설** ① ㉠ 어렸을 때부터 꿈이 많았다.
• 형태소 : 어리/었/을/때/부터/꾸/ㅁ/이/많/았/다 – 11개
• 실질 형태소 : 어리/때/꾸/많 – 4개
• 의존 형태소 : 어리/었/을/부터/꾸/ㅁ/이/많/았/다 – 10개
② ㉡ 아침에 일어나서 책을 읽었다.
• 형태소 : 아침/에/일/어/나/서/책/을/읽/었/다 – 11개
• 실질 형태소 : 아침/일/나/책/읽 – 5개
• 의존 형태소 : 에/일/어/나/서/을/읽/었/다 – 9개
④ ㉣ 배가 고프니 찬밥이라도 먹어야 하겠다.
• 형태소 : 배/가/고프/니/차/ㄴ/밥/이라도/먹/어야/하/겠/다 – 13개
• 실질 형태소 : 배/고프/차/밥/먹/하 – 6개
• 의존 형태소 : 가/고프/니/차/ㄴ/이라도/먹/어야/하/겠/다 – 11개

## 05 ④

**정답해설** 실질 형태소는 실질적 의미가 있는 형태소로 자립 형태소, 용언의 어간 등이 이에 해당된다. 따라서 실질 형태소의 개수는 '밭, 갓, 따-, 오-, 포도, 아주, 맛, 있-'이므로 8개이다.

**오답해설** ① 형태소 : 밭/에서/갓/따/아/오/ㄴ/포도/가/아주/맛/있/다 – 13개
② 의존 형태소 : 에서/따/오/ㄴ/가/있/다 – 8개
③ 자립 형태소 : 밭/갓/포도/아주/맛 – 5개

## 06 ④

**정답해설** 명사는 '이'(의존 명사)로 1개이다.

**오답해설**
① '집'(명사), '나위'(의존 명사) – 2개
② '힘'(명사), '한'(명사) – 2개
③ '학교'(명사), '것'(의존 명사) – 2개

## 07 ②

**정답해설** 형태소의 개수를 분석하면 다음과 같다.
훔치/어/가/았/나/보/아/요 – 8개

**오답해설**
① 꽃/잎/이/흔들–/–리–/–다 – 6개
③ 강/물/이/붇/었/다 – 6개
④ 눈/에/보/이/었/다 – 6개

## 08 ①

**정답해설** ① '형씨'는 잘 알지 못하는 사이에서, 상대편을 조금 높여 이르는 이인칭 대명사이다.

**오답해설** ② '당신'은 배우자 혹은 상대편을 높여 이르는 이인칭 대명사이지만, 맞서 싸울 때 상대편을 낮잡아 이르는 이인칭 대명사의 의미도 가지고 있다.
③ '자네'는 '당신'보다는 낮고 '너'보다는 높은 말로 듣는 이가 친구나 아랫사람인 경우, 그 사람을 대우하여 이르는 이인칭 대명사이다.
④ '그편'은 '듣는 이에게 가까운 곳이나 방향을 가리키는 지시 대명사', '말하는 이와 듣는 이가 이미 알고 있는 사람 또는 그런 사람을 가리키는 삼인칭 대명사', '듣는 이 또는 듣는 이들을 가리키는 이인칭 대명사'의 의미를 가지고 있다.

## 09 ③

**정답해설** 여기/가/집/으로/가/는/지르/ㅁ/길/이/다 – 11개
'지름길'의 '지름'은 '지르다'의 어근 '지르–'에 명사형 어미 '–ㅁ'이 붙은 것으로 '지르/ㅁ'으로 분석할 수 있다.

## 10 ①

**정답해설** '그편'은 '듣는 이에게 가까운 방향을 가리키는 지시 대명사', '말하는 이와 듣는 이가 이미 알고 있는 사람 또는 그런 사람을 가리키는 삼인칭 대명사', '듣는 이 또는 듣는 이들을 가리키는 이인칭 대명사'로 쓰인다.

**오답해설** ② '당신'은 '듣는 이를 가리키는 이인칭 대명사', '맞서 싸울 때 상대편을 낮잡아 이르는 이인칭 대명사', '자기를 아주 높여 이르는 말'로 쓰인다.

③ ⓒ을 부정칭 대명사로 해석하면 '누구'는 특정한 대상이 아니므로 수연이가 좋아하는 사람이 있는지 없는지 여부를 묻는 판정 의문문이고, ⓒ을 미지칭 대명사로 해석하면 '누구'는 수연이가 좋아하는 사람이며, 그가 누구인지 구체적으로 묻는 설명 의문문이다. 따라서 ⓒ은 부정칭 또는 미지칭 중 해석됨에 따라 판정 의문문, 설명 의문문으로 유형이 달라지기 때문에 그에 대한 답변의 유형도 달라진다.
④ 부정칭 대명사와 미지칭 대명사는 강세나 억양의 차이에 의해 구별되기도 한다. 예를 들어, '누가 왔니?'에서 '누가'에 힘을 주고 끝을 내리면 미지칭이 되고, '누가'에 힘을 주지 않고 끝을 올리면 부정칭이 된다.

## 11 ①

**정답해설** 의존 형태소이면서 실질 형태소인 것은 용언의 어간이다. '먹고'에서 '먹–'은 자립하여 쓰일 수 없어 다른 말에 붙어서 나타나므로 의존 형태소이자, 실질적 의미가 있다는 점에서 실질 형태소이다.
형태소 : 나/는/동생/과/함께/밥/을/먹/고/집/에/오/았/다

**오답해설** '함께'는 부사로 실질 형태소이자, 자립 형태소이다.

## 12 ①

**정답해설** ㉠ '엿보다'는 '몰래'의 뜻을 더하는 접두사 '엿–'이 붙은 파생어이고, ㉡ '보이다'는 '피동'의 뜻을 더하는 접미사 '–이–'가 붙은 파생어이다.

**오답해설** ② '해 질 녘'은 '(해가) 지다'의 관형사형인 '(해가) 질' 뒤에 의존 명사 '녘'이 쓰인 것으로, '해 질 녘'과 같이 띄어쓰기한다.
③ '처럼'은 '모양이 서로 비슷하거나 같음'을 나타내는 격조사이다.
④ '빨갛게'의 '–게'는 문장에서 부사어 구실을 하게 하는 활용 어미이므로 품사는 바뀌지 않는다. 따라서 '빨갛게'의 품사는 형용사이다.

## 13 ①

**정답해설** '그들은'의 '그'는 대명사로 실질 형태소이고, 형태소 '들'은 접미사로 형식 형태소이다.
형태소: 그/들/은/초/불/을/밝/히/어/들/었/다

**오답해설** ② '밝혀'의 '밝–'과 '들었다'의 '들–'은 용언의 어간으로 의존 형태소이다.
③ 초/불/을/밝/히/어 – 6개, '사이시옷'은 형태소로 분석하지 않는다.
④ '은'과 '을'은 조사, '–다'는 어미이므로 모두 형식 형태소이다.

## 14 ③

**정답해설** '잇달다'는 '추모 행렬이 잇달다.'와 같이 자동사의 기능도 하며, '객차 뒤에 화물칸을 잇달았다.'와 같이 타동사의 기능도 한다.

**오답해설** ① '개다'는 '날이 개다'와 같이 쓰이는 자동사이다.
② '새우다'는 '…을 새우다'의 형태로 쓰이는 타동사이다.
④ '싸우다'는 주로 '…와 싸우다'의 형태로 쓰이는 자동사이다.

## 15 ④

**정답해설** ④ 조사는 주로 체언에 붙어 뒤에 오는 다른 단어에 대하여 가지는 문법적 관계를 표시하거나 뜻을 더해 주는 기능을 가진다. 때로는 둘 이상의 조사가 결합하여 연결되기도 한다.

**오답해설** ② 부사는 용언, 관형사, 부사, 문장 전체 등을 수식할 수 있다.
③ 한국어에서 활용을 하는 품사는 동사, 형용사, 서술격 조사이다.

## 16 ②

**정답해설** ㉠ '하늘하늘하다'는 동사와 형용사의 두 가지 품사를 가지는데, ㉠은 '조금 힘없이 늘어져 가볍게 잇따라 흔들리다.'를 의미하는 동사이고, ㉢ '잘나다'는 '능력이 남보다 앞서다.'를 의미하는 동사이다.

**오답해설** ㉡ '없다'는 '어떤 사람에게 아무 일도 생기지 않은 상태이다.'를 의미하는 형용사이다.
㉣ '힘들다'는 '어렵거나 곤란하다'를 의미하는 형용사이다.
㉤ '장난스럽다'는 '장난하는 듯한 태도가 있다.'를 의미하는 형용사이다.

## 17 ③

**정답해설** ③ '만하다'는 보조 형용사로 어떤 대상이 앞말이 뜻하는 행동을 할 타당한 이유를 가질 정도로 가치가 있음을 나타내는 말이다. 나머지는 모두 의존 명사이다.

**오답해설** ① '지'는 의존 명사로 어떤 일이 있었던 때로부터 지금까지의 동안을 나타내는 말이다.
② '만큼'은 의존 명사로 앞의 내용에 상당한 수량이나 정도임을 나타내는 말이다.
④ '대로'는 의존 명사로 '어떤 모양이나 상태와 같이'를 나타내는 말이다.

## 18 ④

**정답해설** '곱다'는 '곧지 아니하고 한쪽으로 약간 급하게 휘다.'를 의미하는 동사이다.

**오답해설** ① '만하다'는 '앞말이 뜻하는 행동을 하는 것이 가능함을 나타내는 말'로 보조 형용사이다.
② '괴괴하다'는 '쓸쓸한 느낌이 들 정도로 아주 고요하다.'를 의미하는 형용사이다.
③ '하다'는 동사나 형용사 뒤에서 '앞말의 사실이 뒷말의 이유가 됨을 나타내는 말, 강조하는 말'로 쓰이며, 이 경우 앞에 오는 용언이 형용사일 경우 보조 형용사로 쓰인다. 이 문장에서 '이유'의 의미로 쓰이고 '멀다'가 형용사이므로 '하니'의 품사는 보조 형용사이다.

## 19 ③

**정답해설** ③ ㉢ '자기'와 ㉣ '저희'는 앞에서 이미 말하였거나 나온 바 있는 사람을 도로 가리키는 재귀 대명사이며, 둘 다 삼인칭 대명사이다.

**오답해설** ① ㉠ '그분'은 '그 사람'을 아주 높여 이르는 삼인칭 대명사이다.
㉡ '그'는 말하는 이와 듣는 이가 아닌 사람을 가리키는 삼인칭 대명사이다.
② ㉢ '자기'는 앞에서 이미 말하였거나 나온 바 있는 사람을 도로 가리키는 삼인칭 대명사로 앞의 '그'와 '자기'는 같은 사람을 가리킨다.
④ ㉤ '당신'은 ㉢ '자기'를 아주 높여 이르는 말로, 앞에서 이미 말하였거나 나온 바 있는 사람을 도로 가리키는 삼인칭 대명사이다.

## 20 ③

**정답해설** ㉠ '젊다'는 '보기에 나이가 제 나이보다 적은 듯하다.'를 의미하는 형용사이다.
㉣ '고르다'는 '여럿이 다 높낮이, 크기, 양 따위의 차이가 없이 한결같다.'를 의미하는 형용사이다.

**오답해설** ㉡ '늙다'는 '한창때를 지나 쇠퇴하다.'를 의미하는 동사이다.
㉢ '모자라다.'는 '기준이 되는 양이나 정도에 미치지 못하다.'를 의미하는 동사이다.
㉤ '설렁거리다'는 '조금 서늘한 바람이 가볍게 자꾸 불다.'를 의미하는 동사이다.

## 21 ②

**정답해설** ② ㉢ '첫째'는 순서가 가장 먼저인 차례를 뜻하는 관형사이며, ㉣ '첫째'는 무엇보다도 앞서는 것을 뜻하는 명사이므로 ㉢에는 조사가 붙을 수 없고, ㉣에는 조사가 붙을 수 있다.

**오답해설** ① ㉡ '서너'는 관형사이고, ㉠ '하루'는 어느 날을 막연히 지칭하는 말로 명사이다.
③ ㉢ '첫째'는 순서가 가장 먼저인 차례를 뜻하는 관형사이다.
④ ㉤ '두'는 수량이 둘임을 뜻하는 관형사, ㉥ '하나'는 수효를 세는 맨 처음 수를 뜻하는 수사이다.

## 22 ②

**정답해설** ㉡ '일부'는 '한 부분 또는 전체를 여럿으로 나눈 얼마'를 의미하는 명사이다.

**오답해설** ① ㉠ '갖은'은 '골고루 다 갖춘 또는 여러 가지의'를 의미하는 관형사이다.
③ ㉢ '전'은 '모든 또는 전체'를 의미하는 관형사이다.
④ ㉣ '웬'은 '어찌 된'을 의미하는 관형사이다.

## 23 ④

**정답해설** ㉠ '듯': 의존 명사 → 명사로 분류
㉡ '우리': 1인칭 대명사
㉢ '첫째': 명사(여러 형제자매 가운데서 제일 손위인 사람)
㉣ '리': 의존 명사('까닭', '이치'의 뜻을 나타내는 말) → 명사로 분류
㉤ '백': 수사(십의 열 배가 되는 수)

## 24 ③

**정답해설** '한동안'은 '꽤 오랫동안'을 의미하는 명사이다.

**오답해설** ① '어찌'는 '어떠한 이유로'를 의미하는 부사이다.
② '그러게'는 자신의 말이 옳았음을 강조할 때 쓰는 말로 부사이다.
④ '겨우내'는 '한겨울 동안 계속해서'를 의미하는 부사이다.

## 25 ④

**정답해설** ④ 명사는 '예전'(명사), '번'(의존 명사), '적'(의존 명사), '사람'(명사)으로 4개이다.

**오답해설** ① '철수'(명사), '밀가루'(명사), '것'(의존 명사) – 3개
② '생일'(명사), '선물'(명사), '반지'(명사) – 3개
③ '사무실'(명사), '교통'(명사), '편'(의존 명사) – 3개

## 26 ③

**정답해설** '여느'는 '그 밖의 예사로운 또는 다른 보통의'를 의미하는 관형사이다.

**오답해설** ① '보통'은 '특별하지 아니하고 흔히 볼 수 있음'을 의미하는 명사이다.
② '~적'의 경우 체언을 수식하는 경우에는 관형사로 보고 용언이나 부사를 수식하는 경우는 부사로 본다. 또한 '~적'이 조사와 결합하여 있는 경우는 명사로 본다. 선택지의 맥락은 '비교적'이 용언인 '속한다'를 수식하고 있으므로 '비교적'을 부사로 봐야 한다.
④ '갓'은 '이제 막'을 의미하는 부사이다.

## 27 ③

**정답해설** ③ ㉢ '다른'은 '다른'이 '차이가 있는'의 의미를 가질 때는 형용사이다. 또한 '세대가 다르다.'라는 서술성을 가지고 있으므로 형용사이다.
㉥ '크지'는 '사람이나 사물의 외형적 길이, 넓이, 높이, 부피 따위가 보통 정도를 넘다.'의 의미를 가진 형용사이다.

**오답해설** ① ㉠ '그린'은 동사 '그리다'의 활용형으로 품사는 동사이고, ㉣ '새로'는 용언을 수식하는 부사이다.
② ㉡ '얼음'은 동사 '얼다'에서 파생된 명사이고, ㉤ '가기'는 동사의 명사형이며, 품사는 동사이다.
④ ㉣은 부사, ㉥은 형용사이다.

## 28 ①

**정답해설** ㉠ '채'는 '어떤 상태나 동작이 다 되거나 이루어졌다고 할 만한 정도에 아직 이르지 못한 상태를 이르는 말'로 부사이고, ① '이 위조지폐는 진짜 같다.'의 '진짜'는 '본뜨거나 거짓으로 만들어 낸 것이 아닌 참된 것'을 의미하는 명사이므로 둘의 품사는 다르다.

**오답해설** ② ㉡ '채'는 이미 있는 상태 그대로 있다는 뜻을 나타내는 말로 의존 명사이고, '내 딴은 최선을 다했다.'의 '딴'은 '자기 나름대로의 생각이나 기준'을 의미하는 의존 명사이므로 둘의 품사는 같다.
③ ㉢ '채'는 '야채나 과일 따위를 가늘고 길쭉하게 잘게 써는 일 또는 그 야채나 과일'을 의미하는 명사이고, '그들이 막 떠나려던 터였다.'의 '터'는 '처지나 형편'을 의미하는 의존 명사이므로 둘의 품사는 같다.
④ ㉣ '채'는 '채다'의 활용형으로 '재빠르게 센 힘으로 움직이다.'를 의미하는 동사이고, '나는 서슴지 않고 계단을 올라갔다.'의 '않고'는 앞말이 뜻하는 행동을 부정하는 뜻을 나타내는 보조 동사이므로 둘의 품사는 같다.

## 29 ②

**정답해설** ② '놀라다'는 '뜻밖의 일이나 무서움에 가슴이 두근거리다', '뛰어나거나 신기한 것을 보고 매우 감동하다' 등의 의미를 가진 동사이다.

**오답해설** ① '걸맞다'는 '두 편을 견주어 볼 때 서로 어울릴 만큼 비슷하다.'의 의미를 가진 형용사이다.
③ '굳다'는 '흔들리거나 바뀌지 아니할 만큼 힘이나 뜻이 강하다.'의 의미를 가진 형용사이다.
④ '부족하다'는 '필요한 양이나 기준에 미치지 못해 충분하지 아니하다.'의 의미를 가진 형용사이다.

## 30 ④

**정답해설** '못하고'는 동사 뒤에서 '-지 못하다' 구성으로 쓰이며, 앞말이 뜻하는 행동에 대하여 그것이 이루어지지 않거나 그것을 이룰 능력이 없음을 나타내는 말로 보조 동사이다.

**오답해설** ① '못하다'는 형용사 뒤에서 '-지 못하다' 구성으로 쓰이며, '앞말이 뜻하는 상태에 미치지 아니함을 나타내는 말'로 보조 형용사이다.
② '못하여'는 주로 '-다(가) 못하여' 구성으로 쓰이며, '앞말이 뜻하는 행동이나 상태가 극에 달해 그것을 더 이상 유지할 수 없음을 나타내는 말'로 보조 형용사이다.
③ '못해'는 '앞말이 뜻하는 행동이나 상태가 극에 달해 그것을 더 이상 유지할 수 없음을 나타내는 말'로 보조 형용사이다.

## 31 ②

**정답해설** '늦다'는 동사와 형용사의 두 가지 품사 기능을 가지고 있다. 동사 '늦다'는 '정해진 때보다 지나다.'라는 의미를 가지며, 형용사 '늦다'는 '기준이 되는 때보다 뒤져 있다.', '시간이 알맞을 때를 지나 있다. 또는 시기가 한창인 때를 지나 있다.' 등의 의미를 가진다.
② '늦어'는 '약속 시간'이라는 정해진 때를 지났다는 의미를 가지므로 동사이다.

**오답해설** ①, ③, ④ '시간이 알맞을 때를 지나 있다. 또는 시기가 한창인 때를 지나 있다.'의 의미를 가진 형용사이다.

## 32 ②

**정답해설** ② '놓고 둬도'는 '놓다'와 '두다'라는 실질적인 의미가 각각 살아 있으므로 본용언과 본용언이 결합된 형태이다.

**오답해설** ① '먹어 치웠다'는 본용언과 보조 용언이 결합된 형태이다. '치우다'는 동사 뒤에서 '-어 치우다' 구성으로 쓰이며, '앞말이 뜻하는 행동을 쉽고 빠르게 해 버림을 나타내는 말'로 보조 동사이다.

③ '사 가지고'는 본용언과 보조 용언이 결합된 형태이다. '가지다'는 동사나 형용사 뒤에서 '-어 가지다' 구성으로 쓰이며, '앞말이 뜻하는 행동의 결과나 상태가 그대로 유지되거나 또는 그럼으로써 뒷말의 행동이나 상태가 유발되거나 가능하게 됨을 나타내는 말'로 보조 동사이다.
④ '보고 보니'는 본용언과 보조 용언이 결합된 형태이다. '보다'는 동사 뒤에서 '-고 보니', '-고 보면' 구성으로 쓰이며, '앞말이 뜻하는 행동을 하고 난 후에 뒷말이 뜻하는 사실을 새로 깨닫게 되거나, 뒷말이 뜻하는 상태로 됨을 나타내는 말'로 보조 동사이다.

## 33 ④

**정답해설** '앓다'는 '병에 걸려 고통을 겪다.'의 의미로 동사이다. 나머지 셋은 형용사이므로 ④가 정답이다.

**오답해설** ① '맛있다'는 '음식의 맛이 좋다.'의 의미로 형용사이다.
② '밝다'는 동사와 형용사의 두 가지 품사를 가지는데, '새날이 오다'의 의미일 때 동사이다. 여기서 '밝게'는 '불빛 따위가 환하다.'의 의미로 형용사이다.
③ '있다'는 동사와 형용사의 두 가지 품사를 가지는데, '사람이나 동물이 어느 곳에서 떠나거나 벗어나지 아니하고 머물다, 사람이 어떤 직장에 계속 다니다, 사람이나 동물이 어떤 상태를 계속 유지하다, 얼마의 시간이 경과하다'의 의미일 때는 동사이다. 여기서 '있는'은 '재물이 넉넉하거나 많다.'의 의미로 형용사이다.

## 34 ①

**정답해설** '싶다'는 동사 뒤에서 '-고 싶다' 구성으로 쓰이며, '앞말이 뜻하는 행동을 하고자 하는 마음이나 욕구를 갖고 있음을 나타내는 말'로 보조 형용사이다.

**오답해설** ② '가지다'는 동사나 형용사 뒤에서 '-어 가지고' 구성으로 쓰이며, '앞말이 뜻하는 행동의 결과나 상태가 그대로 유지되거나 또는 그럼으로써 뒷말의 행동이나 상태가 유발되거나 가능하게 됨을 나타내는 말'로 보조 동사이다.
③ '쌓다'는 동사 뒤에서 '-어 쌓다' 구성으로 쓰이며, '앞말이 뜻하는 행동을 반복하거나 그 행동의 정도가 심함을 나타내는 말'로 보조 동사이다.
④ '않다'는 동사나 형용사 뒤에서 '-지 않다' 구성으로 쓰이며, '앞말이 뜻하는 상태를 부정하는 뜻을 나타내는 말'로 앞말의 성격에 따라 품사가 결정된다. ④에서 '늦다'는 '정해진 때보다 지나다'를 의미하는 동사이므로 '않다'의 품사 역시 동사이다.

## 35 ①

**정답해설** 〈보기〉의 '신중하다'는 '매우 조심스럽다'의 의미로 형용사이다.
① '건강하다'는 '정신적으로나 육체적으로 아무 탈이 없고 튼튼하다.'라는 의미로 형용사이다.

**동사와 형용사의 구별법**
동사와 형용사의 활용 양상은 조금씩 다른데, 그중 하나가 어미 결합의 제약이다. 관형사형 어미 '-는'은 동사에, '-(으)ㄴ'은 형용사에 붙는다. 실제로 동사와 형용사를 구분하기에 의미적 기준이 모호한 경우가 많기 때문에 '는/ㄴ다'의 결합 가능 여부를 구분 기준으로 삼는다. (단, 형용사 '없다'와 같이 관형사형 어미 '-는'과 결합할 수 있는 예외도 있으니 주의해야 한다.)

**오답해설** ② '조심하다'는 '잘못이나 실수가 없도록 말이나 행동에 마음을 쓰다.'의 의미로 동사이다.
③ '설레다'는 '마음이 가라앉지 아니하고 들떠서 두근거리다.'의 의미로 동사이다.
④ '알다'는 '어떤 사실이나 존재, 상태에 대해 의식이나 감각으로 깨닫거나 느끼다.'의 의미로 동사이다.

## 36 ③

**정답해설** '살갗을 문지르거나 건드려 간지럽게 하다.'를 의미하는 '간질이다'는 '간질여-간질이니'와 같이 활용한다. '간질이다'의 의미로 발음이 비슷한 '간지르다'를 쓰는 경우가 있으나 '간질이다'만 표준어로 삼는다. 따라서 '간질러'는 잘못된 표현이다.

**오답해설** ① '불살라'는 '불사르다'의 활용형으로 '르' 불규칙 용언이다.
② '발라서'는 '바르다'의 활용형으로 '르' 불규칙 용언이다.
④ '문질린'은 '르' 불규칙 용언 '문지르다'의 피동사인 '문질리다'의 활용형이다.

## 37 ①

**정답해설** ① '에서'는 단체를 나타내는 명사 뒤에 붙어, 앞말이 주어임을 나타내는 주격 조사이다.

**오답해설** ② 부사격 조사로 어떤 일의 출처임을 나타낸다.
③ 부사격 조사로 행동이 이루어지고 있는 처소의 부사어임을 나타낸다.
④ 부사격 조사로 출발점의 뜻을 갖는 부사어임을 나타낸다.

## 38 ④

**정답해설** ④ '짜깁다'는 'ㅂ' 불규칙 용언으로 어간의 'ㅂ'이 모음 앞에서 '오/우'로 바뀌므로 '짜기워-짜기우니'와 같이 활용한다.

**오답해설** ① '숫접다'는 'ㅂ' 불규칙 용언으로 어간의 'ㅂ'이 모음 앞에서 '오/우'로 바뀌므로 '숫저워-숫저우니'와 같이 활용한다.
② '어줍다'는 '어줍어-어줍으니'로 규칙 활용한다.
③ '아쉽다'는 'ㅂ' 불규칙 용언으로 어간의 'ㅂ'이 모음 앞에서 '오/우'로 바뀌므로 '아쉬워-아쉬우니'와 같이 활용한다.

## 39 ③

**정답해설** ③ 서술격 조사는 '이다'이며 활용을 하는 특성을 가지지만, '아니다'는 형용사이다.

**오답해설** ② 예를 들어, 보조사 '는'은 아래와 같이 격 조사, 부사, 연결 어미에 붙어 의미를 표시한다.
가. 이곳에서는 수영을 할 수가 없습니다(다른 곳에서는 할 수 있지만). – 격 조사 '에서' + 보조사 '는'
나. 그 사람이 일을 빨리는 합니다(잘하지는 못하지만). – 부사 '빨리' + 보조사 '는'
다. 이 책을 읽어는 봐라(그러나 가져가지는 말아라). – 연결 어미 '-어' + 보조사 '는'
〈출처: 남기심, 고영근 외 2명, 『표준국어문법론』, 한국문화사〉
④ 보격 조사는 '이/가'로 서술어 '되다', '아니다' 앞에서 보어의 자격을 부여해 준다.

## 40 ③

**정답해설** ③ '커다랗다'는 'ㅎ' 불규칙 용언으로 '커다래-커다라니-커다랗습니다-커다랬습니다'와 같이 활용한다.

**오답해설** ① '걷다'는 '거두다'의 준말로 '걷니-걷고'와 같이 규칙 활용한다.
② '조그맣다'는 '조그마하다'의 준말로 '조그매-조그마니'와 같이 'ㅎ' 불규칙 활용한다.
④ '까탈스럽다'는 'ㅂ' 불규칙 용언으로 '까탈스러워-까탈스러우니'와 같이 활용한다.

## 41 ③

**정답해설** 관형사는 형태가 변하지 않으며 서술성이 없고 수식하는 기능만 한다. ⓒ과 ⓒ은 서술성이 없고 수식하는 기능만 있으므로 관형사이다. ⓒ '여러'는 '수효가 한둘이 아니고 많은'의 의미이며, ⓒ '무슨'은 '사물을 특별히 정하여 지목하지 않고 이를 때 쓰는 말'이다.

**오답해설** ㉠ '새로운'은 형용사 '새롭다'의 활용형으로 품사는 형용사이다.
㉣ '그런'은 형용사 '그렇다'의 활용형으로 품사는 형용사이다.

## 42 ③

**정답해설** ③ • '깨물다'는 '깨다'와 '물다'가 결합할 때 연결 어미가 생략된 비통사적 합성어이다.
• '거짓말하다'는 명사 '거짓말'에 동사를 만드는 접미사 '-하다'가 결합한 파생어이다.

**오답해설** ① • '가계약'은 '가짜, 거짓 또는 임시적인'의 뜻을 더하는 접두사 '가-'가 결합한 파생어이다.
• '망원경'은 '무언가를 보기 위한 기구'의 뜻을 더하는 접미사 '-경'이 붙은 파생어이다.
• '덧버선'은 '거듭된 또는 겹쳐 신거나 입는'의 뜻을 더하는 접두사 '덧-'이 붙은 파생어이다.
② • '웃음'은 명사를 만드는 접미사 '-음'이 결합한 파생어이다.
• '끝내'는 '그때까지'의 뜻을 더하고 부사를 만드는 접미사 '-내'가 결합한 파생어이다.
• '공치다'는 '쓸모없이'의 뜻을 더하는 접두사 '공-'이 결합한 파생어이다.
④ • '손바닥'은 명사와 명사가 결합한 통사적 합성어이다.
• '어느새'는 관형사와 명사가 결합한 통사적 합성어이다.
• '이슬비'는 명사와 명사가 결합한 통사적 합성어이다.

## 43 ②

**정답해설** ② '헌'은 '집 따위의 축조물이나 쌓아 놓은 물건을 무너뜨리다.'라는 의미의 '헐다'에 관형사형 어미가 붙은 것으로 동사이다.

**오답해설** ① '옛'은 '지나간 때의'를 의미하는 관형사이다.
③ '첫'은 '맨 처음의'를 의미하는 관형사이다.
④ '한'은 '같은'의 뜻을 나타내는 관형사이다.

## 44 ①

**정답해설** ① '딸랑이'는 부사 '딸랑'과 '사람' 또는 '사물'의 뜻을 더하고 명사를 만드는 접미사 '-이'가 결합한 파생어로 어근의 품사가 부사에서 명사로 바뀌었다.

**오답해설** ② '겁보'는 명사 '겁'과 '그것을 특성으로 지닌 사람'의 뜻을 더하는 접미사 '-보'가 결합한 파생어로 어근의 품사가 바뀌지 않는다.
③ '여행기'는 명사 '여행'과 '기록'의 뜻을 더하는 접미사 '-기'가 결합한 파생어로 어근의 품사가 바뀌지 않는다.
④ '곰곰이'는 부사 '곰곰'과 부사를 만드는 접미사 '-이'가 결합한 파생어로 어근의 품사가 바뀌지 않는다.

## 45 ④

**정답해설** ④ '가득하게'는 '가득하다'에 부사형 전성 어미 '-게'가 붙어 문장에서 부사어로 쓰이지만 품사는 형용사이다.

**오답해설** ① '딱히'는 '사정이나 처지를 애처롭고 가엾게'를 의미하는 부사이다.
② '찬찬히'는 '동작이나 태도가 급하지 않고 느릿하게'를 의미하는 부사이다.
③ '되게'는 '아주 몹시'를 의미하는 부사이다.

## 46 ③

**정답해설** ③ '몰염치'의 '몰-(沒)'은 '그것이 전혀 없음'의 뜻을 더하는 접두사이다.

**오답해설** ①의 '몰'은 '모두 한곳으로 몰린'의 뜻을 더하는 접두사이다.
②, ④의 '몰'은 '모두 한곳으로' 또는 '모두 한곳에'의 뜻을 더하는 접두사이다.

## 47 ④

**정답해설** (가) ⓒ '아주'는 '보통 정도보다 훨씬 더 넘어선 상태로'를 의미하는 부사로 여기서는 또 다른 부사인 '빨리'를 꾸며 준다.
ⓒ '빨리'는 '걸리는 시간이 짧게'의 의미를 가지는 부사로 용언 '달리다'를 꾸며 준다.
(나) ⓐ '과연'은 '결과에 있어서도 참으로'를 의미하는 부사로 문장 전체를 꾸며 준다.
ⓔ '제발'은 '간절히 바라건대'의 의미를 가지는 부사로 문장 전체를 꾸며 준다.
ⓜ '그리고'는 단어, 구, 절, 문장 따위를 병렬적으로 연결할 때 쓰는 접속 부사로 문장 부사에 속한다.

## 48 ③

**정답해설** '공수표'의 '공-'은 '빈' 또는 '효과가 없는'의 뜻을 더하는 접두사로, '공수표'는 은행에 거래가 없거나 거래가 정지된 사람이 발행한 수표로 '실행이 없는 약속을 비유적으로 이르는 말'이다.

**오답해설** ① '공돈'의 '공-'은 '힘이나 돈이 들지 않은'의 뜻을 더하는 접두사로, '공돈'은 '노력의 대가로 생긴 것이 아닌, 거저 얻거나 생긴 돈'을 의미한다.
② '공술'의 '공-'은 '힘이나 돈이 들지 않은'의 뜻을 더하는 접두사로, '공술'은 '공짜로 얻어먹는 술'을 의미한다.
④ '공차표'는 '차비를 내지 아니하고도 차를 탈 수 있는 표'로, '공차(돈을 내지 않고 거저 타는 차)'와 '표(증거가 될 만한 쪽지)'의 합성어이다.

## 49 ③

**정답해설** 〈보기〉의 '맨'은 더 할 수 없을 정도나 경지에 있음을 나타내는 말로 관형사이다.
③ '온갖'은 '이런저런 여러 가지의'를 의미하는 관형사이다.

**오답해설** ① '한낱'은 '기껏해야 대단한 것 없이 다만'을 의미하는 부사이다.
② '순'은 '몹시' 또는 '아주'의 뜻을 나타내는 말로 부사이다.
④ '이리'는 '상태, 모양, 성질 따위가 이러한 모양'을 의미하는 부사이다.

## 50 ②

**정답해설** ② '강도떼'의 '떼'는 '목적이나 행동을 같이하는 무리'를 의미하는 명사이다.

**오답해설** ① '맞서다'의 '맞-'은 '마주' 또는 '서로 엇비슷하게'의 뜻을 더하는 접두사이다.
③ '조미료'의 '-료'는 '재료'의 뜻을 더하는 접미사이다.
④ '주책바가지'의 '-바가지'는 '매우 심함'의 뜻을 더하는 접미사이다.

## 51 ④

**정답해설** ④ '다시'는 '하다가 그친 것을 계속하여'를 의미하는 부사이다.

**오답해설** ① '오늘'은 '지금 지나가고 있은 이날에'를 의미하는 부사이다.
② '예쁜'은 '예쁘다'의 활용형으로 형용사이다.
③ '그'는 앞에서 이미 이야기한 대상을 가리킬 때 쓰는 말로 관형사이다.

## 52 ②

**정답해설** '생배앓이'는 어간 '생배앓-'에 명사를 만드는 접미사 '-이'가 붙은 파생어이다. 따라서 '생배앓-'과 '-이'가 직접 구성 요소가 된다.
'생배앓-'은 '생배'+'앓-'의 구성이고 '생배'에서 '생'은 '공연한'의 의미인 '접사'이다.

**오답해설** ① '닭튀김'은 '닭'과 '튀김'으로 분석되며, 직접 구성 요소 중 하나가 파생어인 합성어이다.
• 닭 + 튀김(튀기- + -ㅁ)
③ '드높이다'는 '드높다'와 '-이-'로 분석되며, 직접 구성 요소 중 하나가 파생어인 파생어이다.
• 드높-(드- + 높-) + -이-('사동'의 뜻을 더하는 접미사)
④ '살얼음판'은 '살얼음'과 '판'으로 분석되며, 직접 구성 요소 중 하나가 파생어인 합성어이다.
• 살얼음[살- + 얼음(얼-+ -음)] + 판

## 53 ①

**정답해설** ① '아장아장한'은 '키가 작은 사람이나 짐승이 찬찬히 이리저리 걷다.'의 의미이며, 동사 '아장아장하다'의 활용형이다. 따라서 품사는 동사이다.

**오답해설** ② '가득히'는 '분량이나 수효 따위가 어떤 범위나 한도에 꽉 찬 모양'을 의미하는 부사이다.
▶ '가득하게'는 형용사 '가득하다'의 활용형이다.
③ '못'은 동사가 나타내는 동작을 할 수 없다거나 상태가 이루어지지 않았다는 부정의 뜻을 나타내는 말로 부사이다.
④ '쾅쾅'은 잇따라 총이나 대포를 쏘거나 폭발물이 터져서 울리는 소리로 의성어이며 품사는 부사이다.

## 54 ④

**정답해설** '그건 바로 너다.'의 문장에서 '바로'와 같은 부사는 체언을 수식하기도 한다.

**오답해설** ③ 성상 관형사는 사람이나 사물의 모양, 상태, 성질을 나타내며, 지시 관형사는 특정한 대상을 지시하여 가리키며, 수 관형사는 사물의 수나 양을 나타낸다.

## 55 ④

**정답해설** ④ '감사하다'가 '고맙게 여기다'의 의미일 때는 동사이고 '고마운 마음이 있다'의 의미일 때는 형용사이다.
㉠ '감사하고'는 '고맙게 여기다'를 의미하는 동사이며,
㉡ '감사한'은 '고마운 마음이 있다'를 의미하는 형용사이다.

**오답해설** ① ㉠ '보다'는 '어떤 수준이나 이전의 상태에 비하여 한층 더'를 의미하는 부사이다.
㉡ '보다'는 비교의 대상이 되는 말에 붙어 '~에 비해서'의 뜻을 나타내는 조사이다.
② ㉠ '만큼'은 앞의 내용에 상당하는 수량이나 정도임을 나타내는 의존 명사로 주로 어미 '-은', '-는', '-을' 뒤에 쓰인다.
㉡ '만큼'은 체언의 바로 뒤에 붙어 앞말과 비슷한 정도나 한도임을 나타내는 조사이다.
③ ㉠ '한'은 그 수량이 하나임을 나타내는 말로 수 관형사이다.
㉡ '한'은 어떤 일을 위하여 희생하거나 무릅써야 할 극단적 상황을 나타내는 말로 명사이다.

## 56 ③

**정답해설** ③ ㉢, ㉣ '에'는 둘 이상의 사물을 같은 자격으로 이어 주는 접속 조사이다.

**오답해설** ① ㉠ '랑'은 어떤 행동을 함께 하거나 상대로 하는 대상임을 나타내는 격 조사이다.
④ ㉤ '아주'는 '보통 정도보다 훨씬 더 넘어선 상태로'를 의미하는 부사로 위 문장에서 부사 '잘'을 수식한다.
㉥ '잘'은 '아주 만족스럽게'를 의미하는 부사로 용언 '먹었다'를 수식한다.

## 57 ③

**정답해설** ㉠ '한'은 체언 '사람'을 수식하는 관형사이다.
㉡ '두셋'은 '둘이나 셋쯤 되는 수'를 의미하는 수사이다.
㉢ '한꺼번에'는 '몰아서 한 차례에' 또는 '죄다 동시에'를 의미하는 부사이다.
㉣ '겁나다'는 '무섭거나 두려운 마음이 생기다.'를 의미하는 동사이다.

## 58 ④

**정답해설** ④ ㉠ '길어서'는 '이어지는 시간상의 한때에서 다른 때까지의 동안이 오래다.'를 의미하는 형용사이다.
㉡ '길어서'는 '글이나 말 따위의 분량이 많다.'를 의미하는 형용사이다.

**오답해설** ① ㉠ '잘못'은 '잘하지 못하여 그릇되게 한 일'을 의미하는 명사이다.
㉡ '잘못'은 '깊이 생각하지 아니하고 사리에 어긋나게 함부로'를 의미하는 부사이다.
② ㉠ '구체적'은 '실제적이고 세밀한 부분까지 담고 있는 것'을 의미하는 명사이다.
㉡ '구체적'은 '실제적이고 세밀한 부분까지 담고 있는'을 의미하는 관형사이다.
③ ㉠ '잠'은 동사 '자다'의 어간 뒤에 명사형 어미가 붙은 것으로, 부사어의 수식을 받고, 서술성이 있으므로 동사이다.
㉡ '잠'은 관형어의 수식을 받는 파생 명사이다.

## 59 ①

**정답해설** 파생 명사는 관형어의 수식을 받으며 서술성이 없고 품사는 명사이다.
① '죽음'은 생물의 생명이 없어지는 현상을 의미하는 명사이다.

**오답해설** ②, ③, ④는 모두 부사어의 수식을 받거나 서술성이 있으므로 명사형 전성 어미가 붙은 명사형이다.

## 60 ③

**정답해설** '웃음'은 서술성이 있고 '활짝'과 같은 부사어의 수식을 받으므로 용언의 명사형이며 품사는 동사이다.
〈보기〉 중 품사가 동사인 것은 ㉡과 ㉢이다.
㉡ '가기'는 동사 '가다'의 어간에 명사형 전성 어미 '-기'가 붙은 것이고, ㉢ '춤'은 동사 '추다'의 어간에 명사형 전성 어미 '-ㅁ'이 붙은 것으로 둘 다 품사는 동사이다.

**오답해설** ㉠ '있음'은 '어떤 사람에게 무슨 일이 생긴 상태이다.'를 의미하는 형용사 '있다'의 어간에 명사형 전성 어미가 붙은 명사형으로 품사는 형용사이다.
㉣ '걸음'은 동사 '걷다'에 접미사 '-음'이 붙은 파생 명사로 '다 불을 번갈아 옮겨 놓는 동작'을 의미한다.

## 61 ②

**정답해설** ② ㉠ '기쁨'은 부사어의 수식을 받는 형용사의 명사형이다. 형용사 '기쁘다'의 어간에 명사형 전성 어미 '-ㅁ'이 붙은 것으로 품사는 형용사이다.
㉡ '기쁜'은 형용사의 관형사형으로 품사는 형용사이다.

**오답해설** ① ㉠ '대로'는 체언 뒤에 붙어 '앞에 오는 말에 근거하거나 달라짐이 없음'을 나타내는 보조사이다.
㉡ '대로'는 용언의 관형사형인 '들은'의 수식을 받는 의존 명사로 '어떤 모양이나 상태와 같이'를 의미한다.
③ ㉠ '첫째'는 '순서가 가장 먼저인 차례의'를 의미하는 관형사이다.
㉡ '첫째'는 '여러 형제자매 가운데서 제일 손위인 사람'을 의미하는 명사이다.
④ ㉠ '아무'는 어떤 사람을 특별히 정하지 않고 이르는 인칭 대명사이다.
㉡ '아무'는 '어떤 사람이나 사물 따위를 특별히 정하지 않고 이를 때 쓰는 말'로 관형사이다.

## 62 ③

**정답해설** ③ '들고 가셨다'는 '들다'와 '가다'의 실질적 의미가 모두 있으므로 본용언과 본용언의 구성 형태이다.

**오답해설** ① '내다'는 동사 뒤에서 '-어 내다'의 구성으로 쓰이며, '앞말이 뜻하는 행동이 스스로의 힘으로 끝내 이루어짐을 나타내는 말'로 보조 동사이다.
② '계시다'는 주로 동사 뒤에서 '-고 계시다'의 구성으로 쓰이며, '앞말이 뜻하는 행동이 계속 진행되고 있거나 그 행동의 결과가 지속됨을 나타내는 말'을 의미하는 '있다'의 높임말로 보조 동사이다.
④ '주다'는 동사 뒤에서 '-어 주다'의 구성으로 쓰이며 '앞 동사의 행위가 다른 사람의 행위에 영향을 미침을 나타내는 말'로 보조 동사이다.

## 63 ②

**정답해설** ② '않다'는 '앞말이 뜻하는 상태를 부정하는 뜻을 나타내는 말'로 동사나 형용사 뒤에서 '-지 않다'의 구성으로 쓰이며, 앞에 오는 용언의 품사에 따라 품사가 결정된다. 이 경우 '묻다'가 동사이므로 '않고'의 품사도 동사이다.

**오답해설** ① '싶다'는 동사나 형용사 또는 '이다'의 일부 종결형 뒤에 쓰이며, '앞말이 뜻하는 내용을 생각하는 마음이 있음을 나타내는 말'로 보조 형용사이다.
③ '못하다'는 '앞말이 뜻하는 행동이나 상태가 극에 달해 그것을 더 이상 유지할 수 없음을 나타내는 말'로, 주로 '-다(가) 못하여'의 구성으로 쓰이며, 보조 형용사이다.

> '못하다'가 동사와 형용사 뒤에서 '-지 못하다'의 구성으로 쓰일 때
> • 보조 동사 '못하다' : 앞말이 뜻하는 행동에 대하여 그것이 이루어지지 않거나 그것을 이룰 능력이 없음을 나타내는 말
> • 보조 형용사 '못하다' : 앞말이 뜻하는 상태에 미치지 아니함을 나타내는 말

④ '하다'는 앞말을 강조하거나 또는 이유를 나타내는 경우에 보조 형용사로 보고 나머지 경우는 보조 동사로 본다. 단, 이유, 강조의 의미를 갖는 모두 보조 형용사는 아니다. 이유, 강조의 의미를 갖고 거기에 선행하는 본용언이 형용사일 때만 보조 형용사로 인정한다. 나머지 경우는 모두 보조 동사로 본다. ④의 경우 '하다'가 강조의 의미를 갖고 선행하는 본용언 '좋다'가 형용사이므로 '한데'의 품사는 형용사이다.

## 64 ③

**정답해설** ③ '붇다'는 '물에 젖어서 부피가 커지다.'를 의미하며, '불어-불으니-붇는'으로 활용한다.

**오답해설** ① '붓다'는 '살가죽이 어떤 기관이 부풀어 오르다.'를 의미하며, '부어-부으니-붓는'으로 활용한다.
② '붓다'는 '액체나 가루 따위를 다른 곳에 담다.'를 의미하며, '부어-부으니-붓는'으로 활용한다.
④ '붇다'는 주로 '몸'을 주어로 하여 '살이 찌다.'를 의미하며, '불어-불으니-붇는'으로 활용한다.

## 65 ①

**정답해설** ㉠ '덥다'는 어간의 끝소리 'ㅂ'이 모음 앞에서 '오/우'로 바뀌는 'ㅂ' 불규칙 용언으로 '더워-더우니'와 같이 활용한다.
㉡ '노르다'는 어미의 첫소리 '-어'가 '-러'로 바뀌는 '러' 불규칙 용언으로 '노르러-노르니'와 같이 활용한다.
㉢ '빨갛다'는 모음 어미 앞에서 'ㅎ'이 탈락하고, 어미 '-아/-어' 등이 '-애/-에' 등으로 바뀌는 'ㅎ' 불규칙 용언으로, '빨개-빨가니-빨갛소'와 같이 활용한다.

**오답해설** • '곱다'는 어간의 끝소리 'ㅂ'이 모음 앞에서 '오/우'로 바뀌는 'ㅂ' 불규칙 용언으로 '고와-고우니'와 같이 활용한다.
• '치르다'는 규칙 용언으로 '치러-치르니'와 같이 활용한다('-아/-어' 어미 앞에서 'ㅡ' 탈락).
• '맞닿다'는 규칙 용언으로 '맞닿아-맞닿으니-맞닿소'와 같이 활용한다.

## 66 ③

**정답해설** ③ '머무르다'는 어간의 끝소리 '르'가 탈락하면서 'ㄹㄹ'이 나타나는 '르' 불규칙 용언으로 '머물러-머무르니'와 같이 활용하며, 준말은 '머물다'로 둘 다 표준어로 삼는다. 준말 '머물다'에는 모음으로 시작하는 어미가 연결될 수 없으므로 '머물어'는 잘못된 활용이다.

**오답해설** ① '서둘다'는 '서두르다'의 준말이다.
② '치르다'는 '치러-치르니'와 같이 활용하며, 'ㅡ'가 '-아/-어'로 시작하는 어미 앞에서 탈락하는 'ㅡ' 탈락 용언이다.
④ '낫다'는 어간의 끝소리 'ㅅ'이 모음 앞에서 탈락하는 'ㅅ' 불규칙 용언으로 '나아-나으니-낫는'과 같이 활용한다.

## 67 ④

**정답해설** ④ '모자라다'는 '모자라-모자라니'와 같이 활용하며, '모자르다'는 잘못된 표기이다.

**오답해설** ① '담그다'는 '담가-담그니'와 같이 활용하며, 'ㅡ'가 '-아/-어'로 시작하는 어미 앞에서 탈락하는 'ㅡ' 탈락 용언이다.
② '깨닫다'는 어간의 끝소리 'ㄷ'이 모음 어미 앞에서 'ㄹ'로 바뀌는 'ㄷ' 불규칙 용언으로 '깨달아-깨달으니-깨닫는'과 같이 활용한다.
③ '들르다'는 '들러-들르니'와 같이 활용하며 'ㅡ'가 '-아/-어'로 시작하는 어미 앞에서 탈락하는 'ㅡ' 탈락 용언이다.

## 68 ③

**정답해설** ③ ㉠ '예쁘다'는 하나의 실질 형태소로 이루어진 단일어이다.
㉡ '공부하다'는 실질 형태소인 명사 '공부'와 동사를 만드는 접미사 '-하다'가 결합한 파생어이다.
㉢ '약아빠지다'는 연결 어미로 이어진 통사적 합성어이다.

**오답해설** ① ㉠ '바다'는 하나의 실질 형태소로 이루어진 단일어이다.
㉡ '푸르다'는 하나의 실질 형태소로 이루어진 단일어이다.
㉢ '스며들다'는 연결 어미로 이어진 통사적 합성어이다.
② ㉠ '어머니'는 하나의 실질 형태소로 이루어진 단일어이다.
㉡ '정답다'는 실질 형태소인 명사 '정'과 접미사 '-답다'('성질이 있음'의 뜻을 더하고 형용사를 만드는 접미사)가 결합한 파생어이다.

ⓒ '헛디디다'는 '보람없이, 잘못'의 뜻을 더하는 접두사 '헛-'과 '디디다'가 결합한 파생어이다.
④ ㉠ '멋지다'는 실질 형태소인 명사 '멋'과 형용사를 만드는 접미사 '-지다'가 결합한 파생어이다.
ⓒ '움직이다'는 시늉말(소리나 모양, 동작 따위를 흉내 내는 말) 어근과 동사를 만드는 접미사 '-이다'가 결합한 파생어이다.
ⓒ '들이닥치다'는 '몹시, 마구, 갑자기'의 뜻을 더하는 접두사 '들이-'와 '닥치다'가 결합한 파생어이다.

## 69 ①

**정답해설** ① ㉠ '가랑비'는 '가랑거리다'의 어근과 '비'가 결합한 비통사적 합성어이고, ㉣ '늦바람'은 '늦은'의 뜻을 더하는 접두사 '늦-'과 '바람'이 결합한 파생어이므로 단어 형성 방법이 다르다. ('늦바람'을 비통사적 합성어로 보는 견해도 있다.)

**오답해설** ② ㉡ '선무당'은 '서툰, 충분치 않은'의 뜻을 더하는 접두사 '선-'과 '무당'이 결합한 파생어이고, ㉢ '군말'도 '쓸데없는'의 뜻을 더하는 접두사 '군-'과 '말'이 결합한 파생어이다.
③ ㉡ '선무당'은 '서툰, 충분치 않은'의 뜻을 더하는 접두사 '선-'과 '무당'이 결합한 파생어이고, '날고기', '알밤'도 파생어이므로 단어 형성 방법이 같다.
④ ㉣ '늦바람', '선생님', '풋사랑'은 모두 파생어이므로 단어 형성 방법이 같다.

## 70 ②

**정답해설** ② '날짐승'은 동사 '날다'의 관형사형과 명사 '짐승'이 결합한 통사적 합성어이다.

**오답해설** ① '알몸'은 '알'은 '겉을 덮어 싼 것이나 딸린 것을 다 제거한'의 뜻을 더하는 접두사이다.
③ '불가능'의 '불'은 '아님, 아니함, 어긋남'의 뜻을 더하는 접두사이다.
④ '건어물'의 '건'은 '마른, 말린'의 뜻을 더하는 접두사이다.

## 71 ④

**정답해설** ④ • '꽂감'은 '꽂다'의 뜻을 갖는 동사 '꽂-'과 '감'이 결합한 것으로 관형사형 어미가 생략된 비통사적 합성어이다.
• '산들바람'은 부사와 명사가 결합한 비통사적 합성어이다.
• '먹거리'는 관형사형 어미가 생략된 비통사적 합성어이다.
• '돌보다'는 연결 어미가 생략된 비통사적 합성어이다.

**오답해설** ① • '덮밥'은 관형사형 어미가 생략된 비통사적 합성어이다.
• '새언니'는 관형사와 명사가 결합한 통사적 합성어이다.

• '길짐승'은 '기다'의 어간에 관형사형 어미 '-ㄹ'이 붙은 '길'과 '짐승'이 결합한 통사적 합성어이다.
• '높푸르다'는 연결 어미가 생략된 비통사적 합성어이다.
② • '햇감'은 '당해에 난'의 뜻을 더하는 접두사 '햇'과 '감'이 결합한 파생어이다.
• '어린이'의 '어린'은 '어리다'의 어간에 관형사형 어미 '-ㄴ'이 붙은 것이며, '이'는 사람을 나타내는 말로 통사적 합성어이다.
• '흔들바위'는 부사와 명사가 결합한 비통사적 합성어이다.
• '그만두다'는 부사와 동사가 결합한 통사적 합성어이다.
③ • '암탉'은 '새끼를 배거나 열매를 맺는'의 뜻을 더하는 접두사 '암'과 '닭'이 결합한 파생어이다.
• '고추장'은 명사와 명사가 결합한 통사적 합성어이다.
• '이리저리'는 부사와 부사가 결합한 통사적 합성어이다.
• '낯설다'는 조사가 생략된 통사적 합성어이다.

## 72 ④

**정답해설** 합성어는 '건널목', '디딤돌', '똑딱단추', '코흘리개' '알아듣다', '흉터', '붙잡다'로 총 7개이다.
• '건널목'은 '건너다'의 어간에 관형어 구실을 하게 하는 어미 '-ㄹ'이 붙은 '건널'과 '목'이 결합한 통사적 합성어이다.
• '디딤돌'은 '디디-'에 명사형 어미 '-ㅁ'이 붙은 '디딤'과 '돌'이 결합한 통사적 합성어이다.
• '똑딱단추'는 부사와 명사가 결합한 비통사적 합성어이다.
• '코흘리개'의 '개'는 '그러한 행위를 특성으로 지닌 사람'의 뜻을 더하고 명사를 만드는 접미사 '-개'이지만 '코 + 흘리개'의 구성이므로 통사적 합성어이다.
• '알아듣다'는 연결 어미로 이어진 통사적 합성어이다.
• '흉터'는 명사와 명사가 결합한 통사적 합성어이다.
• '붙잡다'는 연결 어미가 생략된 비통사적 합성어이다.

**오답해설**
• '수평아리'는 '새끼를 배지 않거나 열매를 맺지 않는'의 뜻을 더하는 접두사 '수-'와 결합한 파생어이다.
• '해님'은 '그 대상을 인격화하여 높임'의 뜻을 더하는 접미사 '-님'과 결합한 파생어이다.
• '장난꾸러기'는 '그것이 심하거나 많은 사람'의 뜻을 더하는 접미사 '-꾸러기'와 결합한 파생어이다.

## 73 ④

**정답해설** ④ '한–'은 '큰'의 뜻을 더하는 접두사로, '한걱정'은 '큰 걱정'을 의미한다. 따라서 맥락과 상응하지 않는다.

**오답해설** ① '홀'은 '짝이 없이 혼자뿐인'의 뜻을 더하는 접두사로, '홀몸'은 '배우자나 형제가 없는 사람'을 의미한다.
② '올'은 '생육 일수가 짧아 빨리 여무는'의 뜻을 더하는 접두사로, '올벼'는 '제철보다 일찍 여무는 벼'를 의미한다.
③ '생'은 '얼리지 아니한'의 뜻을 더하는 접두사로, '생고기'는 '얼리지 아니한 고기'를 의미한다.

## 74 ②

**정답해설** ② • '들개'는 '야생으로 자라는'의 뜻을 더하는 접두사 '들–'과 명사 '개'가 결합한 파생어이다.
• '비상구'는 명사 '비상'과 '출입구'의 뜻을 더하는 접미사 '–구'가 결합한 파생어이다.
• '되새기다'는 '다시'의 뜻을 더하는 접두사 '되–'와 동사 '새기다'가 결합한 파생어이다.
• '시꺼멓다'는 '매우 짙고 선명하게'의 뜻을 더하는 접두사 '시–'와 형용사 '꺼멓다'가 결합한 파생어이다.

**오답해설** ① '첫눈', '얕보다'는 합성어이고 '군살', '들볶다'는 파생어이다.
③ '높푸르다', '잘나가다'는 합성어이고 '한낮', '날강도'는 파생어이다.
④ '약아빠지다'는 합성어이고 '건축가', '막노동', '값지다'는 파생어이다.

## 75 ②

**정답해설** ② '앞서다'는 명사 '앞'과 동사 '서다'가 결합한 것으로 조사가 생략된 통사적 합성어이다.

**오답해설** ① '죄다'는 부사 '죄'와 부사 '다'가 결합한 통사적 합성어이다.
③ '빈주먹'은 동사 '비다'의 어간에 관형사형 어미 '–ㄴ'이 붙은 '빈'과 체언 '주먹'이 결합한 통사적 합성어이다.
④ '떠오르다'는 동사 '뜨다', 연결 어미 '–어', 동사 '오르다'가 결합한 통사적 합성어이다.

## 76 ①

**정답해설** 〈보기〉의 단어는 모두 통사적 합성어이다. 통사적 합성어로만 묶인 것은 ① '옛날', '말솜씨', '본받다'이다.
• 면도칼 : 명사 + 명사
• 김치찌개 : 명사 + 명사
• 늙은이 : 관형어 + 의존 명사
• 스며들다 : 용언의 어간 + 연결 어미 + 용언
• 옛날 : 관형사 + 명사
• 말솜씨 : 명사 + 명사
• 본받다 : 명사 + 동사(조사 생략)

**오답해설** ② '앞뒤'는 통사적 합성어, '날뛰다'는 비통사적 합성어, '강된장'은 파생어이다.
③ '톱질'은 파생어, '산비탈', '빛나다'는 통사적 합성어이다. '빛나다'의 경우 '나다'를 접사로 보아 파생어로 보는 견해도 있다.
④ '접칼'은 비통사적 합성어, '온종일', '애쓰다'는 통사적 합성어이다.

## chapter 04 통사론

| 01 ④ | 02 ③ | 03 ② | 04 ④ | 05 ③ |
| 06 ④ | 07 ① | 08 ③ | 09 ② | 10 ④ |
| 11 ③ | 12 ② | 13 ④ | 14 ③ | 15 ④ |
| 16 ③ | 17 ③ | 18 ④ | 19 ① | 20 ④ |
| 21 ④ | 22 ④ | 23 ② | 24 ① | 25 ④ |
| 26 ④ | 27 ③ | 28 ① | 29 ④ | 30 ③ |
| 31 ① | 32 ③ | 33 ② | 34 ① | 35 ④ |
| 36 ④ | 37 ③ | 38 ② | 39 ① | 40 ① |
| 41 ④ | 42 ④ | 43 ④ | 44 ② | 45 ③ |
| 46 ② | 47 ② | 48 ④ | 49 ④ | 50 ④ |
| 51 ② | 52 ③ | 53 ② | 54 ④ | 55 ① |
| 56 ④ | 57 ② | 58 ① | 59 ① | 60 ③ |
| 61 ④ | 62 ④ | 63 ④ | 64 ① | |

## 01 ④

**정답해설** ㉢ 용언과 부사어를 수식하는 부사어와 체언을 수식하는 관형어는 문장의 부속 성분이지만 부사어나 관형어가 없으면 불완전한 문장이 되는 경우가 있다. 예를 들어, '아주머니, 새 것은 없나요?'에서 '것'과 같은 의존 명사를 꾸며주는 관형어는 필수적으로 요구되는 성분이라고 볼 수 있다. 또 '학생들이 학교에 간다.'에서 '학교에'와 같은 부사는 필수 부사어이다. 따라서 부사어와 관형어는 문장에 따라 필수적인 문장 성분이 될 수도 있다.
㉤ 독립어는 문장의 다른 성분과 직접적인 관계를 맺지 않고 홀로 독립하여 쓰이는 문장 성분을 말한다. 독립어가 되는 성분에는 감탄사, 체언에 호격 조사가 붙은 호칭어 등이 있다.
㉥ 명사는 그대로 관형어가 될 수 있다.

**오답해설** ㉡ 관계 관형절과 같은 상황에서는 주어나 목적어도 얼마든지 생략이 가능하다. 예를 들어, '나는 영희가 그린 그림이 좋다.'의 경우 '영희가 그린'의 관형절에서 목적어는 생략되어 있다.
㉣ 한국어의 서술어는 문장 구성의 기본 골격이 되는 요소로서, 서술어가 지닌 속성에 따라 문장 성분이 결정된다. 관련하여 서술어 자릿수란 문장에서 서술어가 필요로 하는 문장 성분의 개수를 말한다.

## 02 ③

**정답해설** 서술절은 다른 절과 달리 절 표지가 없다. ㉢은 서술절이 있지만 ㉣은 서술절이 없다.

㉢의 경우 '먼지(가) 하나(가) 없이' 부분에서 '하나(가) 없이' 부분이 서술절에 해당한다. 그리고 '먼지(가) 하나(가) 없이' 부분 전체가 부사절에 해당한다.
반면 ㉣은 '인형이 그의 방에는 아주 많다'의 구성이 되어 서술절을 찾기 어렵다. 홑문장에 해당하는 문장이다.

**오답해설** ① ㉠의 '볼에 흐르는' 부분은 관형절에 해당하는 부분으로 문장에서 관형어 역할을 하고 있다. 그리고 ㉡의 '그가 착한 사람임'의 경우 목적격 조사 '을'과 결합하여 문장에서 목적어 역할을 하고 있다.
② ㉠의 경우 '(눈물이) 볼에 흐르는'의 구성이 되므로 주어가 생략된 관형절이다.
㉡의 경우 '그가 착한 사람임'이 명사절에 해당하고 '(사람이) 착한'의 구성이 되므로 명사절 안에 관형절이 들어 있는 경우로 볼 수 있다.
④ ㉢은 '먼지(가) 하나(가) 없이'의 부사절을 안은문장이며, ㉤은 '그는 나와 달리'의 부사절을 안은문장이다.

## 03 ②

**정답해설** ② '누구나'는 대명사 '누구'에 보조사 '나'가 붙은 형태로 주어이다.

**오답해설** ① '사탕처럼'은 체언과 모양이 서로 비슷하거나 같음을 나타내는 격 조사 '처럼'이 결합한 형태로 부사어이다.
③ '방학에'는 체언과 부사어임을 나타내는 격 조사 '에'가 결합한 형태로 부사어이다.
④ '도서관에서'는 체언과 부사어임을 나타내는 격 조사 '에서'가 결합한 형태로 부사어이다.

## 04 ④

**정답해설** '빛깔이 스미거나 옮아서 묻다', '어떤 환경이나 사상 따위를 닮아 가다'를 의미하는 '물들다'는 각각 '…으로 물들다', '…에/에게 물들다'와 같이 쓰이므로 둘 다 두 자리 서술어이다.

**오답해설** ① '물건 따위가 드러나거나 보이지 않도록 넓은 천 따위를 얹어서 씌우다'를 의미하는 '덮다'는 '…을 …으로'와 같이 세 자리 서술어지만, '일정한 범위나 공간을 빈틈없이 휩싸다'를 의미하는 '덮다'는 '…을 덮다'와 같이 두 자리 서술어이다.
② '시간적 여유나 공간적 간격 따위를 주다'를 의미하는 '두다'는 '…을 두다'와 같이 두 자리 서술어지만, '어떤 대상을 일정한 상태로 있게 하다'를 의미하는 '두다'는 '…을 -게'와 같이 세 자리 서술어이다.
③ '상대에게 어떤 행동을 하다'를 의미하는 '놓다'는 '…에/에게 …을 놓다'와 같이 세 자리 서술어지만, '손으로 무엇을 쥐거나 잡거나 누르고 있는 상태에서 손을 펴거나 힘을 빼서 잡고 있던 물건이 손 밖으로 빠져나가게 하다.'를 의미하는 '놓다'는 '…을 놓다'와 같이 두 자리 서술어이다.

## 05 ③

**정답해설** ㉠ '반찬도'는 체언과 보조사 '도'가 결합한 형태로 목적어이다.
㉣ '잠만'은 체언과 보조사 '만'이 결합한 형태로 목적어이다.

**오답해설** ㉡ '제가'는 체언과 보격 조사 '이/가'가 결합한 형태로 보어이다.
㉢ '움직이지를 않아'는 본용언과 보조 용언이 결합한 형태로 서술어이다. '를'은 목적격 조사가 아니며 강조하는 뜻을 나타내는 보조사(목적격 조사의 보조사적 용법으로 볼 수도 있다)이다.

## 06 ④

**정답해설** 주어 '나는'과 서술어 '산다'가 한 번만 나타나는 홑문장이다.

**오답해설** ① 명사절 '밖에 나가기'가 안긴문장이다.
② 동격 관형절 '네가 애쓴'이 안긴문장이다.
③ 명사절 '대화가 어디로 튈지'가 안긴문장이다.

## 07 ①

**정답해설** ① '지금'은 용언 '도착했다'를 수식하는 부사어이다.

**오답해설** ② '겨우'의 일반적 쓰임은 '겨우 이겼다'와 같이 부사어로 쓰이는 경우이다. 반면 '겨우 다섯'과 같이 체언을 수식하는 경우가 있다. 이런 경우 품사의 통용의 관점을 적용하여 '관형어'로 보기도 하고 품사의 통용의 관점을 적용하지 않고 '부사어'로 보기도 한다. 학자의 견해에 따라 이견이 있을 수 있는 부분이다. 이 문제에서는 다른 선택지들과의 관계를 고려해 보았을 때 관형어로 보는 관점으로 출제하였다고 판단하여 문제를 푸는 것이 합리적이다.
③ '-던'은 용언의 어간 뒤에 붙어 앞말이 관형어 구실을 하게 만들고 과거의 어떤 상태를 나타내는 어미이다. 따라서 전체 문장의 관점에서 보면 '잘되던'은 '관형어'이다. 또한 '(일이) 잘되던'의 구성으로 본다면 관형절의 '서술어' 역할도 하고 있다.
④ '공부'는 체언 단독으로 다른 체언을 수식하는 관형어이다.

## 08 ③

**정답해설** '-(으)ㄴ들'은 '-ㄴ다고 할지라도'의 뜻을 나타내는 연결 어미로 어떤 조건을 양보하여 인정한다고 하여도 그 결과로서 기대되는 내용이 부정됨을 나타낸다. 예를 들어, 뒤 절에는 '선생님이 떠나신들 설마 우리를 잊으시겠니?'와 같이 물음을 나타내나 답변을 요구하지 아니하고 강한 긍정 진술을 내포하고 있는 수사 의문문의 형태가 나타난다.

**오답해설** ① '-거든'은 앞 절의 사실과 뒤 절의 사실을 비교하여, 앞 절의 사실이 이러하니 뒤 절의 사실은 더욱 당연히 어떠하다는 뜻을 나타내는 연결 어미로 쓰이며, 흔히 뒤에는 의문 형식이 온다.
예 '까마귀도 어미의 은혜를 알거든, 사람이 부모의 은혜를 모르겠느냐?'
② '-라도'는 설사 그렇다고 가정하여도 다른 경우와 마찬가지로 상관없음을 나타내는 연결 어미로 '그것이 금덩이라도 나는 안 가진다.'와 같이 '이다', '아니다'의 어간이나 어미 '-으시', '-더-', '-으리-' 뒤에 붙어 쓴다.
④ 앞 절의 사태가 뒤 절의 사태에 앞선 것임을 강조하거나 앞의 사실을 전제하지 않으면 뒤의 사실이 성립하지 않음을 나타내는 연결 어미 '-고서' 뒤에는 시제를 나타내는 '-았-/-었-', '-겠-', '-더-' 등의 어미가 붙을 수 없다.

## 09 ②

**정답해설** ㉠ '결정'은 목적격 조사가 생략된 형태로 목적어이다. 한국어에서 목적격 조사가 생략되는 경우는 흔하게 나타난다.
㉡ '할머니도'는 주격 조사가 생략되고 보조사 '도'가 결합한 형태로 주어이다.
㉣ '아무도'는 보조사 '도'가 결합한 형태로 주어이다.

**오답해설** ㉢ '동창회에서는' 처소의 부사어임을 나타내는 격조사 '에서'가 결합한 형태로 부사어이다.
㉤ '희한하게도'는 부사어와 서술어를 수식하는 부사어이다.

## 10 ④

**정답해설** ㉤ '달리'의 품사는 부사이고, 문장 성분은 부사어이다.

**오답해설** ① ㉠ '보통'은 '특별하지 아니하고 흔히 볼 수 있음 또는 뛰어나지도 열등하지도 아니한 중간 정도'를 의미하는 명사로 뒤에 체언 '솜씨'를 수식하는 관형어이다.
㉣ '보통'은 '일반적으로 또는 흔히'를 의미하는 부사로 문장 전체를 수식하는 부사어이다.
② ㉡ '아니다'는 보격 조사 '이/가'를 필수적으로 취하는 서술어이므로 '솜씨가'는 보어이다.
③ ㉢ '이'는 관형사, 관형어이다.

## 11 ③

**정답해설** ③ ㉢ '전부는'은 이 문장에서 보어로 쓰인다. 보어는 서술어 '되다', '아니다' 앞에서 보격 조사 '이/가'를 취하여 나타나는 것이 원칙이지만, '전부는'과 같이 보격 조사 자리에 보조사 '은/는'도 올 수 있다.

**오답해설** ① ㉠ '빌려주다'는 '~을 ~에/에게'와 같은 형태로 쓰이므로 '수아에게'는 부사어이며 필수적 성분이다.
② ㉡ '너까지도'는 보조사 '까지'와 '도'가 결합된 형태로 문장에서 주체를 나타내므로 주어이다.
④ ㉣ '저자와의'는 조사 '와'와 앞 체언이 관형어 구실을 하게 하는 격조사 '의'가 결합된 형태로 뒤의 체언을 수식하는 관형어이다.

## 12 ②

**정답해설** ㉡은 '그녀가 유명한 사업가임'의 명사절과 그 명사절을 안은 '(그녀가 유명한 사업가임)을 아는'의 관형절이 안겨 있다.

**오답해설** ① ㉠은 '우리가 시장에서 산'의 관형절과 '값이 싸다'의 서술절이 안겨 있다.
③ ㉢ '새벽 산책을 하기'의 명사절에 부사격 조사 '에'가 붙어 부사어의 역할을 한다.
④ ㉣은 앞뒤 절의 두 사실 간에 계기적인 관계가 있음을 나타내는 연결 어미 '-여서'가 붙은 종속적으로 이어진문장이며, 뒤 절에는 '복잡하고 어려운'의 관형절이 안겨 있다.

## 13 ③

**정답해설** ③ ㉢과 ㉤은 문법적으로 앞말이 서술어와 호응하는 주어임을 나타내는 주격 조사 '이', '서'가 각각 결합한 것으로 문장에서 주어로 쓰인다.

**오답해설** ① ㉠ '너무'는 관형어 '헌'을 수식하는 부사어이다.
② ㉡ '엄마와'는 이 문장에서 생략하면 문법에 맞지 않으므로 생략이 불가능한 필수 부사어이다.
④ ㉣ '너만은'은 보조사 '만은'과 결합한 형태로 이 문장의 서술어 '믿다'의 대상이 되는 목적어이다.

## 14 ③

**정답해설** ③ ㉢ '선행되어야 하며'가 서술어인 문장은 '전문가의 처방에 따른 식단 세우기가 선행되어야 한다'이다. 주어는 '(전문가의 처방에 따른) 식단 세우기'로 명사형 어미 '-기'가 붙은 명사절이다.

**오답해설** ① ㉠ '유지하기'가 서술어인 문장은 '건강을 지속적으로 유지하다'로 목적어는 '건강을'이다.
② ㉡ '원한다면'이 서술어인 문장은 '건강을 지속적으로 유지하기(를) 원한다'로 목적어는 명사형 어미 '-기'가 붙은 명사절이다.
④ ㉣ '되어야 한다'가 서술어인 문장에서 '식단을 철저하게 지키는'은 '사람'을 수식하는 관형어의 기능을 하며 명사절이 아닌 관형절이다.

## 15 ④

**정답해설** ④ '-(으)마'는 약속을 표현하는 평서문이다.

**오답해설** ① '-(으)ㄹ라'는 청자로 하여금 조심하거나 경계할 것을 드러내는 명령형 종결 어미이다.
② '-(으)라'는 매체를 통해 이루어지는 특수한 명령문으로 간접 명령문이라고 한다.
③ '-(으)려무나, -(으)렴'은 허락의 뜻을 나타내는 명령문으로 허락 명령문이라고 한다.

## 16 ③

**정답해설** ㉠ '-오'는 하오할 자리에 쓰이는 종결 어미로 하오체는 상대방을 보통 높이는 높임법이다. ㉢의 '요'는 청자에게 존대의 뜻을 나타내는 보조사이다.

**오답해설** ① ㉠의 '-오'는 하오할 자리에 쓰여, 설명·의문·명령의 뜻을 나타내는 종결 어미이다.
② ㉡의 '-요'는 '이다', '아니다'의 어간 뒤에 붙어 어떤 사물이나 사실 따위를 열거할 때 쓰이는 연결 어미이다.
④ ㉢은 보조사로 생략이 가능하지만, ㉠은 종결 어미이므로 생략이 불가능하다.

## 17 ③

**정답해설** ③ '마주치다'는 '…과 마주치다'와 같이 주어, 부사어를 필수적으로 요구하는 두 자리 서술어이다.

**오답해설** ① '놓다'는 '~가 ~에 ~을 놓다'와 같이 주어, 부사어, 목적어를 필수적으로 요구하는 세 자리 서술어이다.
② '바치다'는 '~가 ~에 ~을 바치다'와 같이 주어, 부사어, 목적어를 필수적으로 요구하는 세 자리 서술어이다.
④ '같이하다'는 '~가 ~과 ~을 같이하다'와 같이 주어, 부사어, 목적어를 필수적으로 요구하는 세 자리 서술어이다.

## 18 ③

**정답해설** '-게'는 하게할 자리에 쓰여, 손아래나 허물없는 사이에 무엇을 시키는 뜻을 나타내는 명령형 종결 어미이다.

**오답해설** ①, ② '-ㅂ시다'는 하오할 자리에 쓰여, 어떤 행동을 함께 하자는 뜻을 나타내는 종결 어미이다. 청유문은 보통 서술어의 행동을 화자와 청자가 공동으로 하도록 유발하는 것이지만, 간혹 화자만 행하기를 바라거나 청자만 행하기를 바랄 때에도 쓰인다.
④ '-세'는 하게할 자리에 쓰여, 어떤 행동을 함께하자는 뜻을 나타내는 종결 어미로 동사 '젊어지다'의 뒤에 붙어 청유형 종결 어미로 쓰였다.

## 19 ①

**정답해설** 〈보기〉의 '밝다'는 '~가 ~에 밝다'와 같이 주어, 부사어를 필수적으로 요구하는 두 자리 서술어이다.
① '다르다'도 '~가 ~과 다르다'와 같이 주어, 부사어를 필수적으로 요구하는 두 자리 서술어이다.
▶ '다르다'는 의미에 따라 서술어의 자릿수가 달라질 수 있다. '보통의 것보다 두드러진 데가 있다.'를 의미하는 '다르다'는 한 자리 서술어이다.

**오답해설** ② '붙이다'는 '붙다'의 사동사로 '~가 ~에 ~을 붙이다'와 같이 주어, 부사어, 목적어를 필수적으로 요구하는 세 자리 서술어이다.
③ '넣다'는 '~가 ~에 ~을 넣다'와 같이 주어, 부사어, 목적어를 필수적으로 요구하는 세 자리 서술어이다.
④ '여기다'는 '~가 ~을 -고 여기다'와 같이 주어, 목적어, 부사어를 필수적으로 요구하는 세 자리 서술어이다.

## 20 ④

**정답해설** ④ '아름다운'은 형용사 '아름답다'에 앞말이 관형어 구실을 하게 하고 현재의 상태를 나타내는 어미 '-ㄴ'이 붙은 것으로 현재 시제이다.

**오답해설** ① '내렸다'는 '내리었다'의 준말로, 이야기하는 시점에서 볼 때 사건이나 행위가 이미 일어났음을 나타내는 어미 '-었-'이 쓰였다.
② '익은'의 '-은'은 앞말이 관형어 구실을 하게 하고 동작이 과거에 이루어졌음을 나타내는 어미이다.
③ '잡은'의 '-은'은 앞말이 관형어 구실을 하게 하고 동작이 과거에 이루어졌음을 나타내는 어미이다.

## 21 ④

**정답해설** 홑문장은 주어와 서술어의 관계가 한 번만 맺어져 있는 문장의 짜임새를 말한다. 문장에서 주어 '두 사람은'과 서술어 '마주쳤다'의 관계가 한 번만 나타나므로 ④는 홑문장이다.

**오답해설** ① 부사어 역할을 하는 부사절 '비 오듯이'를 안은문장이다.
② '-자'는 한 동작이 막 끝남과 동시에 다른 동작이나 사실이 잇따라 일어남을 나타내는 연결 어미로 종속적으로 이어진문장이다.
③ '(개나리가) 노란'의 관계 관형절을 안은문장으로 갖고 이 관형절의 수식을 받는 체언 '개나리'가 관형절의 내부 성분(주어)이지만 생략되어 있는 상태이다.

## 22 ④

**정답해설** ④ ㉠ '뜯기고'는 '털이나 모여 나는 풀 따위를 뽑거나 떼게 하다.'를 의미하며 '뜯다'의 사동사이다.
㉡ '뜯겼는지'는 '벌레 따위에게 피가 빨리다.'를 의미하며 '뜯다'의 피동사이다.

**오답해설** ① ㉠ '업혀'는 '사람이나 동물 따위가 다른 사람이나 동물의 등에 매달려 붙어 있게 되다.'를 의미하며 '업다'의 피동사이다.
㉡ '업혀'는 '어떤 사람이 다른 사람에게 또 다른 사람을 업게 하다.'를 의미하며 '업다'의 사동사이다.
② ㉠ '끌리다시피'는 '바닥에 닿은 채로 잡아당겨지다.'를 의미하며 '끌다'의 피동사이다.
㉡ '끌려'는 '관심 따위가 쏠리다.'를 의미하며 '끌다'의 피동사이다.
③ ㉠ '들려'는 '손에 가지게 하다.'를 의미하며 '들다'의 사동사이다.
㉡ '들렸더니'는 '다른 사람의 말이나 소리를 듣게 하다.'를 의미하며 '듣다'의 사동사이다.

## 23 ②

**정답해설** ② ㉠ '이 방은 넓은데 저 방은 좁다.'는 앞뒤 문장의 순서가 바뀌어도 동일한 의미를 가지므로 대등하게 이어진문장이다.
㉡ '눈이 오는데 차를 몰고 나가도 될까?'의 '-는데'는 뒤 절에서 어떤 일을 묻기 위하여 그 대상과 상관되는 상황을 미리 말할 때에 쓰는 연결 어미이므로, 이 문장은 종속적으로 이어진문장이다.

**오답해설** ① ㉠ '가는 말이 고와야 오는 말이 곱다.'의 '-아야'는 앞 절의 일이 뒤 절 일의 조건임을 나타내는 연결 어미이므로 이 문장은 종속적으로 이어진문장이다.
㉡ '혹시 길이 미끄럽거든 내게 꼭 기별을 해라.'의 '-거든'은 '어떤 일이 사실이면', '어떤 일이 사실로 실현되면'의 뜻을 나타내는 연결 어미이므로, 이 문장은 종속적으로 이어진 문장이다.
③ ㉠ '내일 날씨가 좋으면 소풍을 가겠다.'의 '-으면'은 불확실하거나 아직 이루어지지 아니한 사실을 가정하여 말할 때 쓰는 연결 어미이므로, 이 문장은 종속적으로 이어진문장이다.
㉡ '그는 늦게까지 공부하다가 깜박 잠이 들었다.'의 '-다가'는 어떤 동작이나 상태 따위가 중단되고 다른 동작이나 상태로 바뀜을 나타내는 연결 어미이므로, 이 문장은 종속적으로 이어진문장이다.
④ ㉠ '나는 사과는 좋아하지만, 수박은 싫어한다.'는 앞뒤 문장의 순서가 바뀌어도 동일한 의미를 가지므로 대등하게 이어진 문장이다.
㉡ '그 아이가 형이겠고 이 아이가 동생이겠다.'는 앞뒤 문장의 순서가 바뀌어도 동일한 의미를 가지므로 대등하게 이어진 문장이다.

## 24 ①

**정답해설** 예를 들어, '눈으로 대상의 존재나 형태적 특징을 알다'를 의미하는 능동사 '보다'는 '…을 보다'와 같이 두 자리 서술어이지만, '눈으로 대상의 존재나 형태적 특징을 알게 되다.'를 의미하는 피동사 '보이다'는 한 자리 서술어이다. 따라서 능동문이 피동문으로 전환될 때 서술어의 자릿수에 변화가 나타난다.

**오답해설** ② 사동 접사는 타동사, 자동사, 형용사와 모두 결합이 가능하다.
③ 예를 들어, 접미사 '-히-'는 '읽다'의 어근에 붙어 '읽히다'를 만들 수 있지만, '살다'의 어근에는 붙지 못한다.
④ 능동문이 피동문이 될 때, 행위의 주체가 부사어로 나타나거나 생략될 수 있다.

## 25 ④

**정답해설** ④ '보호자가'는 서술어 '아니다'를 보충해 주는 보어이다. 따라서 이 문장은 '그(관형어) 사람은(주어), 나의(관형어), 보호자가(보어), 아니다(서술어)'로 이루어진 홑문장이다.

**오답해설** ① '너 없이'가 부사어의 역할을 하므로 부사절을 안은문장이다.
② '푸른'이 '바다'를 수식하는 관형어의 역할을 하므로 관형절을 안은문장이다.
③ '그을음이 많이 난다.'가 문장에서 서술어의 역할을 하므로 서술절을 안은문장이다.

## 26 ④

**정답해설** '졸리는'은 '조르다'의 피동사로 '동이거나 감은 것이 단단히 죄이다.'를 의미한다.

**오답해설** ① '날리다'는 '날다'의 사동사로 '공중에 띄워서 어떤 위치에서 다른 위치로 움직이게 하다.'를 의미한다.
② '놀려서'는 '놀다'의 사동사로 '신체 부위를 일정하게 움직이게 하다.'를 의미한다.
③ '맞혔다'는 '맞다'의 사동사로 '물체를 쏘거나 던져서 어떤 물체에 닿게 하다 또는 그렇게 하여 닿음을 입게 하다.'를 의미한다.

## 27 ③

**정답해설** ③ ㉠의 '라디오에서 뉴스를 듣다.'의 문장에서는 주어가 생략되었지만, ㉡에서는 '아무도'가 주어이므로 주어가 생략되지 않았다.

**오답해설** ① ㉠은 앞 절과 뒤 절이 종속적으로 이어진문장이며, ㉡은 명사절을 안은문장이다.
② ㉡ '이 호수의 수심이 깊음'이 문장에서 목적어의 역할을 하는 명사절이다.
④ ㉠은 앞 절과 뒤 절이 종속적으로 이어진문장이고 뒤 절은 '화가 난'이 관형어 역할을 하는 관형절로 안겨 있다.

## 28 ①

**정답해설** '선부군(先父君)'은 남에게 돌아가신 자기 아버지를 이르는 말인 '선친(先親)'의 높임말이다. 살아 계신 남의 아버지를 높여 이르는 말은 '춘부장(椿府丈)'이다.

**오답해설** ② 직장에서는 압존법이 적용되지 않으므로 윗사람을 그보다 윗사람에게 지칭하는 경우 주체를 높이는 '-시-'를 넣어 높여 말해야 한다. '따라서 외근 나가셨습니다'와 같이 '시'를 사용하여 전무님 앞에서 과장님을 높이는 것은 예절에 맞는 표현이다.
③ '주문하신 음료(가) 나왔습니다'의 구성이 된다. 주어인 '음료'와 관련하여 간접높임을 사용하지 않고 있다. 이는 적절한 표현이다. 간접높임을 사용하지 않아도 되는 상황에 과하게 사용하는 경우가 있다. 예를 들어, '주문하신 음료 나오셨습니다'와 같은 경우이다. 이런 표현은 잘못된 표현이다.
④ '말씀'은 남의 말을 높여 이르는 말도 되지만, 자기의 말을 낮추어 이르는 말도 된다.

## 29 ④

**정답해설** 관형절은 관형절 내의 성분이 생략되어 있는 관계 관형절과 관형절 내에 생략된 성분이 없는 동격(대등) 관형절로 나뉜다. ④는 '자동차가 전복되다'에 생략된 성분이 없으므로 동격 관형절이며, ①, ②, ③은 모두 관계 관형절이다.

**오답해설** ① <u>내일 할 일은</u>'은 '내일 (일을) 하다'의 목적어가 생략된 형태인 관계 관형절이다.
② <u>어릴 때 먹던 살구가</u>'는 '어릴 때 (살구를) 먹다'의 목적어가 생략된 형태인 관계 관형절이다.
③ <u>공부를 하는 학생들로</u>'는 '(학생들이) 공부를 하다'의 주어가 생략된 형태인 관계 관형절이다.

## 30 ③

**정답해설** ③ 조사 '께서'와 '주셨어요'의 '-시-'는 주체인 할머니를 높이는 표현이고, '-어요'는 높임말 비격식체인 '해요체'로 상대를 높이는 표현이므로 '+주체, -객체, +상대'이다.
참고로 상대 높임은 상대를 높이는 경우와 상대를 낮추는 경우 모두를 포함하는 개념이다. 따라서 문장의 종결 표현과는 관련이 없이 모두 상대 높임이 쓰였다고 볼 수 있다.

**오답해설** ① 조사 '께서'와 '가셨어'의 '-시-'는 주체인 아버지를 높이는 표현이다. '가셨어'의 '-어'는 반말 비격식 '해체'이고 객체를 높이는 표현은 없으므로 '+주체, -객체, +상대'이다.
② '드리셨습니다'의 '-시-'는 주체인 어머니를 높이는 표현이고, 조사 '께'와 '드리다'는 객체인 할머니를 높이는 표현이다. 그리고 '-습니다'는 높임말 격식체인 '하십시오체'로 상대를 높이는 표현이므로 '+주체, +객체, +상대'이다.

④ 조사 '께'와 '드리다'는 객체인 할머니를 높이는 표현이고, '-다'는 반말 격식체인 '해라체'로 상대방을 낮추는 표현이므로 '-주체, +객체, +상대'이다.

## 31 ①

**정답해설** ① '(친구들이) 약속 시간에 늦다'의 주어가 생략된 관형절이다.

**오답해설** ② '(~날에) 그들이 헤어졌다'의 부사어가 생략된 관형절이다.
③ '(은갑에) 장식이 새겨지다'의 부사어가 생략된 관형절이다.
④ '그가 지금 (집에서) 살다'의 부사어가 생략된 관형절이다.

## 32 ③

**정답해설** 웃어른을 대하여 볼 때는 '뵙다'를 사용하는 것이 적절하다.

**오답해설** ① 선생님을 높이는 '약주', '드시다', '댁', '모시다'를 적절히 사용하였다.
② 선생님을 높이는 '께서', '계시다'를 적절히 사용하였다.
④ 윗사람에게 자기를 낮추어 가리키는 '저'와 어머님을 높이는 '-시-', '말씀'을 적절히 사용하였다. '그이'는 아이가 없는 부인이 시부모를 상대하여 남편을 가리킬 때 '아비', '아범' 대신 쓸 수 있다.

## 33 ②

**정답해설** ② ㉡은 '보기와 달리'의 부사절과 '그는 마음이 여리다'의 구성에서 '마음이 여리다'의 서술절을 안은문장이다.

**오답해설** ① ㉠은 '혼자서 이 일을 하기'의 명사절을 안은문장으로, 안긴문장이 서술어 '어렵다'에 호응하는 주어이다.
③ ㉢은 '내가 선물했던'의 관형절을 안은문장이며, '내가 (시계를) 선물했다'의 목적어가 생략되었다.
④ ㉣은 '동격 관형절'이므로 문장 내부에 생략된 성분을 찾기 어렵다. 즉, 관형절의 수식을 받는 '사실'이 관형절 내부의 문장 성분이 아니다.

## 34 ①

**정답해설** ㉠ '당신'은 '자기'를 높여 이르는 말이므로 서술어인 '다루었다'도 '다루셨다'와 같이 '-시-'를 써 높여야 한다.
㉢ '집'을 높여 이르는 말인 '댁'으로 쓰는 것이 적절하다.
㉣ 객체인 회장님을 높이는 '만나 뵐'로 쓰는 것이 적절하다.
㉥ '여쭈다'는 웃어른에게 말씀을 올린다는 의미이므로 '물어 보세요'로 쓰는 것이 적절하다.

**오답해설** ㉡ 할머니를 높이는 '연세', '-시-', '께서', '잡수시다'가 적절하게 사용되었다.
㉤ 할머니를 높이는 '께', '드리다'가 적절하게 사용되었다.

## 35 ④

**정답해설** ④ 부사어 역할을 하는 부사절 '아무 말도 없이'를 안은문장이다.

**오답해설** ① '봤는데도'는 연결 어미 '-는데'에 보조사 '도'가 붙은 형태로 앞 절과 뒤 절의 내용을 대립되도록 이어주므로 종속적으로 이어진문장이다.
② '안되니까'의 '-니까'는 앞말이 뒷말의 원인이나 근거, 전제 따위가 됨을 나타내는 종속적 연결 어미 '-니'를 강조하여 이르는 말이다. 따라서 이 문장은 종속적으로 이어진문장이다.
③ '-면'은 불확실하거나 아직 이루어지지 않은 사실을 가정하여 말할 때 쓰는 연결 어미로 이 문장은 종속적으로 이어진문장이다.

## 36 ④

**정답해설** ㉡에는 주체 높임을 나타내는 특수한 어휘 '잡수시다'가 있지만, ㉠에는 주체 높임을 나타내는 특수한 어휘가 없다. 주체 높임을 나타내는 특수한 어휘는 '계시다', '잡수시다', '주무시다', '돌아가시다' 등이 있다.

**오답해설** ① ㉠은 앞말이 간접 인용되는 말임을 나타내는 격 조사 '고'가 붙어 형성된 인용절을 안은문장이고, ㉡은 '내가 정성스럽게 만든'이라는 관형절을 안은문장이다.
② ㉠에는 관형사 '무슨'이 있고, ㉡에는 부사 '많이'가 있으므로 ㉠, ㉡에는 모두 수식언이 있다.
③ ㉠의 '하셨대(하시었대)'의 '-었-', ㉡의 '잡수셨대(잡수시었대)'의 '-었'은 모두 과거 시제를 나타내는 어미이다. 또 ㉡의 '만든'의 '-ㄴ'은 앞말이 관형어 구실을 하게 하고, 사건이나 행위가 과거 또는 말하는 이가 상정한 기준 시점보다 과거에 일어남을 나타내는 어미이다.

## 37 ④

**정답해설** ㉡ '-아서'는 이유나 근거를 나타내는 연결 어미로 '햇빛이 좋아서 춥지는 않겠어.'는 종속적으로 이어진문장이다.
㉤ '-니'는 앞말이 뒷말의 원인이나 근거, 전제 따위가 됨을 나타내는 연결 어미로, '여행 이야기를 하니 우리의 춘천 여행이 생각난다.'는 종속적으로 이어진문장이다.

**오답해설** ㉠ '지'는 어떤 일이 있었던 때로부터 지금까지의 동안을 나타내는 말로 의존 명사이다.

ⓒ '-지'는 그 움직임이나 상태를 부정하거나 금지하려 할 때 쓰이는 연결 어미로, 이 문장에서는 본용언 '춥다'와 보조 용언 '않다'를 연결해 주는 역할을 한다. 본용언과 보조 용언의 결합은 하나의 서술어로 보므로 ⓒ은 겹문장을 만드는 어미가 아니다.
ⓔ '-지'는 해할 자리에서 쓰여, 어떤 사실을 묻는 뜻을 나타내는 종결 어미로, '민호는 언제 돌아오지?'는 홑문장이다.

## 38 ②

**정답해설**
• 하십시오체
㉠ '-십시오'는 하십시오할 자리에 쓰여, 정중한 명령이나 권유를 나타내는 종결 어미이다.
ⓒ '-ㅂ니까'는 하십시오할 자리에 쓰여, 의문을 나타내는 종결 어미이다.
• 하오체
ⓒ '-소'는 하오할 자리에 쓰여, 설명·의문의 뜻을 나타내는 종결 어미이다.
• 해체
ⓔ '-로군'은 해할 자리나 혼잣말에 쓰여, 화자가 새롭게 알게 된 사실에 주목함을 나타내는 종결 어미이다.
ⓜ '-어'는 해할 자리에 쓰여, 어떤 사실을 서술하거나 물음·명령·청유를 나타내는 종결 어미이다.

**오답해설** ⓔ의 '요'는 보조사이다.

## 39 ①

**정답해설** '그녀가 오지 않을 것임'은 목적어의 역할을 하는 명사절로 이와 같은 기능을 하는 안긴문장이 포함된 것은 ①이다. '무엇을 먹을지'는 목적격 조사 '를'이 생략된 형태로 '결정하다'의 목적어로 쓰였다.

**오답해설** ② '주식으로 돈을 벌기'는 주어의 역할을 하는 명사절이다.
③ '할머니께서 주신'은 '떡'을 수식하는 관형어의 역할을 하는 관형절이다.
④ '일이 많다'는 앞말이 간접 인용되는 말임을 나타내는 격 조사 '고'가 붙은 인용절이다.

## 40 ①

**정답해설** ㉠ '-으니만큼'은 앞말이 뒷말의 원인이나 근거가 됨을 나타내는 연결 어미이다.

**오답해설** ② '청소하거나 정리하다'를 의미하는 ⓒ '치우다'의 사동사는 '치이다'로 ⓒ '치이다'와 의미는 다르지만 형태는 같다. ⓒ '치이다'는 '무거운 물건에 부딪히거나 깔리다'를 의미하는 동사이다.

③ ⓔ 한 형태소 안이나 합성어에서는 구개음화가 일어나지 않는다.
④ ⓜ '-스럽다'는 '그러한 성질이 있음'의 뜻을 더하고 형용사를 만드는 접미사이다.

## 41 ④

**정답해설** ④ '비 오듯이'라는 안긴문장이 부속 성분인 부사어로 쓰였다.

**오답해설** ① '덕망이 높으시다'라는 안긴문장이 주성분인 서술어로 쓰였다.
② '어떻게 사느냐'라는 안긴문장이 주성분인 주어로 쓰였다.
③ '자식이 행복하기'라는 안긴문장이 주성분인 목적어로 쓰였다.

## 42 ④

**정답해설** '어머니'는 '시어머니'를 친근하게 이르거나 부르는 말이며, '새아가'는 시부모가 새 며느리를 정답게 부르는 말로 쓰임이 적절하지만, '여기 앉으셔서 절 받으세요.'와 같이 말하는 것은 불필요하고 좋지 않은 말이다.

**오답해설** ① 장인은 사위에게 'ㅇ 서방'이라고 부를 수 있고, 사위는 장인을 부를 때 '장인어른', '아버님'이라 할 수 있다.
② 생신을 축하하는 말로 '더욱 강녕하시기 바랍니다.', '내내 건강하시기 바랍니다.'는 괜찮은 표현이다.
③ 문병할 때 '좀 어떠십니까?', '얼마나 고생이 되십니까?' 등으로 인사를 하는데, 불의의 사고를 당했을 때는 '불행 중 다행입니다.' 하고 인사를 한다.

## 43 ④

**정답해설** ④ '비가 오기'라는 목적어의 역할을 하는 명사절이 안긴문장이다.

**오답해설** ① '주기적으로 운동하기'라는 주어의 역할을 하는 명사절이 안긴문장이다.
② '태어났던'이라는 관형어의 역할을 하는 관형절이 안긴문장이다.
③ '아무 말이 없이'는 '갔다'라는 서술어를 수식해 주며 부사어의 역할을 하는 부사절이다. 따라서 부사절이 안긴문장이다.

## 44 ②

**정답해설** '-니'는 앞말이 뒷말의 원인이나 근거, 전제 따위가 됨을 나타내는 연결 어미로 ②는 이어진문장이고, ①, ③, ④는 각각 관형절, 관형절, 부사절을 안은문장이다.

**오답해설** ① '예전에 봤던'이 '영화'를 수식하며 관형어 역할을 하는 관형절이다.
③ '추운'은 '겨울'을 수식하며 관형어 역할을 하는 관형절이다.
④ '신발 뒤창이 다 닳도록'은 부사어의 역할을 하는 부사절이다.

## 45 ③

**정답해설** ㉢ '아이들이 집에 도착했다는'은 '연락'을 수식하는 관형절로 관형절 내에 생략된 성분이 없지만, ㉡ '우유를 마신'은 '(아이가) 우유를 마시다.'의 주어가 생략된 관형절이다. 따라서 ㉢의 안긴문장에는 생략된 성분이 없지만, ㉡의 안긴문장에는 생략된 성분이 있다.

**오답해설** ① ㉠은 '눈이 부시게'라는 부사어의 역할을 하는 부사절이 안긴문장이며, ㉡은 '우유를 마신'이라는 관형어의 역할을 하는 관형절이 안긴문장이므로 둘 다 수식하는 기능을 가진다.
② ㉠의 안긴문장 '눈이 부시게'에는 목적어가 없지만, ㉡의 안긴문장 '우유를 마신'에는 '마시다'의 대상이 되는 목적어 '우유를'이 있다.
④ ㉢의 안긴문장 '아이들이 방금 집에 도착했다는'에는 문장 구성에서 꼭 있어야 하는 필수 부사어인 '집에'가 있다.

## 46 ②

**정답해설** '배추가'에 대한 서술어는 '시장이 만 원이 싸다'이고 이는 서술절에 해당한다. '시장이'에 대한 서술어는 '만 원이 싸다'이고 이 또한 서술절에 해당한다. 즉, 서술절 속에 서술절을 안고 있는 문장이 된다.
② '토끼가'에 대한 서술절이 '귀가 길이가 길다'이고 다시 '귀가'에 대한 서술절이 '길이가 길다'이다. 이 역시 서술절 속에 서술절을 안은 문장이 된다.

**오답해설** ① '선창에서 일자리만 나기'는 명사형 어미 '-기'가 붙은 형태로 문장에서 목적어의 역할을 하는 명사절이다.
따라서 ①은 명사절을 안은문장이다.
③ '수입에 상관없이'는 부사를 만드는 접미사 '-이'가 붙은 형태로 부사어의 역할을 하는 부사절이다.
따라서 ③은 부사절을 안은문장이다.
④ '그것이 내 잘못임'은 명사형 어미 '-ㅁ'이 붙은 형태로 문장에서 목적어의 역할을 하는 명사절이다.
따라서 ④는 명사절을 안은문장이다.

## 47 ②

**정답해설** ② '-세'는 하게할 자리에 쓰여, 어떤 행동을 함께 하자는 뜻을 나타내는 청유형 종결 어미이다.

**오답해설** ① '-게'는 하게할 자리에 쓰여, 손아래나 허물없는 사이에 무엇을 시키는 뜻을 나타내는 명령형 종결 어미이다.
③ '-오'는 하오할 자리에 쓰여, 명령의 뜻을 나타내는 종결 어미이다.

④ '-으라'는 하라체를 사용할 자리에 쓰여, 구체적으로 정해지지 아니한 청자나 독자에게 책 따위의 매체를 통하여 명령의 뜻을 나타내는 종결 어미이다.

## 48 ④

**정답해설** ④ '훌륭하신'은 형용사의 어간에 현재의 상태를 나타내는 관형사형 어미 '-ㄴ'이 결합한 형태이다.

**오답해설** ① '짠'은 동사의 어간에 사건이나 행위가 과거에 일어남을 나타내는 관형사형 어미 '-ㄴ'이 결합한 형태이다.
② '떠든'은 동사의 어간에 사건이나 행위가 과거에 일어남을 나타내는 관형사형 어미 '-ㄴ'이 결합한 형태이다.
③ '심은'은 동사의 어간에 동작이 과거에 이루어졌음을 나타내는 관형사형 어미 '-은'이 결합한 형태이다.

## 49 ④

**정답해설** ④ '-시키다'는 '사동'의 뜻을 더하고 동사를 만드는 접미사로 주로 자동사를 타동사로 바꾸어 사동 의미를 더해 준다. '화해시키다'는 '~과 화해하다'의 자동사가 타동사로 바뀌었고 '사동'의 뜻이 더해졌으므로 사동 표현이 바르게 사용된 문장이다.
①, ②, ③은 과도한 사동 표현이다.

**오답해설** ① 그는 자기 친구에게 나를 애인이라고 소개하였다.
② 우리는 빈부 격차를 해소할 방안을 강구하였다.
③ 그는 갖은 노력으로 유통 경로를 단축하였다.

## 50 ④

**정답해설** ④ ㉠ '건물이나 집 따위를 일정한 방향이나 장소에 자리를 잡게 하다.'의 의미로 '앉다'의 사동사이다.
㉡ '어떤 직위나 자리를 차지하게 하다.'의 의미로 '앉다'의 사동사이다.

**오답해설** ① ㉠ '보였다'는 '눈으로 대상의 존재나 형태적 특징을 알게 되다.'의 의미로 '보다'의 피동사이다.
㉡ '보였다'는 '눈으로 대상의 존재나 형태적 특징을 알게 하다.'의 의미로 '보다'의 사동사이다.
② ㉠ '안겼다'는 '두 팔을 벌린 가슴 쪽으로 끌어당겨지거나 그렇게 되어 품 안에 있게 되다.'의 의미로 '안다'의 피동사이다.
㉡ '안겼다'는 '손해나 빚 또는 책임을 맡게 하다.'의 의미로 '안다'의 사동사이다.
③ ㉠ '찢겼다'는 '물체가 잡아당겨서 갈리다.'의 의미로 '찢다'의 피동사이다.
㉡ '찢겼다'는 '동생에게 인형을 만들 헝겊을 찢겼다.'의 의미로 '찢다'의 사동사이다.

## 51 ②

**정답해설** ② '알려지다'는 '알다'에 사동 접사 '-리-'가 붙은 '알리다'에 통사적 피동문의 표현인 '-어지다'가 붙은 것으로 '어떤 사물 또는 사람의 이름, 특징, 업적 따위를 다른 사람들이 널리 알게 되다.'를 의미한다.

**오답해설** ① '보여집니다'는 피동 접사 '-이-'에 통사적 피동문의 표현인 '-어지다'가 중복되어 나타난 이중 피동의 오류로 잘못된 표현이다.
③ '풀려진'은 피동 접사 '리'에 통사적 피동문의 표현인 '-어지다'가 중복되어 나타난 이중 피동의 오류로 잘못된 표현이다.
④ '잊혀진'은 피동 접사 '-히-'와 통사적 피동문의 표현인 '-어지다'가 중복되어 나타난 이중 피동의 오류로 잘못된 표현이다.

## 52 ④

**정답해설** ④ ⓒ의 '묻다'는 '물건을 흙이나 다른 물건 속에 넣어 보이지 않게 쌓아 덮다.'를 의미하는 동사로 이에 대응하는 피동사는 있지만, 사동사는 없다.

**오답해설** ① ㉠의 '묻히다'는 '묻다'의 사동사로 파생 접사 '-히-'가 붙은 파생어이며, '가루, 풀, 물 따위를 그보다 큰 다른 물체에 들러붙게 하거나 흔적을 남기다.'를 의미한다.
② ㉡의 '묻히다'는 '묻다'의 피동사로 파생 접사 '-히-'가 붙은 파생어이며, '일이 속 깊이 감추어져 드러나지 않게 되다.'를 의미한다.
③ '묻히다'는 '~가 ~에 묻히다'의 구성을 보이는 두 자리 서술어이다.

## 53 ②

**정답해설** ② ㉠은 '안' 부정문으로 객관적인 사실을 부정하는 '단순 부정'과 동작 주체의 의도를 부정하는 '의도 부정'을 나타낸다. 화자의 능력을 부정하는 것은 '못' 부정문이므로 옳지 않은 설명이다.

**오답해설** ① 부정문은 길이에 따라 부정 부사 '안', '못'으로 실현되는 짧은 부정문과 부정 용언 '-지 않다', '-지 못하다'로 실현되는 긴 부정문으로 나뉜다.
③ 명령문과 청유문의 부정에는 '말다' 부정문이 쓰이며, 서술어가 형용사인 경우 성립하지 않는다.
▶ 문장의 서술어가 형용사라도 '덥지만 마라'와 같이 기원이나 희망을 나타낼 때 쓰는 경우가 있지만 일반적으로 동사의 부정만 가능하다고 본다.
④ 부정 부사와 부정 용언을 사용한 이중 부정으로 한 문장 안에 부정 표현이 두 번 사용되어 내용적으로 긍정이 되는 부정법이다.

## 54 ④

**정답해설** 조사 '께'와 '드리다'는 객체인 할아버지를 높이는 표현이고, '드리셨요습니다'의 '-시-'는 주체인 어머니를 높이는 표현이고, '-습니다'는 상대 높임법 중 높임말인 하십시오체의 어미이다. 따라서 ④는 주체, 객체, 상대를 모두 높이고 있다.

**오답해설** ① 조사 '께서'와 '하셨습니다'의 '-시-'는 주체인 선생님을 높이는 표현이고, '-습니다'는 상대 높임법 중 높임말인 하십시오체의 어미이다.
② 조사 '께'와 '드리다'는 객체인 어머니를 높이는 표현이고, '될까요'의 '요'는 청자에게 존대의 뜻을 나타내는 보조사로 상대 높임의 표현이다.
③ '모시다'는 객체인 할머니를 높이는 표현이고, '-습니다'는 상대 높임법 중 높임말인 하십시오체의 어미이다.

## 55 ①

**정답해설** 조사 '께서'와 '주시다'는 주체인 할머니를 높이는 표현이므로 '+주체'이며, 객체를 높이는 표현은 없으므로 '-객체'이다. '-어요'는 해요체이므로 〈보기〉의 조건에 따라 '+상대'가 된다.

## 56 ④

**정답해설** ㉠ '드리고'는 문장의 객체인 '어머니'를 높이고 있다.
㉡ '왔어요'는 높임말 비격식체 해요체인 어미 '-어요'로 청자인 '할머니'를 높이는 상대 높임 표현이다.
㉢ '진지'는 '밥'의 높임말로 주체인 '할머니'를 높이고 있다.

## 57 ②

**정답해설** '품절이신데'의 '-시-'는 불필요하게 붙은 과잉 높임 표현으로 잘못된 표현이다. 간접적으로 높일 수 있는 대상은 그 사물이 높임의 대상인 인물의 신체 일부라거나, 그 사람의 정체성을 보인다거나, 그 사람의 행동을 뜻하는 표현이거나, 아니면 매우 밀접한 물건인 경우에 한한다고 보는 것이 일반적이다.

## 58 ①

**정답해설** ① '께서'는 주체인 '아버지'를 높이는 표현이고, '뵙다'는 객체인 '선생님'을 높이는 표현이다. 상대 높임법으로는 높임말 비격식 해요체인 '-어요'가 쓰였다.

**오답해설** ② 객체와 상대 높임 표현은 있지만 객체 높임 표현은 없다. 조사 '께'는 객체를 높이는 표현이고, 상대 높임법으로는 높임말 격식 하십시오체인 '-ㅂ니다'가 쓰였다.

③ 주체와 상대 높임 표현은 있지만 객체 높임 표현은 없다. 조사 '께서'와 '주셔'의 '-시-'는 문장의 주체인 '어머니'를 높이는 표현이고, 상대 높임법으로는 반말 비격식 해체인 '주-+-시-+-어'의 '-어'가 쓰였다.
④ 객체 높임과 상대 높임 표현은 있지만 주체를 높이는 표현은 없다. 조사 '께'와 '여쭈었다'는 문장의 객체인 '할머니'를 높이는 표현이고, 상대 높임법으로는 반말 격식 해라체인 '여쭈었다'의 '-다'가 쓰였다.

## 59 ①

**정답해설** ㉠ 상대 높임법, 주체 높임법이 쓰인 문장이다. '께서'와 '계시다'가 주체인 '할아버지'를 높이고 있으며, 상대 높임법으로는 높임말 격식 하십시오체인 '-ㅂ니다'가 쓰였다.
㉡ 상대 높임법, 주체 높임법이 쓰인 문장이다. '께서', '-시-', '주무시다'는 주체인 '어머니'를 높이고 있으며, 상대 높임법으로는 반말 격식 해라체인 '-다'가 쓰였다.

**오답해설** ㉢ 상대 높임법, 객체 높임법이 쓰인 문장이다. '께', '여쭈어보다'는 객체인 '부모님'을 높이고 있으며, 상대 높임법으로는 반말 격식 해라체인 '-니'가 쓰였다.
㉣ 상대 높임법, 주체 높임법, 객체 높임법이 쓰인 문장이다. '께서', '-시-'는 주체인 '할머니'를 높이고 있으며, '께', '드리다'는 객체인 '할아버지'를 높이고 있다. 상대 높임법으로는 반말 격식 해라체 '-다'가 쓰였다.

## 60 ③

**정답해설** ③ '-어요'는 해요체로 상대를 높이는 표현이지만 비격식체의 높임법이다.

**오답해설** ① '-십시오'는 높임말 격식체 하십시오체로 상대를 높이는 표현이다.
② 간접 높임은 주체의 신체 일부, 밀접한 관련이 있는 물건 등을 높임으로써 실제 높임을 받는 주체가 간접적으로 높임 표현을 받는 것으로, ㉡은 주체인 '선생님'의 '키'를 높임으로써 '선생님'을 간접적으로 높이고 있다.
④ ㉣에서는 남에게 자기 어머니를 높여 이르는 말인 '자친'과 '웃어른이나 존경하는 이를 가까이에서 받들다.'를 의미하는 '모시다'를 사용하여 객체 높임을 실현하고 있다.

## 61 ④

**정답해설** 철수는 ㉡에서 종결 어미 '-니'를 쓰는 해라체를 사용하고 있다. 나머지 상황은 모두 해체를 사용하고 있는 경우이다.

**오답해설** ② 간접 높임에서는 '계시다'를 사용하지 않고 '있으시다'를 사용하므로 간접 높임의 상황에 맞게 사용한 표현이다.

## 62 ④

**정답해설** ④ '그는 참 좋은 사람이라는'의 관형어 역할을 하는 관형절이 안긴문장이다.

**오답해설** ① 우리말의 자음 체계는 조음 방법에 따라 '파열음', '파찰음', '마찰음', '비음', '유음'으로 나뉜다.
② 우리말의 문장 성분 중 주성분은 '주어', '목적어', '보어', '서술어'이며, 부속 성분은 '관형어', '부사어'이며, '독립어'는 독립 성분이다.
③ 의존 명사는 의미가 형식적이어서 다른 말 아래에 기대어 쓰이는 명사로 '것', '따름', '뿐' 따위가 있으며, 자립성이 없어 관형어의 수식을 받는다.

## 63 ④

**정답해설** ④ '-래'는 '-라고 해'가 줄어든 말로도 쓰인다. 다만, 이 문장에서 '-래'는 어떤 사실을 주어진 것으로 치고 그에 대한 의문을 나타내는 종결 어미로 놀라거나 못마땅하게 여기는 뜻이 섞여 있다.

**오답해설** ① '-다고 해'가 줄어든 말로 남이 말한 내용을 간접적으로 전달할 때 쓰인다.
② '-자고 해'가 줄어든 말로 같은 구성 방식이다.
③ '-냐고 해'가 줄어든 말로 같은 구성 방식이다.

## 64 ①

**정답해설** ① 국어의 어근, 접사, 어미 등은 첨가어(교착어)적 특징인 형태적 특징을 나타낸다.

**오답해설** ②, ③, ④의 예시는 문장의 짜임새와 관련된 국어의 통사적 특징의 예시를 나타낸다.

## chapter 05 의미론 / 담화론

### 1 의미론

🔒
| 01 ④ | 02 ③ | 03 ④ | 04 ② | 05 ② |
| 06 ② | 07 ③ | 08 ③ | 09 ② | 10 ② |
| 11 ④ | 12 ② | 13 ① | 14 ③ | 15 ② |
| 16 ④ | 17 ④ | 18 ③ | 19 ② | 20 ④ |
| 21 ② | 22 ④ | 23 ③ | 24 ④ | 25 ④ |
| 26 ① |

### 01 ④

**정답해설** ④ '출발 – 도착'은 반의 관계에 있는 두 단어가 맞선 방향을 전제로 하여 이동의 측면에서 대립을 이루는 방향 반의어이다.
①, ②, ③은 모두 각각의 의미 영역이 상호 배타적인 상보 반의어이다.

### 02 ③

**정답해설** 반의 관계 중 상보 반의어에 해당한다. 두 단어는 양분적 대립 관계에 있어 상호 배타적인 영역을 가진다.

**오답해설** ①, ②, ④ 반의 관계 중 방향 반의어에 해당한다. 두 단어는 맞선 방향으로 관계나 이동의 측면에서 대립을 이룬다. 즉, 방향성에 주안점이 있는 대립어이다.

### 03 ④

**정답해설** ④ '맞다'와 '틀리다'를 둘 다 부정하면 모순이 되므로 상보 반의어이다.
①, ②, ③은 모두 대립쌍을 이루는 단어들이 일정한 방향성을 이루고 있으므로 방향 반의어이다.

### 04 ②

**정답해설** '알다/모르다'는 중간 상태가 없는 상보 반의어로 한쪽 단어를 부정하면 곧 다른 쪽 단어를 긍정하는 것이 된다. 그러므로 한 단어의 부정이 다른 쪽 단어의 긍정을 함의한다.

**오답해설** ① '밝다/어둡다'는 등급 반의어로, 중간 상태가 있기 때문에 반의 관계에 있는 두 단어를 동시에 부정하여도 모순되지 않는다.
③ '출발/도착'은 방향 반의어로, '출발하지 않았다'는 '도착하지 않았다'와 의미가 모순되지 않는다.

④ '높다/낮다'는 등급 반의어로, 한 단어의 의미가 다른 쪽 단어의 부정을 함의하지만, 한 단어의 부정이 다른 쪽 단어의 의미를 함의하지 않는다.

### 05 ②

**정답해설** ② '성기다'는 '물건의 사이가 뜨다.'를 의미하고, '빽빽하다'는 '사이가 촘촘하다.'를 의미하므로 이 둘은 반의 관계이다.
①, ③, ④는 모두 유의 관계이다.

**오답해설** ① • 넉넉하다 : 크기나 수량 따위가 기준에 차고도 남음이 있다.
• 푼푼하다 : 모자람이 없이 넉넉하다.
③ • 겸양하다 : 겸손한 태도로 남에게 양보하거나 사양하다.
• 겸사하다 : 겸손하게 사양하다.
④ • 높이다 : ('높다'의 사동사) 질, 수준, 능력, 가치 따위를 더 높은 수준으로 만들다
• 제고하다 : 쳐들어 높이다.

### 06 ②

**정답해설**
• ㉠ 빠르다 : 느리다 – 등급 반의 관계
• ㉡ 남자 : 여자 – 상보 반의 관계
• ㉢ 늙다 : 젊다 – 등급 반의 관계
• ㉣ 뫼 : 산 – 유의 관계
• ㉤ 부모 : 자식 – 방향 반의 관계
• ㉥ 죽사리 : 생사 – 유의 관계

### 07 ③

**정답해설** '보조개'와 '볼우물'은 유의 관계이면서 순우리말이다. '잔나비'와 '원숭이'도 순우리말이므로 '보조개 – 볼우물'과 같은 유의어의 종류가 같다.

**오답해설** ① '정구지'는 '부추'의 방언으로 비표준어이다.
② '호랑이(虎狼이)'는 한자어이다.
④ '해치(獬豸)'는 '해태(獬豸)'의 원말이며 둘 다 한자어이다.

### 08 ③

**정답해설** ㉠~㉥의 '바람'은 모두 소리도 같고 의미도 서로 밀접한 관련이 있는 다의어 관계이다.
두 부류로 나누는 기준은 ㉠, ㉢, ㉤, ㉥은 명사이고 ㉡, ㉣은 의존 명사라는 것이다.

**오답해설** ㉠ 기압의 변화 또는 사람이나 기계에 의하여 일어나는 공기의 움직임. (명사)
㉡ 무슨 일에 더불어 일어나는 기세. (의존 명사)
㉢ 사회적으로 일어나는 일시적인 유행이나 분위기 또는 사상적인 경향. (명사)
㉣ 그 옷차림의 뜻을 나타내는 말. 주로 몸에 차려야 할 것을 차리지 않고 나서는 차림을 이를 때 쓴다. (의존 명사)
㉤ 남을 부추기거나 얼을 빼는 일. (명사)
㉥ 남의 비난의 목표가 되거나 어떤 힘의 영향을 잘 받아 불안정한 일. (명사)

## 09 ②

**정답해설** ② '시계'와 '초침'은 부분 관계로 하나의 단어가 다른 단어의 부분으로 기능하는 관계이다.
①, ③, ④는 모두 상하 관계이다.
▶ 'ㄱ은 ㄴ의 일종이다.'의 관계가 성립되면 상하 관계이고, 성립되지 않으면 부분 관계이다.

**오답해설** ① 비유법은 수사법 중 하나이므로 '수사(修辭) – 비유(比喩)'는 상하 관계를 가진다.
③ 희곡은 문학 중 하나이므로 '문학(文學) – 희곡(戲曲)'은 상하 관계를 가진다.
④ 광복절은 국경일 중 하나이므로 '국경일(國慶日) – 광복절(光復節)'은 상하 관계를 가진다.

## 10 ②

**정답해설** ② 손: 중심적 의미

**오답해설** ① 관계: 주변적 의미
③ 영향력: 주변적 의미
④ 수완, 꾀: 주변적 의미

## 11 ④

**정답해설** 하나의 단어가 다의어인 경우, 여러 반의어를 가지게 된다. '주다'는 '물건 따위를 남에게 건네어 가지거나 누리게 하다.'를 의미할 때 '용돈을 주다.'와 같이 쓰이고, '시간 따위를 남에게 허락하여 가지거나 누리게 하다.'를 의미할 때는 '너에게 3일의 시간을 주겠다.'와 같이 쓰이며, '시선이나 관심 따위를 어떤 곳으로 향하다.'를 의미할 때는 '그에게 눈길을 주다.'와 같이 쓰인다.

## 12 ②

**정답해설** 〈보기〉의 '좋다②「1」'는 '어떤 일이나 대상이 마음에 들 만큼 흡족하다.'를 의미한다. 이와 문맥적 의미가 가장 가까운 것은 ②이다.

**오답해설** ① 좋다⑥「2」: 서로 잘 어울리어 친하다.
③ 좋다②「2」: 감정 따위가 기쁘고 만족스럽다.
④ 좋다③「1」: 어떤 일을 하기가 쉽거나 편하다.

## 13 ①

**정답해설** '시상 : 수상', '수출 : 수입'은 상대적 관계에 있으면서 의미상 대립을 이루는 방향 반의어 관계이다.
• 수출: 국내의 상품이나 기술을 외국으로 팔아 내보냄.
• 수입: 다른 나라로부터 상품이나 기술 따위를 국내로 사들임.

**오답해설** ② '고온'과 '저온'은 온도의 정도 차이를 표현하는 등급 반의어로 두 단어 사이에 중간 상태가 있을 수 있다.
③ '쾌속'과 '저속'은 속도의 정도 차이를 표현하는 등급 반의어이다.
④ '남성'과 '여성'은 한쪽을 부정하는 것이 다른 쪽을 긍정하는 관계를 이루는 상보 반의어이다.

## 14 ③

**정답해설** ③의 문장 내에서 중의성이 발견되지 않는다.

**오답해설** ① '손을 내밀다'는 사람의 신체 부분인 '손'을 내민다는 의미로 해석되기도 하고, 관용적 표현으로 해석되기도 한다. 관용구인 '손(을) 내밀다'는 '무엇을 달라고 요구하거나 구걸하다', '도움, 간섭 따위의 행위가 어떤 곳에 미치게 하다', '친하려고 나서다.'의 의미를 가진다. 따라서 단어의 일반적 의미와 관용적 의미 사이에 중의성이 생기게 된 경우이다.
② '시내'는 '도시의 안 또는 시의 구역 안' 또는 '골짜기나 평지에서 흐르는 자그마한 내'로 해석될 수 있으므로 어휘적 중의성을 가진다. 따라서 단어의 일반적 의미와 관용적 의미 사이에 중의성이 생기게 된 경우이다.
④ '사람을 좋아하는'이 뒤에 오는 '친구'와 '고양이' 중 무엇을 수식하느냐에 따라 의미가 달라지는 구조적 중의성을 가진다. 구조적 중의성을 가질 때, 바로 다음의 말을 수식하지 않을 때에 쓰는 쉼표를 사용하여 중의성을 해소할 수 있는데 ④에서는 쉼표의 사용이 잘못되었다.

## 15 ②

**정답해설** ② '예상(豫想)'은 '어떤 일을 직접 당하기 전에 미리 생각하여 둠. 또는 그런 내용'을 의미한다. 이 문장에서 '생각'은 '어떤 일에 대한 의견이나 느낌을 가짐'을 의미한다. 두 단어는 의미의 차이가 있으며, '생각이나 느낌 따위가 갑자기 떠오르는 모양'을 의미하는 '문득'과 '미리 생각하여 둠'의 뜻을 가진 '예상'이 함께 쓰임도 어색하다. 따라서 이 문장에서 '생각'에 대한 유의어로 바꾸어 쓰기에 적절하지 않다.

**오답해설** ① 의견(意見): 어떤 대상에 대하여 가지는 생각.
③ 회상(回想): 지난 일을 돌이켜 생각함. 또는 그런 생각.
④ 의향(意向): 마음이 향하는 바. 또는 무엇을 하려는 생각.

## 16 ④

**정답해설** ㉣의 중의성을 해소하려면 '동생이 새로 산 구두를 신고 있는 중이다.'와 같이 고쳐 써야 한다.

**오답해설** ① ㉠에서 '기대기도 한다'에 호응하는 부사어가 없으므로 부사어 '사람에게'가 추가되어야 올바른 문장이 된다.
② ㉡의 중의성을 해소하기 위해서는 수식 관계를 명확히 해야 한다.
③ ㉢의 중의성을 해소하기 위해서는 주어와 목적어의 범위를 명확히 해야 한다.

## 17 ④

**정답해설** '섞다'는 '두 가지 이상의 것을 한데 합치다.'를 의미하고, ㉣의 '두다'는 '이부자리나 옷 따위에 솜 따위를 넣다'를 의미하므로 ㉣의 예문으로 적절하지 않다. '두다'와 '섞다'가 유의어 관계를 보이는 경우는 '쌀밥에 팥을 두다.', '백설기에 건포도를 두었다.' 와 같이 '두다'가 '기본 음식에 딴 재료를 섞어 넣다.'를 의미할 때이다.

**오답해설** ① '설치하다'는 '어떤 일을 하는 데 필요한 기관이나 설비 따위를 베풀어 두다.'를 의미하고, ㉠의 '두다'는 '진영 따위를 설치하다.'를 의미하므로 '지방 곳곳에 군영을 설치하였다.'와 같이 바꾸어 써도 자연스러운 문장이 된다.
② '버리다'는 '직접 깊은 관계가 있는 사람과의 사이를 끊고 돌보지 아니하다.'를 의미하고, ㉡의 '두다'는 '가져가거나 데려가지 않고 남기거나 버리다.'를 의미하므로 '그 사람은 나를 버리고 떠나버렸다.'와 같이 바꾸어 써도 자연스러운 문장이 된다.
③ '쓰다'는 '사람에게 어떤 일을 하게 하다.'를 의미하고, ㉢의 '두다'는 '사람을 데리고 쓰다.'를 의미하므로 '우리는 직원을 하나 더 쓰기로 했다.'와 같이 바꾸어 써도 자연스러운 문장이 된다.

## 18 ③

**정답해설** ③ '숙적'은 '오래전부터의 원수'를 의미하며, 의미 중복이 없는 문장이다.

**오답해설** ① '간략하게 약술하시오.'의 '약술하다'는 '간략하게 논술하다'를 의미하므로 '간략하게'와 의미가 중복된다.
② '가까운 측근'의 '측근'은 '곁의 가까운 곳'을 의미하므로 '가까운'과 의미가 중복된다.
④ '상호명'의 '상호'는 상인이 영업 활동을 할 때에 자기를 표시하기 위하여 쓰는 이름을 이르는 말로 '명(名)'과 의미가 중복된다.

## 19 ②

**정답해설** • 어휘적 중의성
㉠ '바람'은 동음이의어, 다의어가 있으므로 어휘적 중의성을 가진다.
㉡ '길'은 '사람이나 동물 또는 자동차 따위가 지나갈 수 있게 땅 위에 낸 일정한 너비의 공간.' 또는 '사람이 삶을 살아가거나 사회가 발전해 가는 데에 지향하는 방향, 지침, 목적이나 전문 분야' 등을 의미할 수 있다. 따라서 '길'은 한 단어가 두 가지 이상의 의미로 해석되는 어휘적 중의성을 가진다.

• 구조적 중의성
㉢ 민아가 지혜와 소희 모두를 만났다는 것인지, 민아가 지혜와 함께 소희를 만났다는 것인지 불분명하므로 중의적인 문장이다. 문장 성분들 사이의 통사적 관계에 의해 중의성이 나타나므로 구조적 중의성이 유발 요인이다.
㉣ '잘생긴'이 수식하는 대상이 '그'인지 '동생'인지 불분명하므로 구조적 중의성을 가진다.

**오답해설** • 중의성: 한 단어나 문장이 두 가지 이상의 뜻으로 해석될 수 있는 현상이나 특성.
• 어휘적 중의성: 동음이의어 때문에 문장이 두 가지 이상의 의미로 해석되는 성질.
  **예** 말이 빠르다.
    → '사람이 하는 말이 빠른 것'
    → '짐승인 말이 빠른 것'
• 구조적 중의성: 한 문장이 성분들의 통사적 구조의 차이로 인하여 두 가지 이상의 뜻으로 해석되는 성질.
  **예** 아버지가 어머니보다 딸을 더 사랑한다.
    → 주체인 '아버지'가 대상인 '어머니'와 '딸' 가운데 '딸'을 더 사랑한다.
    → 대상인 '딸'을 주체인 '아버지'와 '어머니' 가운데 '아버지'가 더 사랑한다.
• 영향권 중의성: 특정한 단어의 작용역이 달라짐으로써 발생하는 중의성(일반적으로 부정사나 수량의 측도를 나타내는 표현에 의해 발생함.)
  **예** 아이는 학교에 가지 않았다.
    → 학교에 간 것은 아이가 아닌 다른 사람이다.
    → 아이가 간 곳은 학교가 아니라 다른 장소이다.
    → 아이가 학교에 간 것은 아니고 집에 있었다.

## 20 ④

**정답해설** ④ '상의'는 '어떤 일을 서로 의논함'을 의미하므로 의미 중복이 없는 문장이다.

**오답해설** ① '착석하다'는 '자리에 앉다'를 의미하므로 '자리'와 의미가 중복된다.
② '통곡하다'는 '소리를 높여 슬피 울다'를 의미하므로 '우는(울다)'와 의미가 중복된다.
③ '시범'은 '모범을 보임'을 의미하므로 '보여 주시면(보다)'과 의미가 중복된다.

## 21 ②

**정답해설** ② 문장에 부사 '곧'이 없으면 내가 그와 함께 그녀를 만나러 갈 것인지 내가 그와 그녀 모두를 만나러 갈 것인지 불분명하지만, '곧'을 사용함으로써 중의성을 해소하였다.

**오답해설** ① '태우다'는 '타다'의 사동사로 '내가 직접 동생을 차에 태우는 행위를 하다.'의 직접적 의미와 '동생 스스로 차에 타라고 시켰다.'는 간접적 의미를 가진다.
③ 해야 할 일을 모두 끝내지 못한 건지, 해야 할 일을 어느 정도 했지만 다 하지는 못 한 건지 불분명하다.
④ '-고 있다'는 앞말이 뜻하는 행동이 계속 진행되고 있거나 그 행동의 결과가 지속됨을 나타내는 말이므로, 그가 모자를 쓰는 행동을 하는 중인지, 이미 모자를 쓴 상태인지 불분명하다.

## 22 ④

**정답해설** '인정'은 '벼슬아치들에게 몰래 주던 선물', 즉 뇌물에서 '사람 사이의 정'의 뜻으로 의미가 이동하였다.

## 23 ③

**정답해설** ③ '손이 큰'은 뒤에 오는 '친구'만을 수식하므로 '큰 사과', '큰 귤'은 〈보기〉의 문장에서 형성되는 의미로 볼 수 없다.

**오답해설** ① '손이 크다'는 관용구로 '씀씀이가 후하고 크다.'의 의미로도 쓰이기 때문에 신체의 일부인 '손(手)'이 크다는 건지 관용구의 의미인 건지 불분명하다. 그러므로 이 문장에서 '친구의 손(手)이 크다.'는 의미가 형성될 수 있다.
② '사과와 귤 두 소쿠리'는 중의적인 문장으로 다음과 같은 의미가 형성될 수 있다.
• '귤 두 소쿠리'와 사과
• '사과와 귤 각각 두 소쿠리씩'
• '사과와 귤을 합해 두 소쿠리'

④ 관용구인 '손이 크다'는 '씀씀이가 후하고 크다.'의 의미로 해석될 수 있고, '사과와 귤 두 소쿠리'는 '사과와 귤 각각 두 소쿠리씩'의 의미로 해석될 수 있다.

## 24 ④

**정답해설** ④ ㉣은 '한결같이'가 '어려운'을 수식하는지, '돕는'을 수식하는지 불분명한 중의적 문장이다.

**오답해설** ① ㉠의 '배'는 동음이의어가 있으므로 어휘적 중의성을 가진다.
② ㉡은 친구가 예쁜 것인지, 친구의 옷이 예쁜 것인지 불분명한 문장으로 구조적 중의성을 가진다.
③ ㉢은 그가 어떤 사람이든 만나고 싶은 것인지, 어떤 사람이든 그를 만나고 싶은 것인지 불분명한 문장으로 구조적 중의성을 가진다.

## 25 ④

**정답해설** ④ '이른바'는 '세상에서 말하는 바'를 의미하는 부사이므로 '세상 사람들 말로'와 의미가 중복된다.

**오답해설** ① '재론(再論)'은 '이미 논의한 것을 다시 논의함.'을 의미한다. '거듭', '다시' 또는 '논의' 등의 의미가 중복된 것이 없으므로 자연스러운 문장이다.
② '사족(을) 못 쓰다'는 '무슨 일에 반하거나 혹하여 꼼작 못 하다.'를 의미한다. 이와 의미가 중복된 것이 없으므로 자연스러운 문장이다.
③ '새색시'는 갓 결혼한 여자로 문장에서 의미가 중복된 것이 없으므로 자연스러운 문장이다.

## 26 ①

**정답해설** ① 중세 국어의 '놈'은 '사람'의 의미를 가졌지만, 현대 국어에서 '놈'은 '남자'를 낮잡아 이르거나 '사람'을 홀하게 이르는 말이므로 의미가 축소되었다.

**오답해설** ② '어리다'의 의미가 '어리석다(愚)'에서 '나이가 적다(幼)'로 변화하면서 의미가 이동되었다.
③ '짐승'은 불교 용어인 한자어 '중생(衆生)'에서 기원한 것으로 본래 '살아 있는 모든 무리'를 가리켰다. 그러나 한글로 표기된 '衆生'이 한자어와 별도의 어휘로 발전하여 '동물'로 의미가 축소되었다.
④ 중세 국어에서 '어여쁘다'는 '불쌍하다', '가련하다'의 의미를 가졌지만, 현대 국어에서는 '아름답다'로 의미가 이동되었다.

## 2 담화론

🔒  01 ①   02 ③   03 ③   04 ④

## 01  ①

**정답해설**  지시 표현은 담화(발화) 장면을 구성하는 화자, 청자, 시간, 장소, 사물 등의 요소를 가리킨다.
㉠ '이'는 관형사로 말하는 이에게 가까이 있는 대상을 가리키는 것이다. 여기서 ㉠은 민호가 들고 있는 옷으로 볼 수 있다.
㉡ '그것'은 듣는 이에게 가까이 있거나 듣는 이가 생각하고 있는 사물을 가리키는 지시 대명사로 민호가 들고 있는 옷으로 볼 수 있다.
㉢ '그'는 듣는 이에게 가까이 있거나 듣는 이가 생각하고 있는 대상을 가리킬 때 쓰는 관형사이다.
여기서 ㉢이 가리키는 것은 민호가 들고 있는 옷으로 볼 수 있다. 따라서 가리키는 대상이 같은 것은 ㉠, ㉡, ㉢이다.

**오답해설**  ㉢ '저것'은 말하는 이나 듣는 이로부터 멀리 있는 사물을 가리키는 지시 대명사로 이 담화 상황에서 초록색 옷을 가리킨다고 볼 수 있다.
㉣ '저 옷'의 '저'는 말하는 이와 듣는 이로부터 멀리 있는 대상을 가리킬 때 쓰는 말로 이 담화 상황에서 초록색 옷을 가리킨다고 볼 수 있다.

## 02  ③

**정답해설**  담화성이란 여러 개의 문장이나 발화가 모여 담화를 이루는지 여부를 판단하는 기준이다. 담화의 정보성은 담화 생산자가 제시하는 정보가 수용자에게 새롭고 확실하고 예측이 가능함을 보여 주는 기준이 된다. 민정이는 철수와 명수의 발화를 듣고 정보를 예측하거나 파악한다.

**오답해설**  ① 결속성은 담화의 구성 요소들이 긴밀하게 관련된 구성 방식을 말하며, 지시, 생략, 반복, 접속 등의 결속 구조에 관여한다.
② 응집성은 담화의 구성 요소들이 하나의 연쇄체로 서로 연관되는 방식을 말하며, 의미적 일관성을 가진다.
④ 상황성은 담화의 전개가 담화의 상황에 맞고 의사소통에 적합함을 나타낸다. 예를 들어, 대학의 교수 연구실 앞에 '정숙'이라는 문구는 교수들에게 조용히 하라는 것이 아니라 학생들에게 조용히 하라는 뜻이다.

## 03  ③

**정답해설**  ③ ㉢은 청자의 말에 트집을 잡고, 청자를 깎아 내리는 듯한 표현을 사용하여 찬동의 격률을 어기고 있다. 요령의 격률은 '미안하지만, ~ 좀 해 줄 수 있겠니?'와 같이 상대방에게 부담이 되는 표현을 최소화하고, 상대방에게 이익이 될 수 있는 표현을 극대화하는 것이다.

**오답해설**  ① ㉠은 대화의 원리 중 상대방의 칭찬을 극대화시키는 찬동의 격률을 지키고 있다. 찬동의 격률은 청자를 비난하거나 트집을 잡는 표현은 최소화하고, 청자를 칭찬하는 표현을 최대화하는 것이다.
② ㉡은 대화의 원리 중 자신을 칭찬하는 말은 최소화하는 겸양(겸손)의 격률을 지키고 있다. 겸양의 격률은 자신을 칭찬하는 말은 최소화하고, 자신을 비난하는 말은 최대화하는 것이다.
④ 담화의 기능에는 청자를 설득하고자 하는 '호소 담화', 친목 도모를 위한 '사교 담화', 자신의 의견이나 사태를 밝히는 '선언 담화', 정보를 제공하기 위한 '정보 제공 담화', 발화에 담긴 내용을 수행하겠다고 다짐하는 '약속 담화' 등이 있다.
㉣은 '철수'가 '영수'에게 모르는 문제에 대한 도움을 약속하는 것이므로 약속 담화의 기능을 보인다.

## 04  ④

**정답해설**  공감적 듣기의 방법으로는 소극적 들어주기와 적극적 들어주기가 있다. 소극적 들어주기는 상대방에게 관심을 표명하면서 화자가 계속 이야기를 이어갈 수 있도록 맥락을 조절하여 주는 격려하기 기술이 중심을 이룬다. 적극적 들어주기는 청자가 화자의 말을 요약, 정리하고 반영하여 주는 구실을 통해서 화자가 스스로 문제를 해결할 수 있도록 들어주는 것이다. 위 대화에서 세림은 '정말? 무슨 일이 있었는지 자세히 말해 봐.', '팀장님 질문에 대답을 못했구나.'의 말을 하며 유나의 말에 집중하고 있음을 보여준다.
또한 '처음 하는 프레젠테이션이라 유나씨가 긴장을 많이 했나 보다.'라고 하며 유나를 격려하면서 '팀장님 질문에 대답을 못했구나. ~'와 같이 유나의 말을 재진술하여 스스로 생각하고 정리할 수 있게끔 도와준다.

## chapter 06 한글 맞춤법

| 01 ② | 02 ③ | 03 ② | 04 ④ | 05 ① |
|---|---|---|---|---|
| 06 ④ | 07 ② | 08 ② | 09 ③ | 10 ③ |
| 11 ④ | 12 ② | 13 ④ | 14 ② | 15 ④ |
| 16 ② | 17 ③ | 18 ④ | 19 ④ | 20 ① |
| 21 ③ | 22 ④ | 23 ④ | 24 ④ | 25 ③ |
| 26 ② | 27 ④ | 28 ④ | 29 ① | 30 ② |
| 31 ① | 32 ② | 33 ④ | 34 ④ | 35 ② |
| 36 ② | 37 ④ | 38 ④ | 39 ① | 40 ② |
| 41 ④ | 42 ③ | 43 ④ | 44 ④ | 45 ① |
| 46 ② | 47 ③ | 48 ② | 49 ③ | 50 ③ |
| 51 ② | 52 ④ | 53 ① | 54 ② | 55 ③ |
| 56 ② | 57 ③ | 58 ② | 59 ④ | 60 ③ |
| 61 ④ | 62 ② | 63 ③ | 64 ③ | |

### 01 ②

**정답해설** ② 200미터 : 한글 맞춤법 제43항에 해당하며, 단위를 나타내는 명사는 띄어 쓴다. 다만, 숫자와 어울리어 쓰일 경우에는 붙여 쓸 수 있다.

**오답해설** ①, ③ 사과하기는커녕(○), 설명이라기보다는(○) : 한글 맞춤법 제41항에 해당하며, 조사는 그 앞말에 붙여 쓴다.
④ 한∨대 : 한글 맞춤법 제43항 단위를 나타내는 명사는 띄어 쓴다. '값'이 '가격', '대금', '비용'의 뜻을 나타내거나 일부 명사 뒤에 붙어서 '수치'의 뜻을 나타내는 경우에는 붙여 쓴다. 따라서 '집값'과 같이 붙여 써야 한다. 그리고 '만큼'의 경우 앞에 오는 말이 체언일 때는 '조사'이므로 앞말과 붙여 쓴다. 따라서 '집값만큼'과 같이 붙여 써야 한다.

### 02 ③

**정답해설** 요컨데(×) → 요컨대(○) - 한글 맞춤법 제40항에 따라 '요컨대'로 써야 한다.

**오답해설** ① 만만치는(○) - 한글 맞춤법 제40항, '만만하다'에 '-지'가 결합되어 '만만하지'가 되고, '하'가 통째로 줄지 않고 뒤의 오는 말의 첫소리와 어울려 거센소리가 되는 경우이므로 이 경우 소리 나는 대로 적는다.
② 모가치(○) - 한글 맞춤법 제20항, 명사 뒤에 '-이'가 붙어서 된 말은 그 명사의 원형을 밝히어 적는다. 하지만 '-이' 이외의 모음으로 시작된 접미사가 붙어서 된 말은 그 원형을 밝히어 적지 않는다.

"몫'(옛말의 '목') + 아치'
④ 셋방(○) - 두 음절로 된 한자어로 사이시옷을 받치어 적는다.

### 03 ②

**정답해설** ② 가십난(gossip欄)(○) : 신문, 잡지 등에서 개인의 사생활에 대한 이야기를 흥미 본위로 싣는 지면 - 고유어, 외래어 뒤에서 한자어 형태소가 결합하는 경우 하나의 단어처럼 인식되므로 두음 법칙이 적용된 형태로 적는다.

**오답해설** ① 가정란(○) : 한글 맞춤법 제12항에 따라 한자음 '라, 래, 로, 뢰, 루, 르'가 단어의 첫머리에 올 적에는, 두음 법칙에 따라 '나, 내, 노, 뇌, 누, 느'로 적는데, 단어의 첫머리 이외의 경우에는 본음대로 적기 때문에 '란'으로 적는다.
③ 어린이난(○) : 고유어, 외래어 뒤에서 한자어 형태소가 결합하는 경우 하나의 단어처럼 인식되므로 두음 법칙이 적용된 형태로 적는다.
④ 장롱(○) : 두 글자 한자어에서 두 번째 글자에 두음 법칙을 적용할 근거는 없다. 따라서 '장롱'이 맞는 표기이다.

### 04 ④

**정답해설** 붙이다(×) → 부치다(○) - 어떤 행사나 특별한 날에 즈음하여 어떤 의견을 나타내다. 주로 글의 제목이나 부제(副題)에 많이 쓰는 말이므로 '부치다'가 맞는 표현이다.

**오답해설** ① 늘이다(○) - 본디보다 더 길어지게 하다.
② 달이다(○) - 액체 따위를 끓여서 진하게 만들다.
③ 조리다(○) - 양념을 한 고기나 생선, 채소 따위를 국물에 넣고 바짝 끓여서 양념이 배어들게 하다.

### 05 ①

**정답해설** ① 앎이나 판단·추측 등의 대상이 되는 명사절에서 어떤 불확실한 사실의 실현 가능성에 대한 의문을 나타내는 종결 어미는 '-ㄹ는지'이다.

**오답해설** ② '-던-' 뒤에는 '데'만 올 수 있고 '대'는 올 수 없다.
③ '-데'는 과거에 직접 경험한 내용임을 표시한다.
④ '잇달다' : 어떤 사건이나 행동 등이 이어서 생겨나다.

### 06 ④

**정답해설** ④ 겉잡아서(○) - '겉으로 보고 대강 짐작하여 헤아리다.'

**오답해설** ① 오무려라(×) → 오므려라(○)
② 왠일이니?(×) → 웬일이니?(○) - '어찌 된'의 뜻을 나타내는 '웬'이 맞는 표현이다.

③ 말 대로(×) → 말대로(○) – '대로'는 조사와 의존 명사가 있는데, 여기서 쓰인 것은 '앞에 오는 말에 근거하거나 달라짐이 없음을 나타내는 보조사'의 의미로 붙여 쓴다.

## 07 ②

**정답해설** ② 검찰이 직접 구속을 집행했으므로 '구속했다'로 사용한다. 사동법의 오류로 어색한 문장이다.

**오답해설** ①, ③, ④ "사동사 : 지우다, 울리다, 돌리다"가 쓰인 문장이다.

## 08 ④

**정답해설** ④ 금세(○) – '금시에'가 줄어든 말로 '지금 바로'의 의미이다.

**오답해설** ① 껍데기(×) → 껍질(○) – '껍데기'는 단단한 것을 나타내고, '껍질'은 단단하지 않은 것을 나타낸다.
② 낳은(×) → 나은(○) – 'ㅅ' 불규칙 동사 '낫다'의 활용형이다.
③ 으시시(×) → 으스스(○) – '으시시'는 '으스스'의 비표준어형이다.

## 09 ③

**정답해설** ③ 초등학생 때 꿈과 중학생 때의 꿈을 설명하는 문장으로 과거를 상대적으로 더 먼 과거와 덜 먼 과거로 구분하고 있다. 이 경우 더 먼 과거에 '었었/았었'을 쓸 수 있다. 또한 "작년만 해도 이 저수지에는 물고기가 적었었다", "이번 농구 선수로 활약한 저 선수는 왕년에 배구 선수이었었다"처럼 '–았었/었었'은 과거와의 단절 상황일 때 쓸 수 있다.

**오답해설** ① 단순히 어제 영화를 본 것이기 때문에 '–았었–'보다는 단순 과거 '–았–'을 사용하는 것이 자연스럽다. '가았었다 → 갔었다'가 아닌 '가았다 → 갔다'가 더 자연스러운 표현이다.
②, ④ 바라겠습니다 → 바랍니다(○) / 예상되겠습니다 → 예상됩니다/예상합니다(○) : 미래 의미의 어휘 '바라다'와 '예상하다'에 미래 기능의 '–겠–'이 중복되어 의미 중복 구성이 되므로 다듬는 것이 좋다.

## 10 ③

**정답해설** 운률(×) → 운율(○) – 한글 맞춤법 제11항에 따라 한자어 '률, 렬'은 모음이나 'ㄴ' 받침 뒤에 올 때는 '율, 열'로 적는다.

## 11 ④

**정답해설** ④ 이불을 들치다(○) : '들치다'는 물건의 한쪽을 들어올릴 때 쓴다.

**오답해설** ① 일본에 패하였다(○) : 유정 체언의 여격에는 '에게'를, 무정 체언의 여격에는 '에'를 쓴다.
② 모습이 보였다(○) : '보이다'와 '어지다' 이중 피동의 오류를 보이고 있다.
③ 곤욕을 당하다(○) : '곤욕'은 심한 모욕을 뜻하고 '곤혹'은 당황스러운 모습을 나타내는 단어이므로 문맥상 '곤욕'이 맞는 표현이다.

## 12 ②

**정답해설** ② 얼마 만(○) – 여기서 '만'은 앞말이 가리키는 동안이나 거리'를 나타내는 말을 뜻하는 의존 명사로 띄어 쓴다.

**오답해설** ① 옳은 지(×) → 옳은지(○) – '지'는 시간의 경과, 횟수 등을 나타낼 때 의존 명사이므로 띄어 쓴다. '옳은지'의 경우 '옳다'의 어간 '옳–'에 사실이나 판단의 의미를 나타내는 '은지'가 결합한 경우이므로 붙여 써야 한다.
③ 나흘만에(×) → 나흘 만에(○) – '–만'은 기간이 얼마나 계속되었음을 나타내는 의존 명사이므로 띄어 쓴다.
④ 좋아할만 한(×) → 좋아할 만한(○) – '만한'은 '만하다'라는 보조 용언의 어간에 관형사형 어미 'ㄴ'이 붙은 형태로 앞 말과 띄어 쓴다.

## 13 ④

**정답해설** ④ 한글 맞춤법 제47항, 보조 용언은 띄어 씀을 원칙으로 하되, 경우에 따라 붙여 씀도 허용한다.(ㄱ을 원칙으로 하고, ㄴ을 허용함.) 다만, 본용언이 복합어인 경우 형태가 너무 길어질 수 있으므로 본용언과 보조 용언을 붙여 쓰지 않는다. '떠내려가다'는 합성어이므로 보조 용언과 붙일 수 없다.

**오답해설** ① 한글 맞춤법 제51항, 부사의 끝음절이 분명히 '이'로만 나는 것은 '–이'로 적고, '히'로만 나거나 '이'나 '히'로 나는 것은 '–히'로 적는다. '도'는 보조사이므로 앞말과 붙여 쓴다.
② 한글 맞춤법 제47항, 보조 용언은 띄어 씀을 원칙으로 하되, 경우에 따라 붙여 씀도 허용한다.(ㄱ을 원칙으로 하고, ㄴ을 허용함.) 다만, 본용언이 복합어인 경우에는 붙일 수 없다. '깨뜨리다'는 접사 '뜨리'가 붙은 파생어이므로 '버리다'와 붙일 수 없다.
③ '한 번'이 횟수를 의미할 때는 단위성 의존 명사이므로 띄어 써야 한다. 다만, '어떤 일을 시험 삼아 시도함을 나타내는 말'의 의미일 때는 한 단어이므로 붙여 써야 한다.

## 14 ②

**정답해설** 냇과(×) → 내과(○) – 한자어에는 규정에서 제시한 두 음절 단어 6개에만 사이시옷이 들어간다. 그 외의 한자어에는 사이시옷이 들어가지 않는다. 따라서 다음과 같은 경우를 제외한 한자어는 모두 사이시옷이 들어가지 않는다. 곳간, 셋방, 숫자, 찻간, 툇간, 횟수

## 15 ④

**정답해설** ④ 오랜만에 쉬려고 고향집에 들렀다가 들녘에 불려 나가 놀았는데 운동 부족의 대가만 톡톡히 치러야 했습니다. 맞춤법에 어긋난 표현은 총 8개이다.
'오랜만'은 '오래간만'의 준말이다. 동사 '쉬다'에 '-려고'가 붙는 것이 옳다. '들르다', '치르다'가 기본형이므로 'ㅡ'가 탈락한 '들러서', '치러'가 맞다. '들녘'은 '들녘'이 올바른 형태이다. '댓가'는 사이시옷 규정(한글 맞춤법 제30항)에서 해당하는 한자어 단어가 아니므로 '대가'가 올바른 형태이다. '톡톡이'는 '톡톡히'로 적는다.
'-읍니다'는 현 한글 맞춤법 규정에서 없어져 '-습니다'로 쓴다.

## 16 ②

**정답해설** ② 금 서돈(×) → 금 서 돈(○) – 한글 맞춤법 제43항에 따라 단위를 나타내는 명사는 띄어 쓴다.

**오답해설** ① 그럴 수도(○) – '수'는 어떤 일을 할 만한 능력이나 어떤 일이 일어날 가능성을 나타내는 의존 명사로 띄어 쓴다.
③ '먹어'는 본용언이고 '버렸다'는 보조용언이므로 띄어 쓰는 것이 원칙이다. 다만, 보조적 연결어미가 '어'이므로 본용언과 보조용언을 붙일 수 있다. 따라서 '먹어버렸다'로 붙여 쓰는 것도 허용된다.
④ 그때부터(○) – 일반적으로 '그때'는 하나의 단어이므로 붙여 쓴다.

## 17 ③

**정답해설** ③ '샛강'은 순우리말과 한자어로 된 합성어로 사이시옷이 쓰인 단어이다.

**오답해설** ①, ②, ④ 모두 순우리말로 된 합성어로서 앞말이 모음으로 끝나고, 뒷말의 첫소리가 된소리로 나는 것으로 사이시옷이 쓰인 단어이다.

## 18 ④

**정답해설** '받치다'는 '받다'에 접미사 '치'가 결합한 형태로 '어떤 물건의 밑이나 안에 다른 물체를 대다, 우산이나 양산 등을 펴 들다'의 뜻으로 사용된다.

**오답해설** ① 받쳤다(×) → 바쳤다 – '돈을 가져다주다.'라는 뜻으로 '바치다'가 옳다.
② 받혀(×) → 받혀 – '머리나 뿔 따위로 세차게 부딪치다.'라는 뜻의 '받다'의 피동형 '받히다'를 쓰는 것이 옳다.
③ 받쳐서(×) → 바쳐서 – '신이나 웃어른에게 정중하게 드리다.'의 의미인 '바치다'가 적절한 표현이다.

## 19 ④

**정답해설** ④ 한글 맞춤법 제46항, 단음절로 된 단어가 연이어 나타날 적에는 붙여 쓸 수 있다.

**오답해설** ① 휴게실(○) : 한글 맞춤법 제8항, '계, 례, 몌, 폐, 혜'의 'ㅖ'는 'ㅔ'로 소리 나는 경우가 있더라도 'ㅖ'로 적는다.(ㄱ을 취하고, ㄴ을 버림). 다만, 다음 말은 본음대로 적는다.
② 전달률(○) : 한글 맞춤법 제11항, 한자음 '랴, 려, 례, 료, 류, 리'가 단어의 첫머리에 올 적에는, 두음 법칙에 따라 '야, 여, 예, 요, 유, 이'로 적는다.(ㄱ을 취하고, ㄴ을 버림.) 다만, 모음이나 'ㄴ' 받침 뒤에 이어지는 '렬, 률'은 '열, 율'로 적는다.(ㄱ을 취하고 ㄴ을 버림.)
③ 해님(○) : 한글 맞춤법 제30항, 사이시옷은 다음과 같은 경우에 받치어 적는다. 1. 순우리말로 된 합성어로서 앞말이 모음으로 끝난 경우, 2. 순우리말과 한자어로 된 합성어로서 앞말이 모음으로 끝난 경우, 3. 두 음절로 된 다음 한자어. 따라서 '-님'은 접미사이므로 사이시옷 규정에 해당되지 않는다.

## 20 ①

**정답해설** 당겼다(×) → 댕겼다(○) – '댕기다'는 '불이 옮아 붙다'의 뜻을 가진다.

**오답해설** ② '덧나다'는 '병이나 상처 따위를 잘못 다루어 상태가 더 나빠지다.'의 뜻을 가진다.
③ '밭다'는 '구멍이 뚫린 물건 위에 국수나 야채 따위를 올려 물기를 빼다.'의 뜻을 가진다.
④ '부치다'는 '프라이팬 따위에 기름을 바르고 음식을 익혀서 만들다.'라는 뜻을 가진다.

## 21 ③

**정답해설** '기러기'는 '기럭기럭'(기러기가 우는 소리)을 보면 '기럭'이라는 어근을 가정할 수 있지만, '기럭하다', '기럭거리다'가 쓰이지 않는다는 점에서 어근을 밝혀 적지 않는다.

**오답해설** ① '오뚝하다'라는 말이 있으므로 '오뚝이'로 원형을 밝혀 적는다.
② '귀뚤'과 '뻐꾹'은 '-하다'나 '-거리다'가 붙을 수 없는 어근이므로 원형을 밝혀 적지 않고 '귀뚜라미', '뻐꾸기'로 쓴다.
④ '부스러기'도 ②번과 같은 예시이다.

## 22 ④
**정답해설** 된데에는(×)→된 데에는(○) – '데'는 '일, 것'을 나타내는 의존 명사이므로 띄어 쓴다.

## 23 ③
**정답해설** ③ [붙임 2]의 접두사처럼 쓰이는 한자가 결합하여 된 단어, 이에 준하는 합성어인 '실-락원'의 경우 두음 법칙을 적용하여 '실낙원'으로 적는다.

**오답해설** ① 단어의 첫머리에 올 경우이므로 두음 법칙을 적용하여 '누각'으로 적는다.
② 한자음이 단어의 첫머리 이외에 오는 경우이므로 본음대로 적어 '강릉'으로 쓴다.
④ 한자음이 단어의 첫머리 이외에 오는 경우이므로 본음대로 적어 '거래'로 사용한다.

## 24 ④
**정답해설** '등지'는 의존 명사이므로 띄어 쓴다.

**오답해설** ① 아낌 없는(×)→아낌없는(○)
② 재해로 부터(×)→재해로부터(○)
③ 어느 해 보다도(×)→어느 해보다도(○)

## 25 ③
**정답해설** ③ '머리말'은 순우리말로 된 합성어지만 된소리나 'ㄴ' 소리가 덧나거나 'ㄴㄴ' 소리가 덧나지 않기 때문에 사이시옷을 적지 않는다.

**오답해설** ① 제사날→제삿날(○) : 순우리말과 한자어가 된 합성어로 뒷말의 첫소리 'ㄴ, ㅁ' 앞에서 'ㄴ' 소리가 덧나면 사이시옷을 쓴다.
② 아래집→아랫집(○) : 순우리말로 된 합성어로 뒷말의 첫소리가 된소리로 나는 경우로 사이시옷을 쓴다.
④ 전세집→전셋집(○) : 순우리말과 한자어가 결합된 합성어로 뒷말의 첫소리가 된소리로 나는 경우로 사이시옷을 쓴다.

## 26 ②
**정답해설** ② 늙수그레하다(○) – 어간 뒤에 자음으로 시작된 접미사가 붙어서 된 말은 어간의 원형을 밝히어 적는다.

**오답해설** ① 배불뚜기(×)→배불뚝이(○) – '-하다'나 '거리다'가 붙는 어근에 '-이'가 붙어서 명사가 된 것은 그 원형을 밝히어 적는다.
③ 곰곰히(×)→곰곰이(○) – 부사에 '-이'가 붙어서 뜻을 더하는 경우에는 부사의 원형을 밝혀 적는다(더욱이, 생긋이, 오뚝이, 일찍이).
④ 삼질날(×)→삼짇날(○) – 끝소리가 'ㄹ'인 말과 딴 말이 어울릴 적에 'ㄹ' 소리가 'ㄷ' 소리로 나는 것은 'ㄷ'으로 적는다.

## 27 ④
**정답해설** ④ 사이시옷은 원칙적으로 순우리말 합성어나 순우리말과 한자어의 합성어를 원칙으로 적용하지만 예외로 두 음절로 된 한자어 결합으로 '곳간(庫間), 셋방(貰房), 숫자(數字), 찻간(車間), 툇간(退間), 횟수(回數)'만 인정하고 있다. 따라서 '대가(代價)'는 사이시옷을 적지 않는다. '인사말'은 순우리말과 한자어가 결합된 한자어지만 된소리나 'ㄴ' 소리가 덧나거나 'ㄴㄴ' 소리가 덧나지 않기 때문에 사이시옷을 적지 않는다.

**오답해설** ① 갯수→개수(○) : 사이시옷 규정에서 정한 6개 예외 한자어에 해당하지 않으므로 사이시옷을 적지 않는다.
② 마굿간→마구간(○) : '마구간(馬廄間)'은 한자어로만 이루어진 합성어이므로 사이시옷 규정에 해당하지 않는다.
③ 꼭짓점[꼭찌쩜/꼭찓쩜](○) : 순우리말과 한자어로 구성된 합성어이므로 원칙적으로 사이시옷을 적는다.

## 28 ③
**정답해설** ③ 지꺼리는(×)→지껄이는(○) – '지꺼리는'은 동사 '지껄이다'에 관형사형 어미가 결합된 것으로 '지껄이는'이 맞는 표기이다.

**오답해설** ① 빌리다(○) – '빌리다'는 '어떤 일을 하기 위해 기회를 이용하다.'의 의미로 이 문장에서 적절한 표현이다.
② 적이(○) – '적이'는 '꽤 어지간한 정도로'의 뜻을 가진다.
④ 암캉아지(○) – 성별을 의미하는 '암'은 원래 'ㅎ'을 끝소리로 가지고 있던 어휘로, '암캉아지'는 맞는 표기이다.

## 29 ①
**정답해설** ① 하굣길, 북엇국(○) : 한자어와 순우리말로 구성된 합성어로 앞말이 모음으로 끝나고, 뒷말의 첫소리가 된소리로 나는 예시로 사이시옷을 쓴다.

**오답해설** '초점(焦點)'은 고유어가 들어 있지 않으므로 사이시옷 규정에 해당하지 않는다. '뒷통수'는 뒷말이 된소리로 발음되지 않으므로 '뒤통수'가 맞는 표현이다.

## 30 ②

**정답해설** ② 으시대고(×) → 으스대고(○) - 동사 '으스대다'가 적절한 표현이다.

**오답해설** ① 들려(○) - '들다'의 사동형 '들리 + 어'이므로 맞는 표기이다.
③ 치르고(○) - '치르다'는 '무슨 일을 겪어 내다.'의 의미로 적절한 표기이며, '치루다'는 비표준어이다.
④ 그렇잖아도(○) - '그렇잖아도'는 '그렇지 않아도'의 준말이다.

## 31 ①

**정답해설** ① ㉠ '햇'은 '당해에 난'의 의미를 갖는 '접사'이다. 보통 거센소리나 된소리가 오는 단어의 앞에는 붙이지 않는다. 따라서 '쑥'의 'ㅆ'이 된소리이므로 '햇'이 아닌 '해'를 붙여야 한다.
㉡ '코털'은 '코'의 뒷말이 거센소리이므로 사이시옷을 붙이지 않는다.

**오답해설** ㉢ 위쪽(○) / 윗쪽(×) : '위쪽'은 '위'의 뒷말이 된소리이므로 사이시옷을 붙이지 않는다.
㉣ 송화가루(×) / 송홧가루(○) : 순우리말과 한자어의 합성어로 '송화'의 '화'가 울림소리로 끝나고 '가루'의 'ㄱ'이 자음으로 시작하므로 사잇소리 현상이 일어난다(송화까루/송홧까루). 따라서 사이시옷을 붙여야 한다.
㉤ 예사일(×) / 예삿일(○) : 순우리말과 한자어의 합성어로 '예사'의 '사'가 모음으로 끝나고 '일'이 모음 '이'로 시작하므로 'ㄴㄴ'소리로 덧나게 된다(예 산일). 따라서 사이시옷을 적어야 한다.

## 32 ②

**정답해설**
• '이따가' : '조금 지난 뒤에'를 뜻하는 경우에는 부사 '이따가'를, '머물다가'를 뜻하는 경우에는 동사 '있다'의 활용형 '있다가'를 쓴다.
• '좇다' : 사람을 뒤따르는 것은 '쫓다'이고, 목표나 이상을 추구하는 것 또는 눈여겨보거나 눈길을 보내는 것은 '좇다'이다.
• '늘이다' : '늘이다'는 '본디보다 더 길어지게 하다.'를 의미하고, '늘리다'는 '물체의 넓이, 부피 따위를 본디보다 커지게 하다.'를 의미한다.
• '달리다' : '달리다'는 '재물이나 기술, 힘 따위가 모자라다.'를 의미하고, '딸리다'는 '어떤 것에 매이거나 붙어 있다.', '어떤 부서나 종류에 속하다.'를 의미한다.

## 33 ④

**정답해설** ④ 돼라고 → 되라고(○) : 한글 맞춤법 제35항에 따라, 'ㅚ'가 뒤에 '-어, -었-'과 어울려 'ㅙ, 됐'으로 될 적에는 준 대로 적는다. 하지만 '되-'에 '-라고'이 붙으면 '되라는'으로 적는다.

**오답해설** ① 돼다(○) : '되다'에 '-어서'가 붙어서 '돼'의 형태인 준말로 적을 수 있다.
② 봬(○) : '뵈다' 어간에 어미 '-어'가 붙었으므로 준말 '봬'로 적을 수 있다.
④ 뵈러(○) : '뵈다' 어간에 가거나 오거나 하는 동작의 목적을 나타내는 연결 어미 '-러'가 붙어 '뵈러'가 올바른 표현이다.

## 34 ④

**정답해설** ④ '깃들이다'는 '새가 나무에 깃들였다.', '우리 명산에는 곳곳에 사찰이 깃들여 있다.'와 같이 '조류가 보금자리를 만들어 살거나 사람이나 건물 등이 자리 잡다.'를 의미한다. 따라서 '마을에 사람들이 몇 대째 깃들여 산다.'와 같이 표현할 수 있다.

**오답해설** ① '깨치다'는 '일의 이치 따위를 깨달아 알다.'를 의미하며, '깨우치다'는 '깨달아 알게 하다.'를 의미한다. 즉, '깨치다'와 '깨우치다'는 '아는 것'과 '알게 하는 것'의 차이를 갖는다. 따라서 '나는 한글을 겨우 깨쳤다.'라고 표현해야 한다.
② '매기다'는 '정한 숫자나 표지를 적어 넣다.'를 의미하며, '메기다'는 '두 편이 노래를 주고받고 할 때 한편이 먼저 부르다.', '둘이 톱을 마주 잡고 톱질을 할 때에 한 사람이 톱을 밀어 주다.' 등을 의미한다. 따라서 '번호를 매기다'라고 표현해야 한다.
③ '떠벌리다'는 '이야기를 과장하여 늘어놓다.'를 의미하며, '떠벌이다'는 '굉장한 규모로 차리다.'를 의미한다. 따라서 '항상 말만 떠벌려'라고 표현해야 한다.

## 35 ②

**정답해설** ② '깨끗하지 않다'에서 '하'가 아주 줄었기 때문에 준 대로 적어 '깨끗지'가 올바른 형태이다.

**오답해설** ① '간편하게'에서 'ㅏ'가 줄고 'ㅎ'이 남아 'ㄱ'과 결합하여 거센소리가 되므로 거센소리로 적어 '간편케' 형태로 쓴다.
③ '다정하다'에서 '하'가 줄고 'ㅎ'이 다음 음절 첫소리와 어울려 거센소리로 되므로 거센소리로 적어 '다정타'로 쓴다.
④ '넉넉하지'의 '하'가 아주 준 경우이므로 '넉넉지'의 형태로 쓴다.

## 36 ②

**정답해설** ② '그리고'는 문장과 문장을 연결해 주는 접속부사이다. 현대 국어에서는 '그리고 나서'처럼 접속부사 다음에 보조 동사가 결합하는 일이 없다. '-고 나서' 앞에는 동사가 와야 하는데 '그리-'는 '그림을 그리다', '연인을 그리다'와 같은 경우밖에 없어서 의미가 맞지 않다. 따라서 '그러고 나서'가 맞는 표현이다.

**오답해설** ① '매달 초하룻날부터 헤아려 셋째 되는 날'을 의미하는 '사흗날'로 〈한글 맞춤법〉에 따라 끝소리가 'ㄹ'인 말과 딴 말이 어울릴 적에 'ㄹ' 소리가 'ㄷ' 소리로 나는 것은 'ㄷ'으로 적는다.

③ 접두사 '샛-/싯-'은 울림소리 앞에 붙는데, 어간 첫음절이 양성 계열 모음일 때는 '샛-', 음성 계열 모음일 때는 '싯-'으로 적는다. '누렇다'에는 '싯-'이 붙으므로 '싯누렇다'로 적는다.
④ '곯아떨어지다'는 '몹시 곤하거나 술에 취하여 정신을 잃고 자다.'를 의미한다.

## 37 ④

**정답해설** ④ '쓰이어'는 '씌어, 쓰여'로 준다. '씌여'는 바르지 못한 표기이다.

**오답해설** ①, ②, ③ 모두 바르게 준 표기들이다.

## 38 ④

**정답해설** ④ '언덕의 꼭대기 또는 언덕의 몹시 비탈진 곳'을 의미하는 말은 '언덕배기'이다. '언덕바지'와 '언덕배기'가 모두 널리 쓰이므로 둘 다 표준어로 삼는다.

**오답해설** ① '겉이 얼룩얼룩한 동물이나 물건'을 의미하는 말은 '얼룩빼기'이다. 〈한글맞춤법〉 제54항에 따르면, '-꾼, -때기, -꿈치, -빼기, -쩍다' 등의 접미사는 된소리로 적는 것을 올바른 것으로 한다. 따라서 '얼룩빼기'가 올바른 표현이다.
② '맛을 보도록 조금 내놓은 음식'을 의미하는 말은 '맛보기'이며, '맛빼기'는 잘못된 표현이다.
③ '장승박이'는 한곳에 일정하게 박혀 있다는 뜻이 강해 '-박이'로 쓴다.

## 39 ①

**정답해설** ① 떼려야(○): '떼다' 어간에 '-려고 하여야'가 붙어서 줄어든 말 '-려야'가 맞는 말이다.

**오답해설** ② 떡이에요(○): '-이에요'는 서술격 조사 어간 '이-'에 종결 어미 '-에요'가 결합한 것이다. '떡이예요'와 같이 잘못 쓰는 일이 없어야 한다.
③ 드리다(○): '드리다'는 '물건 팔기를 그만 두고 가게 문을 일찍 닫다'라는 의미로 적절한 쓰임이다.
④ 떠벌여(○): '떠벌이다'는 '사람이 일이나 사업을 큰 규모로 차리는 것'을 의미하며 적절한 쓰임이다.

## 40 ③

**정답해설** ③ 시간∨날∨때∨낚시나∨한번∨갑시다.
'한번'은 '기회 있는 어떤 때에'를 의미하는 한 단어로 붙여 쓴다.

**오답해설** ① 잔∨듯∨만∨듯: '듯'은 그런 것 같기도 하고 그러지 아니한 것 같기도 함을 나타내는 말로 의존 명사이므로 띄어 쓴다.

② 충무공∨이순신: 성과 이름, 성과 호 등은 붙여 쓰지만, 이에 덧붙는 호칭어, 관직명 등은 띄어 쓴다.
④ • 2∨명(원칙) / 2명(허용): 단위를 나타내는 명사가 아라비아 숫자 뒤에 붙을 때에도 붙여 쓸 수 있도록 한다.
• 알프스산맥: 고유 명사 가운데는 둘 이상의 단어로 이루어졌어도 띄어 쓸 수 없는 경우가 있다. 예를 들어 산 이름, 강 이름, 산맥 이름, 평야 이름, 고원 이름 등은 굳어진 지명이므로 띄어 쓰지 않는다. 이들은 합성어로서 하나의 단어로 굳어진 것이다.

## 41 ④

**정답해설** ④ '결단을 내리지 못하고 머뭇거리며 망설이다.'의 의미로 쓰이는 단어는 '서슴다'이다. 이 단어의 활용형은 '서슴지'이다. '서슴치'로 쓰는 일이 없어야 한다. 'ㅅ' 받침 뒤에 오는 부사파생 접미사는 '이'를 쓴다. 따라서 '번듯이'가 맞는 표기이다.

**오답해설** ① 생산 년도→생산 연도(○): '년'의 초성 'ㄴ'은 두음에 해당하므로 두음 법칙을 적용하여 '연도'로 표기해야 한다.
② 햇님→해님(○): 사이시옷은 합성어에서 나타나는 현상이므로 단일어나 파생어에서는 사이시옷이 나타나지 않는다. 따라서 명사 '해'에 접미사 '-님'은 파생어이므로 '해님'이 맞는 표현이다.
③ 벼루어→별러(○): '벼르다'는 어간의 끝음절 '르'의 'ㅡ'가 줄고, 그 뒤에 오는 어미 '-아/어'가 '-라/러'로 바뀔 적에 변한대로 적는다. 이 경우 'ㅡ'가 탈락하고 'ㄹ'이 덧붙는 경우이다.

## 42 ③

**정답해설** ③ 지난번∨회의에서의∨나의∨행동은∨고의라기보다는∨실수였다.
'지난번'은 '말하는 때 이전의 지나간 차례나 때'를 의미하는 한 단어이므로 붙여 쓴다.
'에서의'는 조사 '에서'와 조사 '의'를 붙여 쓴 것으로 조사는 그 앞말에 붙여 쓰며, 둘 이상 겹쳐지는 경우에도 붙여 쓸 수 있다.
'보다'는 서로 차이가 있는 것을 비교하는 경우, 비교의 대상이 되는 말에 붙어 '~에 비해서' 뜻을 나타내는 격 조사로 앞말에 붙여 쓴다.

**오답해설** ① 보아하니∨이∨웃은∨내∨게∨아니라∨그∨사람∨거야.
'보아하니'는 '겉으로 보아서 짐작하건대'를 의미하는 한 단어이므로 붙여 쓰며, '게'는 '것'을 구어적으로 이르는 말로 의존 명사이므로 띄어 쓴다. 또 '그 사람'의 '그'는 특정한 대상을 지시하여 가리키는 관형사로 띄어 쓴다.
② 김∨사장네∨첫째∨아들은∨성실하기로∨이름이∨난∨사람이다.
성 뒤에 덧붙는 호칭어, 관직명 등은 띄어 쓰므로 '김 사장'과 같이 쓰며, '-네'는 접미사로 붙여 쓴다.
④ 며칠∨밤을∨내리∨새운∨뒤∨이틀∨밤낮을∨잠만∨잤다.
'밤낮'은 밤과 낮을 아울러 이르는 말로 한 단어로 붙여 쓴다.

## 43 ②

**정답해설** ② '지겹다'에 '-(으)ㄹ 정도로'라는 뜻을 나타내는 '-(으)리만큼'이 결합하였다. '지겹다'는 '지겨워-지겨우니-지겨운'으로 활용하는 'ㅂ' 불규칙 용언이다.

**오답해설** ① '-(으)므로'는 까닭을 나타내는 어미이다. 따라서 수단, 방법의 의미를 갖는 'ㅁ/음으로'로 표기해야 한다. '먹음으로'로 표기하는 것이 맞다.
③ 이따가→있다가(○) : '이따가'는 '조금 지난 뒤에'라는 뜻을 나타내는 부사이다. '있다가'는 '있다'의 '있-'에 어떤 동작이나 상태가 끝나고 다른 동작이나 상태로 옮겨지는 뜻을 나타내는 어미 '-다가'가 붙은 형태이다. 문맥상 '있다가'가 더 적절한 표현이다.
④ 줄인→주린(○) : '주리다'는 '제대로 먹지 못하여 배를 곯다.'라는 의미이고, '줄이다'는 '줄다'의 사동사이다.

## 44 ④

**정답해설** '-아/-어 하다'가 구(句)에 결합하는 경우에는 띄어 쓴다. '-아/-어 하다'가 구(句)와 결합하는 경우는 '먹고 싶다', '마음에 들다', '내키지 않다'로 이 경우에는 띄어 쓴다.

**오답해설** ① 지워진다 : '-아/-어 지다'와 '-아/-어 하다'가 붙는 경우는 보조 용언을 앞말에 붙여 쓴다.
② 좋아한다 : '-아/-어 지다'와 '-아/-어 하다'가 붙는 경우는 보조 용언을 앞말에 붙여 쓴다.
③ 거칠어지다 : '-아/-어 지다'와 '-아/-어 하다'가 붙는 경우는 보조 용언을 앞말에 붙여 쓴다.

## 45 ①

**정답해설** ① 한글 맞춤법 제4장 제3절 제21항에 따라, 용언의 어간 뒤에 자음으로 시작되는 접미사가 붙을 때 그 원형을 밝히어 적는 것이 원칙이나, 겹받침 끝소리가 드러나지 않는 경우 용언 어간의 원형을 밝혀 적지 않는다. 따라서 '넓다'에 '다랗다'가 붙은 말로 'ㅂ'이 발음이 되지 않기 때문에 '널따랗다'로 적는다.

**오답해설** ② 접두사처럼 쓰이는 한자가 붙어서 된 말이나 합성어에서 뒷말의 첫소리가 'ㄴ' 소리로 나더라도 두음 법칙에 따라 적는다. 따라서 '신여성'으로 적어야 한다.
③ 걷잡아서→겉잡아서(○) : '겉잡다'는 '겉으로 보고 대강 짐작하여 헤아리다.'라는 의미이고, '걷잡다'는 '마음을 진정하거나 억제하다.'라는 의미이다.
④ 들어마셨다→들이마셨다(○) : '들이마시다'는 '공기나 냄새 따위를 입이나 코로 빨아들이다.'의 의미로 '들어마셨다'는 '들어 마시다.', '(그릇을) 들어서 마셨다'처럼 띄어 써야 하며, 의미상으로 어색하다.

## 46 ②

**정답해설** '지난주'는 '이 주의 바로 앞의 주'를 의미하는 한 단어이므로 붙여 쓴다.
'잘할뿐더러'의 '-ㄹ뿐더러'는 어떤 일이 그것만으로 그치지 않고 나아가 다른 일이 더 있음을 나타내는 연결 어미로 앞말과 붙여 쓴다.
'듬직스럽다'는 '듬직스러운 데가 있다'를 의미하는 한 단어이므로 붙여 쓴다.

**오답해설** ① '드나들듯이'의 '-듯이'는 뒤 절의 내용이 앞 절의 내용과 거의 같음을 나타내는 연결 어미로 붙여 쓰지만, '우리∨집'은 대명사 '우리'와 명사 '집'이 각각의 단어이므로 띄어 쓴다. 또한 '왔다∨갔다∨했다'는 '오다', '가다'의 활용형이 이어진 것으로 각각의 단어를 띄어 쓴다.
③ '나아갈∨바'의 '바'는 '일의 방법이나 방도'를 의미하는 의존 명사이므로 앞말과 띄어 쓴다.
'정해진바'의 '-ㄴ바'는 뒤 절에서 어떤 사실을 말하기 위하여 그 사실이 있게 된 것과 관련된 과거의 어떤 상황을 미리 제시하는 데 쓰는 연결 어미로 앞말과 붙여 쓴다.
'따를∨뿐'의 '뿐'은 다만 어떠하거나 어찌할 따름이라는 뜻을 나타내는 의존 명사이므로 앞말과 띄어 쓴다.
④ '이랬다저랬다'는 '이리하였다가 저리하였다가'가 줄어든 말로 붙여 쓴다.
'죽∨끓듯∨하여'의 '-듯'은 어미로 앞말과 붙여 쓰고, '하다'의 어간 '하-'는 앞말과 띄어 쓴다.
'수밖에'의 '밖에'는 부정을 나타내는 말과 어울리는 조사이므로 앞말과 붙여 쓴다.

## 47 ③

**정답해설** ㉡, ㉢, ㉤ : '-배기/-빼기'는 혼동될 수 있으므로 다음과 같이 적는다. [배기]로 발음되는 경우는 '배기'로 적고, [빼기]로 발음되는 경우는 '빼기'로 적는다. 다만, '뚝배기'처럼 한 형태소 안에서 'ㄱ, ㅂ' 받침 뒤에서 [빼기]로 발음되는 경우는 '배기'로 적는다.

**오답해설** ㉠ 판잣대기→판자때기(○) : '-때기/-대기'는 '때기'로 적는다.
㉣ 콧배기→코빼기(○) : 다른 형태소 뒤에서 '-배기'가 [빼기]로 발음되므로 '빼기'로 적는다.
㉥ 그루배기→그루빼기(○) : 다른 형태소 뒤에서 '-배기'가 [빼기]로 발음되므로 '빼기'로 적는다.

## 48 ②

**정답해설** ② 조용하라는∨그의∨말에∨모두∨끽소리도∨못∨하고∨얌전히∨앉아∨있었다.
'일정한 수준에 못 미치거나 할 능력이 없다.'의 뜻으로 '못하다'는 한 단어이므로 붙여 쓰며, '하지 못하다'의 뜻을 나타내는 경우 '못하다'와 같이 쓸 수 있다. '끽소리도 못 하다'의 경우 '하지 못하다'의 뜻을 가지고 있으므로 '못∨하다'와 같이 쓴다.

**오답해설** ① 가정∨교육도∨못∨받은∨사람처럼∨왜∨이렇게∨막되게∨구니?
'막되다'는 '말이나 행실이 버릇없고 난폭하다.'를 의미하는 한 단어이다.
③ 시장은∨불황에도∨상관없이∨계속∨사업을∨늘려∨갔다.
'상관없이'는 '문제 될 것이 없이'를 의미하는 한 단어이다.
④ 두∨사람은∨가까워지기는커녕∨점점∨더∨멀어져만∨갔다.
'는커녕'은 앞말을 지정하여 어떤 사실을 부정하는 뜻을 강조하는 보조사로 앞말에 붙여 쓴다.

## 49 ③

**정답해설** ③ 한글 맞춤법 제18항에 따라, 어간 'ㅎ'이 모음으로 시작하는 어미 앞에서 나타나지 않으면 나타나지 않는 대로 적는다. '노랗-'에 '-아'가 결합하면 '노래'가 되고, '누렇-'에 '-어'가 결합하면 '누레'가 된다. '-네'가 결합하면 '노라네'와 '노랗네'로 활용한다.

**오답해설** ① 웬지 → 왠지(○) : '웬'은 '어찌 된, 어떠한'이라는 뜻이며, '왠지'는 '왜인지'에서 줄어든 말이므로 '왠지'로 써야 한다.
② 아펐다 → 아팠다(○) : '아프-'에 선어말 어미 '-았-'이 붙어 'ㅡ'가 탈락한 뒤, 종결 어미 '-다'가 붙어서 이루어진 말이다.
④ 낱낱히 → 낱낱이(○) : 명사 '낱낱' 뒤에 접미사 '-이'가 붙어서 된 말이다. 겹쳐 쓰인 명사 뒤에는 '-이'로 적는다.

## 50 ③

**정답해설** ③ 지난겨울∨나는∨얼어붙은∨한강∨변을∨헤매었다.
'지난겨울'은 '바로 전에 지나간 겨울'을 의미하는 한 단어이다.
'얼어붙다'는 '액체나 물기가 있는 물체가 찬 기운 때문에 얼어서 꽉 들러붙다.'를 의미하는 한 단어이다.
'한강∨변'의 '한강'과 '변'은 각각의 단어이므로 띄어 쓴다.

**오답해설** ① 서울에∨도착하는∨대로∨집으로∨전화를∨해∨주세요.
'대로'는 '어떤 상태나 행동이 나타나는 그 즉시'를 의미하는 의존 명사로 앞말과 띄어 쓴다.
'해∨주세요'의 '해'는 연결 어미 '-어'가 붙은 '하다'의 활용형이며, '주다'는 보조 용언이므로 띄어 쓰는 것이 원칙이지만, '해주다'와 같이 붙여 쓰는 것도 허용한다.
② 동생이∨엄마를∨도와드린다며∨행주질하고∨그릇∨정리도∨했다.
'도와드리다'는 '도와주다'의 높임 표현으로 '도와주다'가 한 단어로 인정되므로 '도와드리다' 역시 그와 관련하여 '도와드리다'와 같이 붙여 써야 한다.
④ 그는∨은연중에∨자신의∨감정을∨글∨속에∨투사시키고∨있었다.
'은연중'은 '남이 모르는 가운데'를 의미하는 한 단어이다.

## 51 ②

**정답해설** ② '대로'는 의존 명사이므로 띄어 쓴다.

**오답해설** ① 놀라기 보다는 → 놀라기보다는(○) : '놀라다' 동사에 명사형 전성어미 '-기'가 붙고, '보다'는 부사격 조사, '는'은 보조사로 모두 조사이므로 앞말에 붙여 쓴다.
③ '커녕'은 조사이므로 붙여 쓴다.
④ 보조사 '일랑'에 보조사 '은'이 결합한 말로 어떤 대상을 특별히 정하여 가리킴을 뜻한다. 조사이므로 붙여 쓴다.

## 52 ④

**정답해설** ⓒ • 이튿날 : '어떤 일이 있은 그다음의 날'을 의미하는 말은 '이튿날'과 같이 쓴다.
• 느지거니 : '꽤 늦게'를 의미하는 말로 '느지감치'와 비슷한 말이다.
ⓒ • 꺼림직하다 : '마음에 걸려서 언짢고 싫은 느낌이 있다.'를 의미하는 말로 2018년부터 표준어로 인정되었다. 비슷한 의미로 '꺼림칙하다', '께름칙하다', '께름직하다'가 있으며 모두 표준어이다.
ⓔ • 엔간하다 : '대중으로 보아 정도가 표준에 꽤 가깝다.'를 의미하는 표준어이며, '엥간하다'는 '엔간하다'의 잘못된 표현이다.
• 쪼들리다 : '어떤 일이나 사람에 시달리거나 부대끼어 괴롭게 지내다.'를 의미하는 표준어이다.

**오답해설** ㉠ 엊그제 : 단어의 끝모음이 줄어지고 자음만 남은 것은 그 앞의 음절에 받침으로 적는 원칙에 따라 '어제그제'는 '엊그제'로 적는다. '엊그제'의 의미로 '엇그제'를 쓰는 경우가 있으나 '엊그제'만 표준어로 삼는다.

## 53 ①

**정답해설** ① 본용언 '입어'에 보조 용언 '볼과 만하다'가 이어지는 구성이다. 이 경우 본용언 바로 뒤의 보조 용언만 붙여 씀을 허용한다. 따라서 '입어볼 만하다'는 바른 표기이다.

**오답해설** ② 예뻐 한다 → 예뻐한다(○) : '-아/-어 지다'와 '-아/-어 하다'가 붙는 경우 보조 용언을 앞말에 붙여 쓴다. '지다'와 '하다'가 보조 용언으로 다루어지기는 하나 형용사가 타동사처럼 쓰인다는 점에서 붙여 쓴다.
③, ④ 반 만큼이라도 → 반만큼이라도(○), 어느만큼 → 어느 만큼 (○) : '만큼'은 조사와 의존 명사로 쓰이므로 그 의미와 결합 관계를 살펴보아야 한다. '반'은 명사이므로 조사가 결합할 수 있고, '어느'는 관형사이므로 뒷말에 의존 명사가 와야 한다. 조사로 쓰일 때 의미는 '앞말과 비슷한 정도나 한도임을 나타내는 격 조사'이며, 의존 명사는 '앞의 내용에 상당한 수량이나 정도임을 나타내는 말'을 나타내므로 의미적으로도 비교할 수 있다.

## 54 ②

**정답해설** '매우 많고 흔하다'를 의미하는 '수두룩하다'는 준말인 '수둑하다'가 쓰이고 있더라도, 본말이 널리 쓰이고 있으므로 본말만 표준어로 삼는다.

**오답해설** ① '놀'은 '노을'의 준말로 둘 다 표준어로 인정한다.
③ '외다'는 '외우다'의 준말로 둘 다 표준어로 인정한다.
④ '이죽거리다'는 '이기죽거리다'의 준말로 둘 다 표준어로 인정한다.

## 55 ③

**정답해설** ③ 50%내지→50% 내지(○) : 한글 맞춤법 제45항에 따라 두 말을 이어 주거나 열거할 적에 쓰이는 말은 띄어 쓴다. 따라서 '내지'는 부사로서 띄어 쓴다.

**오답해설** ① 두근만→두 근만(○) : '근'은 단위를 나타내는 말로 의존 명사이므로 앞말과 띄어 써야 한다.
② 15 킬로미터(○, 원칙) / 15킬로미터(○, 허용) : 단위를 나타내는 명사가 아라비아 숫자 뒤에 붙을 때 붙여 쓰는 것도 허용한다.
④ 부부의 날(○, 원칙) / 부부의날(○, 허용) : 성명 이외의 고유 명사는 단어별로 띄어 씀을 원칙으로 하되, 단위별로 띄어 쓸 수 있다. '부부의 날'과 같이 '용언의 관형사형 + 명사' 혹은 '명사 + 조사 + 명사' 형식으로 된 고유 명사도 붙여 쓸 수 있다.

## 56 ②

**정답해설** 둘 이상의 단어가 어울려 하나의 단어가 될 때는 각각 원형을 밝혀 적는 원칙에 따라 '짓무르다'로 적는다. '짓무르다'의 의미로 '진무르다, 짓물다, 짓물리다, 짖무르다'를 쓰는 경우가 있으나 '짓무르다'만 표준어로 삼는다. 또한 '짓무르다'는 '짓물러-짓무르니'와 같이 활용한다.

**오답해설** ① 야불거리다 : '입을 자주 놀려 잇따라 말하다.'를 의미하는 말로 표준어이다.
③ 손거스러미 : '손톱이 박힌 자리 주변에 살갗이 일어난 것'을 의미하는 말로 표준어이다.
④ 끄물끄물하다 : '불빛 따위가 밝게 비치지 않고 몹시 침침해지다.'를 의미하는 말로 표준어이다.

## 57 ③

**정답해설** ③ 국어사전에서 어휘를 찾을 때는 초성(자음) - 중성(모음) - 종성(자음)의 순서로 찾으며, 사전에 올릴 적 자모(초성, 중성)의 순서는 다음과 같다.

자음과 모음의 순서

| 자음 | ㄱ, ㄲ, ㄴ, ㄷ, ㄸ, ㄹ, ㅁ, ㅂ, ㅃ, ㅅ, ㅆ, ㅇ, ㅈ, ㅉ, ㅊ, ㅋ, ㅌ, ㅍ, ㅎ |
|---|---|
| 모음 | ㅏ, ㅐ, ㅑ, ㅒ, ㅓ, ㅔ, ㅕ, ㅖ, ㅗ, ㅘ, ㅙ, ㅚ, ㅛ, ㅜ, ㅝ, ㅞ, ㅟ, ㅠ, ㅡ, ㅢ, ㅣ |

## 58 ③

**정답해설** '무엇을 이루려고 애를 쓰거나 우겨 대는 모양'을 의미하는 말은 '아등바등'이다. '아등바등'의 의미로 '아둥바둥'을 쓰는 경우가 있으나 '아등바등'만 표준어로 삼는다.

**오답해설** ① 열어제껴(×)/열어젖혀(○) : '문이나 창문 따위를 갑자기 벌컥 열다.'를 의미하는 말은 '열어젖히다'이다. '열어젖히다'의 의미로 '열어재끼다, 열어재치다, 열어저치다, 열어제끼다, 열어제치다'를 쓰는 경우가 있으나 '열어젖히다'만 표준어로 삼는다.
② 뒤뜨락(×)/뒤뜰(○) : '뒤뜰'의 의미로 '뒤뜨락'을 쓰는 경우가 있으나 '뒤뜰'만 표준어로 삼고, '뒤뜨락'은 버린다.
④ 얼레리꼴레리(×)/알나리깔나리(○) : 아이들이 남을 놀릴 때 하는 말인 감탄사는 '알나리깔나리'이다.

## 59 ④

**정답해설** '톱질이나 줄질을 자꾸 할 때 나는 소리'를 의미하는 말은 '쓱싹쓱싹'이다. 한 단어 안에서 같은 음절이나 비슷한 음절이 겹쳐 나는 부분은 같은 글자로 적으므로 '쓱싹쓱싹'과 같이 적는다.

**오답해설** ① 옴팡지다 : '보기에 가운데가 좀 오목하게 쏙 들어가 있다.'를 의미하는 표준어이다.
② 오지다 : '허술한 데가 없이 알차다.'를 의미하는 표준어이다.
③ 뾰루지 : '뾰족하게 부어오른 작은 부스럼'을 의미하는 표준어이다. '뾰두라지'와 '뾰루지'는 모두 널리 쓰이므로 둘 다 표준어로 삼는다.

## 60 ③

**정답해설** 고유어 계열 단어보다 한자어 계열 단어가 더 널리 쓰이면 한자어를 표준어로 삼기로 했으므로 '알타리무'는 버리고 '총각무(總角-)'만 표준어로 삼는다.

**오답해설** ① 개다리소반 : 고유어 계열인 '개다리밥상, 개상판'이 생명력을 잃고, 한자어 계열인 '개다리소반'이 널리 쓰이므로 '개다리소반'만 표준어로 삼고, '개다리밥상, 개상판'은 버린다.
② 단벌 : 고유어 계열의 '홑벌'보다 한자어 계열의 '단벌'이 더 널리 쓰이므로 '단벌'을 표준어로 삼는다.
④ 고봉밥 : 고유어 계열의 '높은밥'보다 한자어 계열의 '고봉밥'이 더 널리 쓰이므로 '고봉밥'을 표준어로 삼는다.

## 61 ④

**정답해설**  ㉠ • 귀퉁이 : '귀퉁이'의 의미로 '귓통'을 쓰는 경우가 있으나 '귀퉁이'를 표준어로 삼고, '귓통'은 버린다.
• 뜯어내다 : '붙어 있는 것을 떼어 내다.' 등을 의미하는 한 단어로 붙여 쓴다.
㉢ • 메꾸다 : '부족하거나 모자라는 것을 채우다.' 등을 의미하는 표준어이다.
• 까탈스럽다 : '성미나 취향 따위가 원만하지 않고 별스러워 맞춰 주기에 어려운 데가 있다.'를 의미하는 표준어이다.
㉣ • 쇠고기 : '소-'와 '쇠-'는 모두 널리 쓰이므로 둘 다 표준어로 삼는다. 따라서 '소고기'와 '쇠고기' 둘 다 표준어로 삼는다.
• 뻐젓이 : '뻐젓이'는 '버젓이'보다 센 느낌을 주는 표준어이다.

**오답해설**  ㉡ • 노름(O) : 어간에 '-음'이 붙어서 명사로 바뀐 것이라도 그 어간의 뜻과 멀어진 것은 원형을 밝히어 적지 않는다. 어원적으로 '놀다'의 '놀-'에 '-음'이 붙어서 된 것이지만, 그 어간의 본뜻에서 멀어진 것이므로 소리 나는 대로 적는다.
• 땅때기(×)/땅뙈기(O) : '얼마 안 되는 자그마한 땅. 주로 논밭'을 가리키는 말은 '땅뙈기'이다.
• 송두리째(O) : '송두리째'의 의미로 '송두리채'를 쓰는 경우가 있으나 '송두리째'만 표준어로 삼는다.
• 날려∨버렸다 : 보조 용언은 띄어 씀을 원칙으로 하되, 경우에 따라 붙여 씀도 허용한다.

## 62 ②

**정답해설**  '간지럽히다'는 '살갗을 문지르거나 건드려 간지럽게 하다.'를 의미하는 표준어이며, '간질이다'의 의미로 발음이 비슷한 '간지르다'를 쓰는 경우가 있으나 '간질이다'만 표준어로 삼는다.

**오답해설**  ① '눈대중'과 '눈어림', '눈짐작'은 모두 많이 쓰이므로 모두 표준어로 인정한다.
③ '보통내기'와 '여간내기, 예사내기'는 모두 널리 쓰이므로 셋 다 표준어로 인정한다.
④ '복숭아뼈'와 '복사뼈'는 모두 표준어로 인정한다.

## 63 ③

**정답해설**  점은 가운데 찍는 대신 아래쪽에 찍을 수도 있다. 그리고 여섯 점을 찍는 대신 세 점을 찍을 수도 있다. 다만, 마침표가 쓰이는 자리에 줄임표가 쓰이면 마침표와 함께 표기해야 한다. 따라서 한번 뒤에 점이 모두 4개가 있어야 한다.

**오답해설**  ② 쌍점은 앞말에 붙여 쓰고 뒷말과 띄어 쓰는 것이 원칙이지만, 시와 분, 장과 절 등을 구별할 때나 의존 명사 '대'가 쓰일 자리에 쓰일 때는 앞말과 뒷말에 붙여 쓴다.

## 64 ③

**정답해설**  '번번이'는 끝소리가 분명히 '-이'로 나는 경우이므로 '번번히'로 적지 않고, '번번이'로 적는다.

**오답해설**  ① '님'은 그 사람을 높여 이르는 말로 '홍길동 님'과 같이 쓸 수 있으며, 안내장과 같은 공식적인 편지에서 'OOO 님께'와 같이 쓸 수 있다.
② '그동안'은 한 단어이므로 붙여 쓰며, '될 듯하다'는 본용언과 보조 용언의 구성으로 띄어 씀을 원칙으로 하되, 경우에 따라 붙여 씀도 허용한다.
④ '우송하다(郵送)하다'는 '우편으로 보내다.'라는 의미이다.

# chapter 07 표준 발음법

| | | | | |
|---|---|---|---|---|
| 01 ④ | 02 ② | 03 ③ | 04 ④ | 05 ② |
| 06 ② | 07 ④ | 08 ③ | 09 ② | 10 ④ |
| 11 ② | 12 ① | 13 ④ | 14 ③ | 15 ③ |
| 16 ④ | 17 ① | 18 ① | 19 ② | 20 ④ |
| 21 ② | 22 ② | 23 ③ | 24 ① | 25 ④ |
| 26 ③ | 27 ③ | 28 ③ | 29 ③ | 30 ② |
| 31 ③ | 32 ② | 33 ① | 34 ④ | 35 ③ |
| 36 ② | 37 ③ | 38 ① | 39 ④ | 40 ② |
| 41 ③ | 42 ① | 43 ④ | 44 ① | 45 ③ |

## 01 ④

**정답해설** 표준 발음법 제10항, 겹받침 'ㄳ, ㄵ, ㄼ, ㄽ, ㄾ, ㅄ'은 어말 또는 자음 앞에서 각각 [ㄱ, ㄴ, ㄹ, ㅂ]으로 발음한다. 따라서 '짧게'의 경우 [짤께]로 발음해야 한다.

**오답해설** 표준 발음법 제10항, 겹받침 'ㄳ, ㄵ, ㄼ, ㄽ, ㄾ, ㅄ'은 어말 또는 자음 앞에서 각각 [ㄱ, ㄴ, ㄹ, ㅂ]으로 발음한다. 그리고 표준 발음법 제11항, 겹받침 'ㄺ, ㄻ, ㄿ'은 어말 또는 자음 앞에서 각각 [ㄱ, ㅁ, ㅂ]으로 발음한다. 따라서 '넋과'는 [넉꽈]로 '핥다'는 [할따]로 '삶만'은 [삼만]으로 발음해야 한다.

## 02 ②

**정답해설** ② 앉다[안따] – 겹자음 중 하나가 탈락하는 자음군 단순화, 쌓이고[싸이고] – 어간말 공명음과 공명음 사이의 필수적 ㅎ 탈락

**오답해설** ① 달나라[달라라] – 유음화(대치), 여덟[여덜] – ㅂ 탈락에 의한 자음군 단순화(탈락)
③ 콩잎[콩닙] – 표준 발음법 제29항, 합성어 및 파생어에서, 앞 단어나 접두사의 끝이 자음이고 뒤 단어나 접미사의 첫음절이 '이, 야, 여, 요, 유'인 경우에는, 'ㄴ' 음을 첨가하여 [니, 냐, 녀, 뇨, 뉴]로 발음한다(첨가). 학문[항문] – 비음화(대치)
④ 좋다[조타] – 축약에 의한 격음화, 법당[법땅] – 장애음 뒤 경음화(대치)

## 03 ③

**정답해설** ③ 표준 발음법 제11항, 겹받침 'ㄺ, ㄻ, ㄿ'은 어말 또는 자음 앞에서 각각 [ㄱ, ㅁ, ㅂ]으로 발음한다. 다만, 용언의 어간 말음 'ㄺ'은 'ㄱ' 앞에서 [ㄹ]로 발음한다. 따라서 ③은 [글꼬]로 발음한다.

**오답해설** ①, ② 표준 발음법 제10항, 겹받침 'ㄳ, ㄵ, ㄼ, ㄽ, ㄾ, ㅄ'은 어말 또는 자음 앞에서 각각 [ㄱ, ㄴ, ㄹ, ㅂ]으로 발음한다.
④ [극따]로 발음한다.

## 04 ④

**정답해설** 이중모음은 이중모음으로 발음해야 하지만, 예외로 자음의 첫소리로 가지고 'ㅢ'를 갖고 있는 음절은 [ㅣ]로 발음한다.

**오답해설** ① 표준어의 자음은 'ㄱ, ㄲ, ㄴ, ㄷ, ㄸ, ㄹ, ㅁ, ㅂ, ㅃ, ㅅ, ㅆ, ㅇ, ㅈ, ㅉ, ㅊ, ㅋ, ㅌ, ㅍ, ㅎ'이며 일부 지역에 'ㅆ'이 없는 경우를 제외하면 대체로 동일한 모습이다.
② 국어의 자음은 양순음, 치조음, 경구개음, 연구개음, 후음 등 5개 조음 위치에서 발음된다.
③ 'ㅚ'와 'ㅟ'는 단모음으로 발음하지만 이중모음으로 발음하는 것을 허용한다.

## 05 ②

**정답해설** ② 뚫는[뚤른] : 표준 발음법 제20항, 'ㄴ'은 'ㄹ'의 앞이나 뒤에서 [ㄹ]로 발음한다. 첫소리 'ㄴ'이 'ㅀ', 'ㄾ' 뒤에 연결되는 경우에도 이에 준한다. 넓죽하다[넙쭈카다] : 표준 발음법 제10항, 겹받침 'ㄳ, ㄵ, ㄼ, ㄽ, ㄾ, ㅄ'은 어말 또는 자음 앞에서 각각 [ㄱ, ㄴ, ㄹ, ㅂ]으로 발음한다. 다만, '밟-'은 자음 앞에서 [밥]으로 발음하고, '넓-'은 '넓죽하다, 넓둥글다, 넓적하다' 등과 같은 경우에 [넙]으로 발음한다.

**오답해설** ① 지읒을[지으슬] : 표준 발음법 제16항, 한글 자모의 이름은 그 받침소리를 연음하되, 'ㄷ, ㅈ, ㅊ, ㅋ, ㅌ, ㅍ, ㅎ'의 경우에는 특별히 다음과 같이 발음한다.
디귿이[디그시]  디귿을[디그슬]  디귿에[디그세]
지읒이[지으시]  지읒을[지으슬]  지읒에[지으세]
치읓이[치으시]  치읓을[치으슬]  치읓에[치으세]
키읔이[키으기]  키읔을[키으글]  키읔에[키으게]
티읕이[티으시]  티읕을[티으슬]  티읕에[티으세]
피읖이[피으비]  피읖을[피으블]  피읖에[피으베]
히읗이[히으시]  히읗을[히으슬]  히읗에[히으세]
④ 상견례[상견녜] : 'ㄴ'은 'ㄹ'의 앞이나 뒤에서 [ㄹ]로 발음한다. 다만, '상견례[상견녜], 공권력[공꿘녁], 이원론[이ː원논]'과 같은 단어들은 'ㄹ'을 [ㄴ]으로 발음한다.

## 06 ②

**정답해설**
• 맑게[막께](×) → [말께](○)
• 부엌을[부어글](×) → [부어클](○)
• 여덟이[여더리](×) → [여덜비](○)

**오답해설** 손재주[손째주](○) – 표기상 사이시옷이 없더라도, 관형격 기능을 지니는 사이시옷이 있어야 할 합성어의 경우 뒤 단어의 첫소리를 된소리로 발음한다.

## 07 ④

**정답해설** ㄱ : 표준 발음법 제12항, 'ㅎ(ㄶ, ㅀ)' 뒤에 모음으로 시작된 어미나 접미사가 결합되는 경우에는, 'ㅎ'을 발음하지 않는다.
ㄴ : 표준 발음법 제12항, 'ㅎ(ㄶ, ㅀ)' 뒤에 'ㄱ, ㄷ, ㅈ'이 결합되는 경우에는, 뒤 음절 첫소리와 합쳐서 [ㅋ, ㅌ, ㅊ]으로 발음한다.
ㄷ : 표준 발음법 제12항, 용언 어간과 어미가 결합한 경우는 아니나 음운 환경이 같은 '싫증'에서는, 'ㅎ'과 'ㅈ'이 [ㅊ]으로 줄지 않고 [실쯩]으로 발음된다.
ㄹ : 표준 발음법 제12항, 'ㅎ' 뒤에 'ㄴ'이 결합되는 경우에는, [ㄴ]으로 발음한다.

## 08 ③

**정답해설** ③ 상견례[상결례](×)→[상견녜](○) – 'ㄴ'은 'ㄹ' 앞이나 뒤에서 [ㄹ]로 발음하지만 해당 단어는 'ㄹ'을 [ㄴ]으로 발음한다.

**오답해설** ① 졸도[졸또](○) – 한자어에서 'ㄹ' 받침 뒤에 연결되는 'ㄷ, ㅅ, ㅈ'은 된소리로 발음한다.
② 발바닥[발빠닥](○) – 사이시옷이 없더라도 관형격 기능을 지니는 사이시옷이 있어야 할 합성어의 경우 뒤 단어의 첫소리 'ㄱ, ㄷ, ㅂ, ㅅ, ㅈ'을 된소리로 발음한다.
④ 할 것을[할꺼슬](○) – 관형사형 '-(으)ㄹ' 뒤에 연결되는 'ㄱ, ㄷ, ㅂ, ㅅ, ㅈ'은 된소리로 발음한다.

## 09 ②

**정답해설** ② 여덟이[여덜비]

**오답해설** ① 물약[물략]
③ 짓이기다[진니기다]
④ 밟는[밤는]

## 10 ④

**정답해설** ④ '물장난'은 사잇소리 현상이 일어나는 단어가 아니다. 따라서 '물장난'으로 발음된다. 참고로 학자에 따라 두 명사가 결합하여 합성 명사를 이룰 때 명사들 사이의 의미 관계가 시간, 장소, 용도, 기원과 같은 의미를 나타낼 때는 사잇소리 현상이 일어나며, 나머지의 경우에는 사잇소리 현상이 일어나지 않는다고 보기도 한다. 따라서 '물장난'의 경우 '수단'의 의미이기에 사잇소리 현상이 일어나지 않는다고 보기도 한다.

**오답해설** ① 흙과[흑꽈](○) – 표준 발음법 제11항, 겹받침 'ㄺ, ㄻ, ㄿ'은 어말 또는 자음 앞에서 [ㄱ, ㅁ, ㅂ]으로 발음한다.
② 굴속[굴 : 쏙](○) – 표준 발음법 제28항, 표기상으로는 사이시옷이 없더라도, 관형격 기능을 지니는 사이시옷이 있어야 할(휴지가 성립되는) 합성어의 경우에는, 뒤 단어의 첫소리 'ㄱ, ㄷ, ㅂ, ㅅ, ㅈ'을 된소리로 발음한다.
③ 대통령[대 : 통녕](○) – 표준 발음법 제19항, 받침 'ㅁ, ㅇ' 뒤에 연결되는 'ㄹ'은 [ㄴ]으로 발음한다.

## 11 ②

**정답해설** ② 표준 발음법 제13항에 따라 홑받침이나 쌍받침이 모음으로 시작된 조사나 어미, 접미사와 결합하는 경우에는, 제 음가대로 뒤 음절 첫소리로 옮겨 발음한다. 따라서 '밭'이 홑받침으로 끝나고 조사 '을'이 결합되었으므로 받침을 제 음가대로 뒤 음절 첫소리로 발음하여 [바틀]로 발음한다.

**오답해설** ① 표준 발음법 제5항에 따라 'ㅑ, ㅒ, ㅕ, ㅖ, ㅘ, ㅙ, ㅛ, ㅝ, ㅞ, ㅠ, ㅢ'는 이중 모음으로 발음하지만 단어의 첫음절 이외의 '의'는 [ㅣ]로 발음한다는 예외 규정이 있다. 따라서 주의[주의/주이]로 발음할 수 있다.
③ 'ㅖ'는 이중 모음으로 발음하지만 '예, 례' 이외의 'ㅖ'는 [ㅔ]로도 발음하는 것을 허용한다. 따라서 지혜[지혜/지혜]로 발음할 수 있다.
④ 표준 발음법 제17항, 받침 'ㄷ, ㅌ(ㄾ)'이 조사나 접미사의 모음 'ㅣ'와 결합하는 경우에 [ㅈ, ㅊ]로 바꾸어서 뒤 음절 첫소리로 발음한다. 따라서 미닫이[미 : 다지]로 발음한다.

## 12 ①

**정답해설** ㉠ 닭에게[다게게](×)→[달게게](○) – 겹받침이 모음으로 시작된 조사나 어미, 접미사와 결합하는 경우, 뒤엣것만을 뒤 음절 첫소리로 옮겨 발음한다.

**오답해설** ② ㉡ 닭[닥](○) – 'ㄺ'은 어말 또는 자음 앞에서 [ㄱ]으로 발음한다.
③ ㉢ 닭한테[다칸테](○) – 표준 발음법 제12항의 [붙임 1]에 따라 [다칸테]로 발음한다. 받침 'ㄱ(ㄺ), ㄷ, ㅂ(ㄼ), ㅈ(ㄵ)'이 뒤 음절 첫소리 'ㅎ'과 결합되는 경우에 두 소리를 합쳐서 [ㅋ, ㅌ, ㅍ, ㅊ]으로 발음한다.
④ ㉣ 닭만[당만](○) – 표준 발음법 제18항, 받침 'ㄱ'은 'ㄴ, ㅁ' 앞에서 [ㅇ]으로 발음한다.

## 13 ④

**정답해설** ④ 표준 발음법 제5항, 다만 4. 규정에 의거해 '예, 례'는 [ㅖ]로만 발음한다.

**오답해설** ① 표준 발음법 제5항, 다만 4. 규정에 따라 '예, 례, 이외의 'ㅖ'는 [ㅔ]로 발음하는 것을 허용한다.
② 표준 발음법 제5항, 다만 4. 규정에 따라 [강의에]도 허용한다.
③ 표준 발음법 제5항, 다만 3. 규정에 따라 자음을 첫소리로 가지고 있는 음절의 'ㅢ'는 [ㅣ]로 발음한다.

## 14 ③

**정답해설** 치어: 쳐[쳐 : ](×)→[처](○) – 용언의 단음절 어간에 어미 '-아/-어'가 결합되어 한 음절로 축약되는 경우에 긴소리로 발음한다. 하지만 '와, 져, 쪄, 쳐'로 실현되는 경우에 예외적으로 장모음화가 나타나지 않는다.

## 15 ③

**정답해설** ③ 표준 발음법 제9항은 종성에 놓인 홑받침 및 쌍받침의 발음에 대한 규정으로 종성 7개 자음만 발음할 수 있기 때문에 'ㄲ, ㅋ'은 [ㄱ]으로, 'ㅅ, ㅆ, ㅈ, ㅊ, ㅌ'은 [ㄷ]으로, 'ㅍ'은 [ㅂ]으로 바뀐다.

## 16 ④

**정답해설** 벼훑이[벼훌티](×)→[벼훌치](○) – 표준 발음법 제17항, 받침 'ㄷ, ㅌ(ㄾ)'이 조사나 접미사의 모음 'ㅣ'와 결합되는 경우 [ㅈ, ㅊ]으로 바꾸어서 뒤 음절 첫소리로 옮겨 발음한다.

**오답해설** ① 꽃을[꼬츨](○) – 홑받침이 모음으로 시작되는 조사 '을'과 결합하는 경우 제 음가대로 뒤 음절 첫소리로 옮겨 발음한다.
② 꽃 위[꼬뒤](○) – 표준 발음법 제15항, 받침 뒤에 모음 'ㅏ, ㅓ, ㅗ, ㅜ, ㅟ'들로 시작되는 실질 형태소가 연결되는 경우, 대표음으로 바꾸어서 뒤 음절 첫소리로 옮겨 발음한다.
③ 윷놀이[윤 : 노리](○)

## 17 ①

**정답해설** ① '받고[받꼬]'는 받침 'ㄷ' 뒤에 연결되는 'ㄱ'을 된소리로 발음하는 것으로 ㉠의 예로 적절하다.

**오답해설** ② '손바닥[손빠닥]'의 '손'은 용언 어간이 아니므로 ㉡의 예로 적절하지 않다.
③ '할 것[할껃]'은 관형사형 어미 '(으)ㄹ-' 뒤에 연결되는 'ㄱ'을 된소리로 발음하는 것이므로 ㉢의 예에 해당한다.

④ '갈색[갈쌕]'은 한자어에서 'ㄹ' 받침 뒤에 연결되는 'ㅅ'을 된소리로 발음하는 것이므로 ㉢의 예에 해당한다.

## 18 ①

**정답해설** ① 여덟을[여덜블](○) – 겹받침이 모음으로 시작된 조사나 어미, 접미사와 결합되는 경우에는, 뒷엣것만을 뒤 음절 첫소리로 옮겨 발음한다.

**오답해설** ② 티읕에[티으테](×)→[티으세](○) – 한글 자모의 이름은 그 받침소리를 연음하되 'ㄷ, ㅈ, ㅊ, ㅋ, ㅌ, ㅍ, ㅎ'의 경우에는 특별하게 발음한다.
③ 묻히다[무티다](×)→[무치다] – 받침 'ㄷ, ㅌ(ㄾ)'이 조사나 접미사의 모음 'ㅣ'와 결합하는 경우에는 [ㅈ, ㅊ]으로 바꾸어서 뒤 음절 첫소리로 옮겨 발음한다.
④ 짓는[진 : 는](○) – 받침 'ㄷ(ㅅ, ㅆ, ㅈ, ㅊ, ㅌ, ㅎ)'은 'ㄴ, ㅁ' 앞에서 [ㄴ]으로 발음한다.

## 19 ②

**정답해설**
• 문법[문뻡](○) : 표준 발음법 제21항에서 수의적으로 일어나는 현상은 표준 발음으로 인정하지 않는다.
• 공권력[공꿘녁](○) : 표준 발음법 제20항, 예외 조항으로 [공꿘녁]으로 발음한다.
• 수세미[수세미](○) : 설거지할 때 그릇을 씻는 데 쓰는 물건으로 [수세미]라고 발음한다.

**오답해설**
• 천리[철리] : 표준 발음법 제20항, 'ㄴ'은 'ㄹ'의 앞이나 뒤에서 [ㄹ]로 발음한다.
• 되어[되어 / 되여] : 표준 발음법 제22항, 다음과 같은 용언의 어미는 [어]로 발음함을 원칙으로 하되, [여]로 발음함도 허용한다(예 되어, 피어).
• 강릉[강능], 대통령[대 : 통녕] : 표준 발음법 제19항, 받침 'ㅁ, ㅇ' 뒤에 연결되는 'ㄹ'은 [ㄴ]으로 발음한다.
• 묽고[물꼬] : 표준 발음법 제11항, 겹받침 'ㄺ, ㄻ, ㄿ'은 어말 또는 자음 앞에서 각각 [ㄱ, ㅁ, ㅂ]으로 발음한다. 다만, 용언의 어간 말음 'ㄺ'은 'ㄱ' 앞에서 [ㄹ]로 발음한다.

## 20 ④

**정답해설** 꽃망울[꼰망울](○) – 표준 발음법 제18항, 받침 'ㄱ(ㄲ, ㅋ, ㄳ, ㄺ), ㄷ(ㅅ, ㅆ, ㅈ, ㅊ, ㅌ, ㅎ), ㅂ(ㅍ, ㄼ, ㄿ, ㅄ)'은 'ㄴ, ㅁ' 앞에서 [ㅇ, ㄴ, ㅁ]으로 발음한다.
끓이다[끄리다](○) – 'ㅎ(ㄶ, ㅀ)' 뒤에 모음으로 시작된 어미나 접미사가 결합되는 경우에 'ㅎ'을 발음하지 않는다.

**오답해설** ① 닳는[달는](×)→[달른](○), 결단력[결딴녁](○)
② 넓둥글다[넙뚱글다](○), 읊조리다[을쪼리다](×)→[읍쪼리다] (○)
③ 않던[안턴](○), 맑다[말따](×)→[막따](○)

## 21 ②

**정답해설** ② 맑다[막따] : 겹받침 'ㄺ, ㄻ, ㄿ'은 어말 또는 자음 앞에서 각각 [ㄱ, ㅁ, ㅂ]으로 발음한다.

**오답해설** ① 일시적[일씨적] : 한자어에서 'ㄹ' 받침 뒤에 연결되는 'ㄷ, ㅅ, ㅈ'은 된소리로 발음한다.
③ 옆집[엽찝] : 받침 'ㄱ(ㄲ, ㅋ, ㄳ, ㄺ), ㄷ(ㅅ, ㅆ, ㅈ, ㅊ, ㅌ), ㅂ(ㅍ, ㄼ, ㄿ, ㅄ)' 뒤에 연결되는 'ㄱ, ㄷ, ㅂ, ㅅ, ㅈ'은 된소리로 발음한다.
④ 틔어[티어] : 'ㅑ, ㅒ, ㅕ, ㅖ, ㅘ, ㅙ, ㅛ, ㅝ, ㅞ, ㅠ, ㅢ'는 이중 모음으로 발음한다. 자음을 첫소리로 가지고 있는 음절의 'ㅢ'는 [ㅣ]로 발음한다.

## 22 ③

**정답해설** ③ 3연대[삼년대](○) – 표준 발음법 제29항의 [붙임 2]에 해당하는 규정으로 두 단어를 이어서 한 마디로 발음하는 경우에도 'ㄴ' 음을 첨가하여 [니, 냐, 녀, 뇨, 뉴]로 발음한다.

**오답해설** ① 허허실실(虛虛實實)[허허실씰](×)→[허허실실](○) – 표준 발음법 제26항, 한자어에서 'ㄹ' 받침 뒤에 연결되는 'ㄷ, ㅅ, ㅈ'은 된소리로 발음해야 하지만 같은 한자가 겹쳐진 단어의 경우 된소리로 발음하지 않는다.
② 결막염[결마겸](×)→[결망념](○) – 표준 발음법 제29항, 합성어 및 파생어에서, 앞 단어나 접두사의 끝이 자음이고 뒤 단어나 접미사의 첫음절이 '이, 야, 여, 요, 유'인 경우에는, 'ㄴ' 음을 첨가하여 [니, 냐, 녀, 뇨, 뉴]로 발음한다.
④ 옷맵시[온맵시](×)→[온맵씨](○)

## 23 ①

**정답해설** ① 감기[강기] : 수의적으로 역행 동화된 발음, 연구개음화, 양순음화 등은 표준 발음이 아니다.

**오답해설** ② 줄넘기[줄럼끼] : 'ㄴ'은 'ㄹ'의 앞이나 뒤에서 [ㄹ]로 발음되는 유음화가 일어난다. 그리고 '넘기'의 경우 용언 어간 받침이 'ㅁ'인 경우로 그 뒤에 오는 예사소리가 된소리가 되는 경음화 현상이 일어난다. 따라서 최종적으로 [줄럼끼]로 발음된다.
③ 밟다[밥따] : 겹받침 'ㄳ, ㄵ, ㄼ, ㄽ, ㄾ, ㅄ'은 어말 또는 자음 앞에서 각각 [ㄱ, ㄴ, ㄹ, ㅂ]으로 발음한다. 다만, '밟-'은 자음 앞에서 [밥]으로 발음한다.
④ 불여우[불려우] : 표준 발음법 제29항, 합성어 및 파생어에서, 앞 단어나 접두사의 끝이 자음이고 뒤 단어나 접미사의 첫음절이 '이, 야, 여, 요, 유'인 경우에는, 'ㄴ' 음을 첨가하여 [니, 냐, 녀, 뇨, 뉴]로 발음한다. 'ㄹ' 받침 뒤에 첨가되는 'ㄴ' 음은 [ㄹ]로 발음한다.

## 24 ①

**정답해설** '예, 례' 이외의 'ㅖ'는 'ㅔ'로 발음하는 것도 허용한다. 따라서 [계 : 시다/게 : 시다] 둘 다 표준발음이다.

**오답해설** ② 미쳐[미쳐](×)→[미처](○) – 표준 발음법 제5항, 이중모음 중 용언의 활용형에 나타나는 '져, 쪄, 쳐'는 [저, 쩌, 처]로 발음한다.
③ 닁큼[닁큼](×)→[닝큼](○) – 표준 발음법 제5항, 자음을 첫소리로 가지고 있는 음절의 'ㅢ'는 [ㅣ]로 발음한다.
④ 없애다[업쌔다](×)→[업 : 쌔다](○) – 표준 발음법 제7항의 예외 조항과 관련된 규정이다. '끌다, 벌다, 썰다, 없다'에 피동 또는 사동 접미사가 결합한 '끌리다[끌 : 리다], 벌리다[벌 : 리다], 썰리다[썰 : 리다], 없애다[업 : 쌔다]'에서는 어간의 장모음이 그대로 유지된다.

## 25 ④

**정답해설** ④ 솔잎[솔립] : 표준 발음법 제29항, 합성어 및 파생어에서, 앞 단어나 접두사의 끝이 자음이고 뒤 단어나 접미사의 첫음절이 '이, 야, 여, 요, 유'인 경우에는, 'ㄴ' 음을 첨가하여 [니, 냐, 녀, 뇨, 뉴]로 발음한다. 'ㄹ' 받침 뒤에 첨가되는 'ㄴ' 음은 [ㄹ]로 발음한다.

**오답해설** ① 얽죽빼기[억쭉빼기] : 표준 발음법 제11항, 겹받침 'ㄺ, ㄻ, ㄿ'은 어말 또는 자음 앞에서 각각 [ㄱ, ㅁ, ㅂ]으로 발음한다.
② 콧등[코뜽/콛뜽] : 표준 발음법 제30항, 1. 'ㄱ, ㄷ, ㅂ, ㅅ, ㅈ'으로 시작하는 단어 앞에 사이시옷이 올 때는 이들 자음만을 된소리로 발음하는 것을 원칙으로 하되, 사이시옷을 [ㄷ]으로 발음하는 것도 허용한다.
③ 항로[항노] : 표준 발음법 제19항, 받침 'ㅁ, ㅇ' 뒤에 연결되는 'ㄹ'은 [ㄴ]으로 발음한다.

## 26 ③

**정답해설** ③ 입원료[이붠뇨](○) – '입원료'는 규정상 'ㄹ'을 [ㄴ]으로 발음하므로 [이붠뇨]가 적절하다.

**오답해설** ① 할는지[할늣지](×)→[할른지](○) – 'ㄹ' 앞뒤에서 'ㄴ'이 'ㄹ'로 동화되므로 [할른지]가 적절하다.
② 대관령[대관녕](×)→[대괄령](○) – 'ㄹ' 앞뒤에서 'ㄴ'이 'ㄹ'로 동화되므로 [대괄령]으로 발음한다.
④ 옷감[옥깜](×)→[옫깜](○) – 연구개음화는 표준발음이 아니므로 [옫깜]으로 발음한다.

## 27 ③

**정답해설** ③ 밟지[밥찌](×) : 표준 발음법 제10항의 예외 조항으로 '밟-'은 자음 앞에서 [밥]으로 발음하고, '넓-'은 '넓죽하다, 넓둥글다' 같은 경우에 [넙]으로 발음한다. 다만, '밟'의 경우는 '장음'에 해당하므로 [밥 : 찌]로 발음해야 한다.

**오답해설** ① 흙과[흑꽈] : 표준 발음법 제11항, 겹받침 'ㄺ, ㄻ, ㄿ'은 어말 또는 자음 앞에서 각각 [ㄱ, ㅁ, ㅂ]으로 발음한다. 예외 사항에 해당하지 않는 경우이므로 원칙적으로 'ㄱ'이 남는다.
② 넓대[널따] : 표준 발음법 제10항, 겹받침 'ㄳ', 'ㄵ', 'ㄼ, ㄽ, ㄾ', 'ㅄ'은 어말 또는 자음 앞에서 각각 [ㄱ, ㄴ, ㄹ, ㅂ]으로 발음한다. 예외 사항에 해당하지 않는 경우이므로 원칙적으로 'ㄹ'이 남는다.
④ 묽고[물꼬] : 표준 발음법 제11항, 겹받침 'ㄺ, ㄻ, ㄿ'은 어말 또는 자음 앞에서 각각 [ㄱ, ㅁ, ㅂ]으로 발음한다. 다만, 용언의 어간 말음 'ㄺ'은 'ㄱ' 앞에서 [ㄹ]로 발음한다. 따라서 '묽다'의 용언 어간 말음이 'ㄺ'이므로 [ㄹ]로 발음하여, [물꼬]로 발음한다.

## 28 ③

**정답해설** 표준어의 실제 발음을 따른다는 것은 서울말의 현실 발음을 기반으로 정한다는 뜻이며, 전통성을 고려한다는 것은 이전부터 전해 내려오던 관습을 감안한다는 의미이다. 예를 들어, 'ㅐ'와 'ㅔ'는 지금 발음상 구별하지 않지만 오랜 기간 별도의 단모음으로 그 지위가 확고했고 여전히 구별하는 사람이 남아 있으므로 'ㅐ'와 'ㅔ'를 다르게 발음하도록 규정하고 있는 것이다.

## 29 ③

**정답해설** ③ 제시된 경음화 유형은 모두 표준 발음법 제6장, 된소리되기와 관련이 있으며, 각각의 규정에 따라 '닭장[닥짱], 더듬지[더듬찌], 만날 사람[만날싸람], 물질[물찔]'로 발음된다.

**오답해설** ①, ④ 신기다[신기다], 굶기다[굼기다] : 어간 받침 'ㄴ(ㄵ), ㅁ(ㄻ)' 뒤에 결합되는 어미의 첫소리 'ㄱ, ㄷ, ㅅ, ㅈ'은 된소리로 발음한다. 다만, 피동, 사동의 접미사 '-기-'는 된소리로 발음하지 않는다.
② 발전[발쩐] : '발전'의 '-ㄹ'은 관형사형 어미가 아니므로 ㉣의 예시이다.

## 30 ②

**정답해설** ㉠ 계집[게집] : 표준 발음법 제5항, 'ㅑ, ㅒ, ㅕ, ㅖ, ㅘ, ㅙ, ㅛ, ㅝ, ㅞ, ㅠ, ㅢ'는 이중 모음으로 발음한다. 다만, '예, 례' 이외의 'ㅖ'는 [ㅔ]로도 발음한다.
㉢ 밟고[밥 : 꼬] : 표준 발음법 제10항, 겹받침 'ㄳ', 'ㄵ', 'ㄼ, ㄽ, ㄾ', 'ㅄ'은 어말 또는 자음 앞에서 각각 [ㄱ, ㄴ, ㄹ, ㅂ]으로 발음한다. 다만, '밟-'은 자음 앞에서 [밥]으로 발음하고, '넓-'은 '넓죽하다, 넓둥글다, 넓적하다' 등과 같은 경우에 [넙]으로 발음한다.

**오답해설** ㉡ 등용문[등용문] : 표준 발음법 제29항, 합성어 및 파생어에서, 앞 단어나 접두사의 끝이 자음이고 뒤 단어나 접미사의 첫 음절이 '이, 야, 여, 요, 유'인 경우에는, 'ㄴ'음을 첨가하여 [니, 냐, 녀, 뇨, 뉴]로 발음한다. 다만, '등용문, 삼일절, 월요일' 같은 단어에서는 'ㄴ(ㄹ)'음을 첨가하여 발음하지 않는다.
㉣ 넓죽한[넙쭈칸] : '넓-'이 포함된 복합어 중 '넓죽하다'와 '넓둥글다', '넓적하다' 등은 'ㄹ'을 탈락시켜 [ㅂ]으로 발음한다.

## 31 ③

**정답해설** ③ 되어, 피어, 뛰어 등의 용언의 어미는 [어]로 발음함을 원칙으로 하되, [여]로 발음하는 것도 허용한다.('ㅣ'모음 순행동화를 표준 발음으로 인정하지 않는 견해도 있다.) 이때의 조건은 용언이 대개 반모음 'j'나 'ㅣ', 'ㅟ'로 끝난다.

**오답해설** ① 공권력[공꿘녁] : 표준 발음법 제20항, 'ㄴ'은 'ㄹ'의 앞이나 뒤에서 [ㄹ]로 발음해야 하지만, 대체로 2음절 한자어 뒤에 'ㄹ'로 시작하는 한자가 결합할 때에는 'ㄹ'이 'ㄴ'으로 바뀌는 경향이 강하다(유음화 예외 현상).
② 꽃길[꼳낄] : 표준 발음 규정 이외의 자음 동화는 인정하지 않는다. 대표적으로 연구개음 조음 위치 동화로 수의적으로 발음되는 [꼭낄]로 발음하지 않는다.
④ 옷맵시[온맵씨] : 표준 발음법 제18항, 받침 'ㄱ(ㄲ, ㅋ, ㄳ, ㄺ), ㄷ(ㅅ, ㅆ, ㅈ, ㅊ, ㅌ, ㅎ), ㅂ(ㅍ, ㄼ, ㄿ, ㅄ)'은 'ㄴ, ㅁ' 앞에서 [ㅇ, ㄴ, ㅁ]으로 발음한다.

## 32 ②

**정답해설** ② 명예[명예](○) : '예, 례' 이외의 'ㅖ'는 [ㅔ]로 발음할 수 있으나 '예, 례'는 [ㅖ]로만 발음된다.

**오답해설** ① '예, 례' 이외의 'ㅖ'는 [ㅔ]로 발음할 수 있다.
③ 경의의[경의의] / [경의에] / [경이의] / [경이에](○) : '경의는 [경의], [경이]로 발음될 수 있고, 조사 '의'는 [ㅔ]로 발음할 수 있음으로 모두 표준 발음이다.
④ 회의[회의, 회이](○) : 단어의 첫음절 이외의 '의'는 [ㅣ]로 발음함을 허용한다.

## 33 ①

**정답해설** ① 의견란[의 : 견난], 구근류[구근뉴], 법리[법니→범니](○) : 표준 발음법 제20항에 따르면 'ㄴ'은 'ㄹ' 앞이나 뒤에서 [ㄹ]로 발음되는데, 2음절 이상의 한자어 뒤에 'ㄹ'은 'ㄹ'이 'ㄴ'으로 바뀌는 현상이 있다. 또한 표준 발음법 제19항에 따르면 받침 'ㅁ,

'ㅇ' 뒤에 연결되는 'ㄹ'은 [ㄴ]으로 발음하지만 받침 'ㄱ, ㅂ' 뒤에 연결되는 'ㄹ'도 [ㄴ]으로 발음한다는 조항에 따라 법리는 [범니]로 발음된다.

**오답해설** ② 임진란[임 : 진난], 생산량[생산냥], 천리[철리]
③ 입원료[이붠뇨], 칼날[칼랄], 물난리[물랄리]
④ 이원론[이 : 원논], 상견례[상견녜], 대관령[대 : 괄령]

## 34 ④

**정답해설** ④ 부엌이[부어키] : 홑받침이나 쌍받침과 같이 하나의 자음으로 끝나는 말 뒤에 모음으로 시작하는 형식 형태소(조사, 어미, 접미사)가 결합할 때 받침은 연음하여 발음한다.

**오답해설** ① 낫을[나슬] : 표준 발음법 제13항, 홑받침이나 쌍받침이 모음으로 시작된 조사나 어미, 접미사와 결합되는 경우에는, 제 음가대로 뒤 음절 첫소리로 옮겨 발음한다. 따라서, 낫의 'ㅅ'을 그대로 옮겨 발음하여 [나슬]로 발음한다.
② 쌓이다[싸이다] : 표준 발음법 제12항 4번, 'ㅎ(ㄶ, ㅀ)' 뒤에 모음으로 시작된 어미나 접미사가 결합되는 경우에는, 'ㅎ'을 발음하지 않는다. 따라서 '쌓이다'에서 'ㅎ'을 발음하지 않는다.
③ 빚다[빋따] : 표준 발음법 제9항, 받침 'ㄲ, ㅋ', 'ㅅ, ㅆ, ㅈ, ㅊ, ㅌ', 'ㅍ'은 어말 또는 자음 앞에서 각각 대표음 [ㄱ, ㄷ, ㅂ]으로 발음한다. '빚다'의 '빚'은 '빋'으로 발음되고 앞의 받침 'ㄷ'에 의해 '다'의 'ㄷ'이 경음화된다.

## 35 ③

**정답해설** ③ 막론[막논→망논](○) : 받침 'ㅁ, ㅇ' 뒤에 연결되는 'ㄹ'은 [ㄴ]으로 발음되지만 추가로, 받침 'ㄱ, ㅂ' 뒤에 연결되는 'ㄹ'도 [ㄴ]으로 발음한다. 왜냐하면 'ㄱ, ㅂ' 뒤에서 'ㄹ'이 'ㄴ'으로 바뀌고 다시 'ㄴ'에 의해서 'ㄱ'이 'ㅇ'으로 동화된다.

**오답해설** ① 땀받이[땀바지](○) : 표준 발음법 제17항, 받침 'ㄷ, ㅌ(ㄾ)'이 조사나 접미사의 모음 'ㅣ'와 결합되는 경우에는, [ㅈ, ㅊ]으로 바꾸어서 뒤 음절 첫소리로 옮겨 발음한다.
② 몫몫이[몽목씨](○) : 표준 발음법 제18항, 받침 'ㄱ(ㄲ, ㅋ, ㄳ, ㄺ), ㄷ(ㅅ, ㅆ, ㅈ, ㅊ, ㅌ, ㅎ), ㅂ(ㅍ, ㄼ, ㄿ, ㅄ)'은 'ㄴ, ㅁ' 앞에서 [ㅇ, ㄴ, ㅁ]으로 발음한다. 따라서 '몫'의 겹받침 'ㄳ'은 'ㄱ'으로 발음되고, 뒤의 'ㅁ'과 동화되어 [몽]으로 발음된다.
④ 밟는[밥는→밤 : 는](○) : 겹받침 'ㄳ', 'ㄵ', 'ㄼ, ㄽ, ㄾ', 'ㅄ'은 어말 또는 자음 앞에서 각각 [ㄱ, ㄴ, ㄹ, ㅂ]으로 발음한다. '밟'의 겹받침 'ㄼ'은 자음 앞이므로 [ㅂ]으로 발음되고 이어나오는 'ㄴ'에 동화되어 [ㅁ]으로 동화되어 발음된다.

## 36 ②

**정답해설** ② 감기[감기](○), [강기](×) : 표준 발음법에서는 연구개음 자음 동화를 인정하지 않는다. 이러한 조음 위치 동화는 필수적으로 일어나는 현상이 아니라 수의적으로 일어나는 현상이다.

**오답해설** ① 뛰어[뛰어/뛰여](○) : 되어, 피어, 뛰어 등의 용언의 어미는 [어]로 발음함을 원칙으로 하되, [여]로 발음하는 것도 허용한다.('ㅣ'모음 순행동화를 표준발음으로 인정하지 않는 견해도 있다.) 이때의 조건은 용언이 대개 반모음 'j'나 'ㅣ', 'ㅟ'로 끝난다.
③ 연계[연계/연게](○) : '예, 례' 이외의 'ㅖ'는 [ㅔ]로도 발음하는 것을 허용한다.
④ 벼훑이[벼훌치](○) : 받침 'ㄷ, ㅌ(ㄾ)'이 조사나 접미사의 모음 'ㅣ'와 결합되는 경우에는, [ㅈ, ㅊ]으로 바꾸어서 뒤 음절 첫소리로 옮겨 발음한다.

## 37 ③

**정답해설** 표준 발음법 제10항과 제20항에 관련된 규정에 관한 내용이다. 겹받침 'ㄼ'은 어말 또는 자음 앞에서 [ㄹ]로 발음한다. 따라서 [넓네]를 거쳐 [널레]로 발음된다. 다만, '넓-'이 포함된 복합어의 경우 'ㄹ'을 탈락시켜 [넙]으로 발음한다(넓적하다, 넓둥글다).

## 38 ①

**정답해설** ① 맑게[말께](○) : 용언 어간 말음 'ㄺ'은 'ㄱ' 앞에서 [ㄹ]로 발음한다.

**오답해설** ② 핥다[할따](○) : 'ㄾ'은 어말 또는 자음 앞에서 [ㄹ]로 발음한다.
③ 밟게[밥 : 께](○) : 'ㄼ'은 어말 또는 자음 앞에서 [ㄹ]로 발음하지만 '밟-'은 자음 앞에서 [밥]으로 발음한다.
④ 넓다[널따](○) : 'ㄼ'은 어말 또는 자음 앞에서 [ㄹ]로 발음한다. 하지만 '넓-'은 복합어일 때 [넙]으로 발음한다.

## 39 ④

**정답해설** ④ 'ㅎ(ㄶ, ㅀ)' 뒤에 'ㄴ'이 결합되는 경우에는 'ㅎ'을 발음하지 않기 때문에 [뚤는]으로 발음되고, [ㄹ]이 동화됨에 따라 [뚤른]으로 발음된다('ㄴ'은 'ㄹ'앞이나 뒤에서 [ㄹ]로 발음된다).

**오답해설** ① 예의의[예의의 / 예이의 / 예의에 / 예이에](○) : 표준 발음법 제5항에 따라 단어의 첫음절 이외의 '의'는 [ㅣ]로, 조사 '의'는 [ㅔ]로 발음하는 것을 허용한다.
② 아니오[아니오/아니요](○) : 표준 발음법 제22항에 따르면 '되어, 피어' 등의 용언의 어미는 [어]로 발음하는 것을 원칙으로 하되 [여]로 발음함도 허용하고 있다. 추가로 '이오, 아니오'도 이에 준하여 [이요, 아니요]로 발음하는 것을 허용한다.

③ 가져[가저](○) : 표준 발음법 제5항, 용언의 활용형에 나타나는 '져, 쪄, 쳐'는 [저, 쩌, 처]로 발음한다.

## 40 ②

**정답해설** ② 뒷일[된ː닐] : 합성어에서 사이시옷 뒤에 '이' 음이 결합되는 경우에는 [ㄴㄴ]으로 발음한다. 따라서 '뒤+일'에서 사이시옷이 첨가되고 'ㅅ'이 뒤의 '이'와 결합되어 [ㄴㄴ] 첨가되어 [된ː닐]로 발음한다.

**오답해설** ① 표준 발음법 제10항에 따라 'ㄾ'은 어말 또는 자음 앞에서 [ㄹ]로 발음되어 [널니]가 되고, 제20항에 따라 'ㄴ'은 'ㄹ' 앞이나 뒤에서 [ㄹ]로 발음하므로 [널리]로 발음된다.
③ 물약[물략] : 'ㄴ' 첨가가 일어나는 합성어이고, 표준 발음법 제20항에 따라 'ㄴ'은 'ㄹ' 앞이나 뒤에서 [ㄹ]로 발음하므로 [물략]으로 발음된다.
④ 효과[효ː과/효ː꽈] : 효과(效果)는 된소리가 나지 않는 단어였으나 〈표준국어대사전〉 2017년 3/4분기 수정 내용에서 현실 발음을 인정하여 [효ː꽈]도 표준 발음으로 인정되었다.

## 41 ③

**정답해설** ③ 맑고[말꼬](○) : 표준 발음법 제11항에 따라 'ㄺ'은 어말 또는 자음 앞에서 [ㄱ]으로 발음하지만 용언의 어간 말음 'ㄺ'은 'ㄱ' 앞에서 [ㄹ]로 발음한다고 예외사항을 두고 있다.

**오답해설** ① 핥다개[할따가] : 표준 발음법 제10항, 겹받침 'ㄳ', 'ㄵ', 'ㄼ, ㄽ, ㄾ', 'ㅄ'은 어말 또는 자음 앞에서 각각 [ㄱ, ㄴ, ㄹ, ㅂ]으로 발음한다.
② 밟지[밥ː찌] : 'ㄼ'은 [ㄹ]로 발음되지만 예외로 '밟-'은 자음 앞에서 [밥]으로 발음한다.
④ 흙으로[흘그로] : 표준 발음법 제14항에 따라 겹받침이 모음으로 시작된 조사나 어미, 접미사와 결합되는 경우에는, 뒤엣것만을 뒤 음절 첫소리로 옮겨 발음해야 한다. 따라서 'ㄺ'에서 'ㄱ'을 뒤 음절의 첫소리로 옮겨 [흘그로]로 발음한다.

## 42 ①

**정답해설** ① 떫지[떨ː찌](○) : 겹받침 'ㄼ'은 어말 또는 자음 앞에서 [ㄹ]로 발음되므로, [떨]로 발음되고 [ㄹ]음에 의해 뒤의 자음(결합되는 어미의 첫소리)이 경음화되어 [떨ː찌]로 발음된다.

**오답해설** ② 한여름[한녀름] : 표준 발음법 제29항에 따라 '한+여름'의 합성어 구성에서 앞 단어 '한'이 자음으로 끝나고 뒤 단어의 첫음절이 '여'로 시작하므로 'ㄴ'음을 첨가하여 [녀]로 발음한다.
③ 휘발유[휘발류] : 표준 발음법 제29항에 따라 '휘발+유'의 합성어 구성에서 앞 단어 '휘발'이 자음으로 끝나고 뒤 단어의 첫음절이 '유'로 시작하므로 'ㄴ'음을 첨가하여 [뉴]로 발음한다. 그리고 유음화가 일어나 최종적으로 [류]로 발음한다.
④ 옷 입고[온닙꼬] : 표준 발음법 제29항의 [붙임 2]에 따르면 'ㄴ'의 첨가는 두 단어를 이어서 한 마디로 발음하는 경우에도 적용된다고 규정한다.

## 43 ④

**정답해설** ④ 나무잔[나무짠](○) : 표준 발음법 제28항에 따르면, 표기상으로는 사이시옷이 없더라도, 관형격 기능을 지니는 사이시옷이 있어야 할(휴지가 성립되는) 합성어의 경우에는, 뒤 단어의 첫소리 'ㄱ, ㄷ, ㅂ, ㅅ, ㅈ'을 된소리로 발음한다. '나무잔'은 '나무의 잔'의 의미가 아닌 '나무로 된 잔'을 의미하므로 [나무잔]으로 발음한다.

**오답해설** '병, 증, 죄' 모두 각각 합성 명사에서 '인후의 병', '건조의 증상', '위조의 죄' 등의 관형격 기능[시간, 장소, 용도, 기원(또는 소유)과 같은 의미]을 지니는 의미의 합성어이므로 사이시옷이 없더라도 첫소리 'ㄱ, ㄷ, ㅂ, ㅅ, ㅈ'을 된소리로 발음한다.

## 44 ①

**정답해설** ① 몌별[몌별/메별] : '예, 례' 이외의 'ㅖ'는 [ㅔ]로 발음하는 것도 허용한다.

**오답해설** ② 가져[가저](○) : 용언의 활용형에 나타나는 '져, 쪄, 쳐'는 [저, 쩌, 처]로 발음한다.
③ 무늬[무니](○) : 'ㅑ, ㅒ, ㅕ, ㅖ, ㅘ, ㅙ, ㅛ, ㅝ, ㅞ, ㅠ, ㅢ'는 이중모음으로 발음하지만 자음을 첫소리로 가지고 있는 음절의 'ㅢ'는 [ㅣ]로 발음하기 때문에 '늬'는 [니]로 발음한다.
④ 없애다[업ː쌔다](○) : 긴소리를 가진 음절의 어간에 피동, 사동 접미사가 결합되는 경우 짧게 발음하지만, '끌리다, 벌리다, 없애다'는 예외적으로 길게 발음한다.

## 45 ③

**정답해설** ③ 가지어→가져[가저](○) : 음절이 줄어들어 장모음화가 나타나는 경우가 있는데, '오아, 지어, 찌어, 치어'→'와, 져, 쪄, 쳐' 등은 긴소리로 발음하지 않는다. 또한 자음 축약으로 인한 장모음화는 단음절 용언 어간에 어미가 축약될 때 일어난다. 반면, '가지다'는 단음절 용언 어간이 아니므로 장모음화의 조건이 되지 않는다.

**오답해설** ①, ②, ④ 용언의 단음절 어간(보다, 기다)에 어미 '-아/-어'가 결합되어 한 음절로 축약되는 경우에 긴소리로 발음한다. 이는 '뜨이다' 같은 파생어가 줄어드는 경우에도 같은 현상이 나타난다.

## chapter 08
# 로마자 표기법 / 외래어 표기법

## 1 로마자 표기법

| 01 ② | 02 ④ | 03 ③ | 04 ② | 05 ③ |
| 06 ① | 07 ③ | 08 ① | 09 ① | 10 ② |
| 11 ④ | 12 ④ | 13 ① | 14 ③ | 15 ② |
| 16 ④ | 17 ① | 18 ④ | 19 ④ | 20 ② |
| 21 ② | 22 ③ | 23 ① | | |

### 01 ②

**정답해설** ② 압구정 Apgujeong(○) : 일반적으로 동화 작용도 로마자 표기법에 적용되나, 체언에서 된소리되기는 표기에 반영하지 않는다.

**오답해설** ① 집현전 Jiphyeonjeon : 체언에서 'ㄱ, ㄷ, ㅂ' 뒤에 'ㅎ'이 따를 때에는 'ㅎ'을 밝혀 적는다.
③ 울산 Ulsan : 체언에서 된소리되기는 표기에 반영하지 않는다.
④ 백마 Baengma : 로마자 표기법 제1항에 따라, 자음 사이에 동화 작용이 일어나는 경우로 로마자 표기에 반영한다. 따라서 '백마[뱅마]'의 경우와 같이 비음도 표기에 반영해야 한다.

### 02 ④

**정답해설** 다보탑 Dabotab(×)→Dabotap(○) : 끝소리에 쓰이는 'ㅂ'은 'p'로 써야 한다.

**오답해설** ① 석굴암 Seokguram(○) : 석굴암은 [석구람]으로 발음되므로 'Seokguram'이 바른 표기이다.

### 03 ③

**정답해설** ⓒ 샛별 saetbyeol(○) : 된소리되기는 표기에 반영하지 않는다.
ⓔ 백암 Baegam(○) : 'ㄱ, ㄷ, ㅂ'은 모음 앞에서는 'g, d, b'로 자음 앞이나 어말에서는 'k, t, p'로 적는다.

**오답해설** ㉠ 묵호 Muko(×)→Mukho(○) : 체언 'ㄱ, ㄷ, ㅂ' 뒤에 'ㅎ'이 따를 때에는 'ㅎ'를 밝혀 적는다.
ⓒ 신문로[신문노] Sinmunro(×)→Sinmunno(○) : 자음 사이에서 동화 작용이 일어나는 경우에는 변화의 결과에 따라 적는다.

### 04 ②

**정답해설** centimeter - 센티미터, 합덕(지명) - Hapdeok(○) : '합덕[합떡]'의 된소리되기는 로마자 표기에 반영하지 않는다.

**오답해설** ① 양주 - Yangjoo(×)→Yangju(○)
③ frypan - 후라이팬(×)→프라이팬(○)
④ center - 센타(×)→센터(○)

### 05 ③

**정답해설** ③ ⓒ 동래[동내] Dongnae(○) : 자음 사이에서 동화 작용이 일어난 경우이므로 변화의 결과에 따라 적는다.

**오답해설** ① 백록담[뱅녹담] Baekrokdam(×)→Baengnokdam(○) : 자음 사이에서 동화 작용이 일어나는 경우 변화의 결과에 따라 적는다.
② 백마봉[뱅마봉] Baekmabong(×)→Baengmabong(○) : 자음 사이에서 동화 작용이 일어나는 경우 변화의 결과에 따라 적는다.
④ 한밭[한받] Hanbad(×)→Hanbat(○) : 'ㄱ, ㄷ, ㅂ'은 어말에서는 'k, t, p'로 적는다.

### 06 ①

**정답해설** 한복남 Han Bok-Nam(×)→Han Bok-nam(○) : 성과 이름의 첫 글자만 대문자로 표시하는 것을 원칙으로 한다.

**오답해설** ② 삼죽면 Samjuk-myeon(○): 〈로마자 표기법〉제5항, '도, 시, 군, 구, 읍, 면, 리, 동'의 행정 구역 단위와 '가'는 각각 'do, si, gun, gu, eup, myeon, ri, dong, ga'로 적고, 그 앞에는 붙임표(-)를 넣는다. 붙임표(-) 앞뒤에서 일어나는 음운 변화는 표기에 반영하지 않는다.
③, ④ 〈로마자 표기법〉제6항, 자연 지물명, 문화재명, 인공 축조물명은 붙임표(-) 없이 붙여 쓴다.

### 07 ③

**정답해설** ③ 대릉원 Daeleungwon→Daereungwon(○) : 'ㄹ'은 모음 앞에서 'r'로 자음 앞이나 어말에서는 'l'로 적는다. 단, 'ㄹㄹ'은 'll'로 적는다.

**오답해설** ② 된소리되기는 표기에 반영하지 않는다.

### 08 ①

**정답해설** 강릉[강능] Gangleung(×)→Gangneung(○) - 받침 'ㅁ, ㅇ' 뒤에 연결되는 'ㄹ'은 [ㄴ]으로 발음되므로 [강능]에 맞게 표기해야 한다.

## 09 ①

**정답해설** ① Jongro(×)→Jongno(○) : '종로[종노]'와 같이 자음 사이에 동화 작용이 일어나는 경우 변화의 결과에 따라 적는다.

**오답해설** ②, ③ japyeo(○), nota(○) : 'ㄱ, ㄷ, ㅂ, ㅈ'이 'ㅎ'과 결합하여 거센소리로 나는 경우 변화의 결과에 따라 적는다.
④ mullalli(○) : 'ㄴ, ㄹ'이 덧나는 경우 변화의 결과에 따라 적는다.

## 10 ②

**정답해설** 경기도 Gyeongi-do(×)→Gyeonggi-do(○)

## 11 ④

**정답해설** ④ 신율리 Sinyul-li(×)→Sinyul-ri(○) : '도, 시, 군, 구, 읍, 면, 리, 동'의 행정 구역 단위는 'do, si, gun, gu, eup, myeon, ri, dong, ga'로 적고, 그 앞에 붙임표를 넣는다. 또한 붙임표 앞뒤에서 일어나는 음운 변화 표기는 반영하지 않는다.

## 12 ④

**정답해설** 대보름 daeboreum(○)

**오답해설** ① 마당 matang(×)→madang(○)
② 삼짇날 samjitnal(×)→samjinnal(○)
③ 한가위 hangaui(×)→hangawi(○)

## 13 ①

**정답해설** ① 강림리 Gangrim-ri(×)→Gangnim-ri(○) : 행정 구역 단위의 붙임표 앞뒤에서 일어나는 음운 변화 표기는 반영하지 않지만, 그 이전에 일어나는 음운 변화는 반영하여 적는다.

## 14 ③

**정답해설** 신라 Silla(○), 백제 Baekje(○), 조선 Joseon(○)

**오답해설** ① 광주 Kwangju(×)→Gwangju(○)
② 놓다 nohta(×)→nota(○), 맞히다 mathida(×)→machida(○)
④ 횡성군 Hoingseong-gun(×)→Hoengseong-gun(○)

## 15 ②

**정답해설** ② 로마자 표기법 제6항에 따라 자연 지물명, 문화재명, 인공 축조물명은 붙임표 없이 붙여 쓴다. 표준 발음법 제19항에 따르면 받침 'ㄱ, ㅂ' 뒤에 연결되는 'ㄹ'도 [ㄴ]으로 발음한다. 따라서 극락전[긍낙쩐]로 발음된다.

**오답해설** ① 오죽헌[오주컨] Ojukeon(×)→Ojukheon(○) : 체언에서 'ㄱ, ㄷ, ㅂ' 뒤에 'ㅎ'이 따를 때 'ㅎ'을 밝혀 적는다.
③ 촉석루[촉썽누] Chokseoknu(×)→Chokseongnu(○) : 표준 발음법 제23항에 따르면 받침 'ㄱ' 뒤에 연결되는 'ㅅ'은 된소리로 발음되고, 표준 발음법 제19항에 따르면 받침 'ㄱ, ㅂ' 뒤에 연결되는 'ㄹ'도 [ㄴ]으로 발음한다. 따라서 촉석루[촉썽누]로 발음된다.
④ 독도[독또] Doktto(×)→Dokdo(○) : 된소리되기는 표기에 반영하지 않는다.

## 16 ④

**정답해설** ④ 문래동[물래동] Munnae-dong(×)→Mullae-dong(○) : 'ㄴ'은 'ㄹ'의 앞이나 뒤에서 [ㄹ]로 발음한다. '난로, 신라' 등과 같이 단어의 자격을 가지지 않는 한자들이 결합하여 한 단어를 이루는 경우에는 'ㄴ'이 'ㄹ'로 바뀌는 경향이 매우 강하다.

## 17 ①

**정답해설** ① 북한강 Bukankang(×)→Bukhangang(○) : 체언에서 'ㄱ, ㄷ, ㅂ' 뒤에 'ㅎ'이 따를 때에는 'ㅎ'을 밝혀 적는다. 따라서 Bukhangang과 같이 'ㅎ'을 밝혀 적기 위해 'h'를 표기해야 한다. 또한 'ㄱ, ㄷ, ㅂ'은 모음 앞에서는 'g, d, b'로 적고 자음 앞이나 어말에서는 'k, t, p'로 적는다. 따라서 강을 적을 때는 'ㄱ'을 'g'로 적어야 한다.

## 18 ④

**정답해설** ④ 홍빛나(인명) Hong Binna(×)→Hong Bitna(○) : 인명은 성과 이름의 순서로 띄어 쓰고, 이름은 붙여 씀을 원칙으로 하되 음절 사이에 붙임표(-)를 쓰는 것을 허용하며, 이름에서 일어나는 음운 변화는 표기에 반영하지 않는다.

## 19 ④

**정답해설** ④ 세종대왕 Sejongdaewang(○)

**오답해설** ① 해돋이 haedoti(×)→haedoji(○)
② 의정부시 Uijeongpu-si(×)→Uijeongbu-si(○)
③ 광한루 Gwanghanlu(×)→Gwanghallu(○)

## 20 ②

**정답해설** ② 나뭇잎 namutnip(×)→namunnip(○) : 사이시옷 뒤에 '이' 음이 결합되는 경우에는 [ㄴㄴ]으로 발음된다. 따라서 나뭇잎[나문닙→나문닙]으로 발음된다.

오답해설 ① 신라 Silla(○) : 'ㄹㄹ'은 'll'로 적으므로 옳게 표기되었다.
③ 신창읍 Sinchang-eup(○) : '도, 시, 군, 구, 읍, 면, 리, 동'의 행정 구역 단위와 '가'는 각각 'do, si, gun, gu, eup, myeon, ri, dong, ga'로 적고, 그 앞에는 붙임표(-)를 넣는다. 붙임표(-) 앞뒤에서 일어나는 음운 변화는 표기에 반영하지 않는다.
④ 낙성대 Nakseongdae(○) : 된소리되기는 표기에 반영하지 않는다.

## 21 ②

정답해설 ② 진주시 Jinju-si(원칙 ○)/Jinju(허용 ○) : '도, 시, 군, 구, 읍, 면, 리, 동'의 행정 구역 단위와 '가'는 각각 'do, si, gun, gu, eup, myeon, ri, dong, ga'로 적고, 그 앞에는 붙임표(-)를 넣는다. 다만, '시, 군, 읍'의 행정 구역 단위는 생략할 수 있다.

오답해설 ① 속리산[송니산] Sokrisan(×)→Songnisan(○)
② 흥천사길 Hungcheonsa-gil(×)→Heungcheonsa-gil(○) : 'ㅡ' 모음은 'eu'로 적는다.
④ 신문로[신문노] Simmunno(×)→Sinmunno(○)

## 22 ③

정답해설 ③ 울릉 Ulreung(×)→Ulleung(○) : 'ㄹ'은 모음 앞에서는 'r'로, 자음 앞이나 어말에서는 'l'로 적지만 'ㄹㄹ'은 'll'로 적는다.

## 23 ①

정답해설 ① 된소리되기는 표기에 반영하지 않는다는 설명으로 적절한 예시이다.

오답해설 ② 예시는 발음상 혼동의 우려가 있을 때에는 음절 사이에 붙임표(-)를 쓸 수 있다는 내용이다. 자연 지물명, 문화재명, 인공 축조물명은 붙임표를 붙이지 않는다.
③ 한복남 Han Bongnam(×)→Han Boknam(○) : 이름에서 일어나는 음운 변화는 표기에 반영하지 않는다.
④ 집현전 Jipyeonjeon(×)→Jiphyeonjeon(○) : 체언에서 'ㄱ, ㄷ, ㅂ' 뒤에 'ㅎ'이 따를 때에는 'ㅎ'을 밝혀 적는다.

## 2 외래어 표기법

| 01 ③ | 02 ② | 03 ④ | 04 ① | 05 ③ |
| 06 ② | 07 ② | 08 ② | 09 ③ | 10 ④ |
| 11 ① | 12 ④ | 13 ③ | 14 ① | 15 ① |
| 16 ② | 17 ① | 18 ② | 19 ③ | 20 ① |
| 21 ④ | 22 ③ | 23 ① | 24 ② | 25 ① |
| 26 ④ | 27 ① | | | |

## 01 ③

정답해설 ③ 3개 : 로커(locker), 메시지(message), 프라이드 치킨(fired chicken)

## 02 ②

정답해설 doughnut 도넛(○) : [ou]는 '오'로 적는다.

오답해설 ① contents 컨텐츠(×)→콘텐츠(○)
③ aluminium 알미늄(×)→알루미늄(○)
④ buzzer 부저(×)→버저(○)

## 03 ④

정답해설 ④ sit-in : 싯인(○) : 따로 설 수 있는 말의 합성으로 이루어진 복합어는 그것을 구성하고 있는 말이 단독으로 쓰일 때의 표기대로 적는다.

오답해설 ① barbecue 바베큐(○)→바비큐(○) : 원지음을 고려해서 표기한다.
②, ③ desktop[deskt ɒ p] 데스크탑(○)→데스크톱(○), concept [kɒnsept] 컨셉(×)→콘셉트(○) : [ʌ]는 '어'로, [ɔ]는 '오'로 적는다. 어말과 자음 앞의 [p], [t], [k]는 '으'를 붙여 적는다.

## 04 ①

정답해설 credit 크레디트(○) : 이미 언중에게 널리 쓰여 굳어진 것이라면 관용을 존중하여 표기한다.

오답해설 ② slide 슬레이드(×)→슬라이드(○)
③ finale 피날래(×)→피날레(○)
④ color 칼라(×)→컬러(○)

## 05 ③

**정답해설** ③ 모잠비크(Mozambique)(O) : 아프리카 동남쪽에 있는 공화국, 아이티(Haiti) : 카리브해 히스파니올라섬의 서부를 차지하는 공화국

**오답해설** ① 니카라구아(Nicaragua)(×) → 니카라과(O)
② 마다가스카(Madagascar)(×) → 마다가스카르(O)
④ 말레이지아(Malaysia)(×) → 말레이시아(O)

## 06 ②

**정답해설** ② rendez-vous 랑데부 : 프랑스어에서 온 말이며, 원지음에 따라 '랑데부'로 표기한다.

**오답해설** ① panda 팬더(×) → 판다(O)
③ mystery 미스테리(×) → 미스터리(O)
④ violin 바이얼린(×) → 바이올린(O)

## 07 ②

**정답해설** ② 엘리베이터(O)

**오답해설** ① 하일라이트(×) → 하이라이트(O)
③ 스트로우(×) → 스트로(O)
④ 쥬스(×) → 주스(O) : 외래어 표기법에서는 'ㅈ'이나 'ㅊ'에 이중 모음이 결합한 '쟈, 져, 죠, 쥬', '챠, 쳐, 쵸, 츄'를 쓰지 않도록 하고 있다.

## 08 ②

**정답해설** ② alcohol 알코올(O) : 술에 포함되는 화학 성분을 일컫는 'alcohol'은 '알코올'로 적는다.

**오답해설** ① flute 플룻(×) → 플루트(O)
③ rent-a-car 렌트카(×) → 렌터카(O)
④ café 까페(×) → 카페(O)

## 09 ③

**정답해설** ③ 쉬림프(shrimp)(×) → 슈림프(O) : 영어의 표기에서 어말의 [ʃ]는 '시'로 적고, 자음 앞의 [ʃ]는 '슈'로, 모음 앞의 [ʃ]는 뒤따르는 모음에 따라 '샤', '섀', '셔', '셰', '쇼', '슈', '시'로 적는다.

**오답해설** ④ 이 단어는 발음이 [kά:digən]이다. 발음에 따라 외래어를 올바르게 표기하면 '카디건'이다. 흔히 '가디건'이라 부르는데, 이는 잘못된 표현이다.

## 10 ④

**정답해설** ④ Catholic 가톨릭(O) : '카톨릭'이 아닌 '가톨릭'이 바른 표기이다.

**오답해설** ① fanfare 팡파레(×) → 팡파르(O)
② propose 프로포즈(×) → 프러포즈(O)
③ leadership 리더쉽(×) → 리더십(O)

## 11 ①

**정답해설** ① 난센스(nonsense)(O)

**오답해설** ② 아울렛(outlet)(×) → 아웃렛(O) : 아울렛은 '아웃(out)'과 '렛(let)'이 결합한 복합어이므로 그것을 구성하고 있는 말이 단독으로 쓰일 때의 표기대로 적어야 한다.
③ 프레쉬맨(freshman)(×) → 프레시맨(O) : '프레쉬맨'은 '프레시(fresh)'와 '맨(man)'이 결합한 복합어이므로 단독으로 쓰일 때의 표기대로 적어야 한다.
④ 쉐타(sweater)(×) → 스웨터(O) : 반모음 [w]는 뒤에 모음이 오면 모음과 결합하여 '와, 워, 왜, 웨'로 적지만, 자음 뒤에 반모음 [w]가 올 때에는 두 음절로 적어야 한다.

## 12 ④

**정답해설** ④ plaza 플라자(O) : '프라자'가 아닌 '플라자'가 바른 표기이다.

**오답해설** ① English 잉글리쉬(×) → 잉글리시(O)
② front 프론트(×) → 프런트(O)
③ flash 후레쉬(×) → 플래시(O)

## 13 ③

**정답해설** ⓒ 'fanfare'의 외래어 표기는 '팡파르'이다. 된소리인 '빵빠레' 등으로 표기하지 않는다.
ⓒ 'leadership'의 'ship'에서 모음 앞의 [ʃ]는 뒤따르는 모음에 따라 '샤', '섀', '셔', '셰', '쇼', '슈', '시'로 적는다.

**오답해설** ㉠ nonstop 난스톱(×) → 논스톱(O)
㉢ cunning 컨닝(×) → 커닝(O)

## 14 ①

**정답해설** ① gratin 그라탱(O) : '그라탕'이 아닌 '그라탱'이 바른 표기이다.

**오답해설** ② Gips 기브스(×) − 깁스(O)
③ workshop 워크샵(×) → 워크숍(O)
④ leisure 레져(×) → 레저(O)

## 15 ①

**정답해설** ① 메뉴(menu)(○)

**오답해설** ② 메뉴얼(manual)(×)→매뉴얼(○)
③ 발렌타인데이(Valentine day)(×)→밸런타인데이(○) : 외래어 표기법 제2장 표 1에 따라, [æ]는 '애'로, [ə]는 '어'로 적으므로, 'Valentine [vǽləntàin]'은 '밸런타인'으로 적게 된다.
④ 프리젠테이션(presentation)(×)→프레젠테이션(○)

## 16 ②

**정답해설** ② The Beatles 비틀스(○) : 영국의 사인조 록 그룹. 〈외래어 표기법〉제6장 (5)-(4)에 따라, 어말의 -s[z]는 '스'로 적는다.

**오답해설** ① Shakespeare 셰익스피어(×)→셰익스피어(○)
③ Chingiz Khan 징기스칸(×)→칭기즈칸(○) : 몽골 제국의 제1대 왕
④ Columbus 콜롬버스(×)→콜럼버스(○) : 이탈리아의 탐험가

## 17 ①

**정답해설** ㉠ 악센트(accent)(○), ㉡ 슈퍼마켓(supermarket)(○) : '액센트(×), 엑센트(×), 수퍼마켓(×)' 등은 잘못된 표기이다.

**오답해설** ㉢ 불독(bulldog)(×)→불도그(○)
㉣ 매니아(mania) (×)→마니아(○)

## 18 ②

**정답해설** ② shank[ʃæŋk] 섕크(○) : 〈외래어 표기법〉제3항, 어말의 [ʃ]는 '시'로 적고, 자음 앞의 [ʃ]는 '슈'로, 모음 앞의 [ʃ]는 뒤따르는 모음에 따라 '샤, 섀, 셔, 셰, 쇼, 슈, 시'로 적는다.

**오답해설** ① symbol 심볼(×)→심벌(○)
③ panel 판넬(×)→패널(○)
④ sash 샤시(×)→새시(○)

## 19 ③

**정답해설** ㉠ 레모네이드(lemonade)(○)
㉡ 리포트(report)(○)
㉣ 옐로(yellow)(○)

**오답해설** ㉢ 스탠다드(standard)(×)→스탠더드(○)
㉤ 프로포즈(propose)(×)→프러포즈(○)

## 20 ①

**정답해설** ① • 'alcohol'은 '알코올'로 표기한다.
• 'Halloween'은 '핼러윈'으로 표기한다.

**오답해설** ② • 'melon'은 '멜론'으로 표기한다.
• 'trailer'는 '트레일러'로 표기한다.
③ • 'accent'는 '악센트'로 표기한다.
• 'Columbia'는 '컬럼비아'로 표기한다.
④ • 'presentation'은 '프레젠테이션'으로 표기한다.
• 'omelet'은 '오믈렛'으로 표기한다.

## 21 ④

**정답해설** ④ conte – 콩트(○)

**오답해설** ① cafe – 까페(×)→카페(○) : 파열음 표기에는 된소리를 쓰지 않는 것을 원칙으로 한다.
② flash – 플래쉬(×)→플래시(○) : 외래어 표기법 제3장의 제3항에 따라 어말의 [ʃ]는 '시'로 적어야 하므로, '플래쉬(×)'가 아니라 '플래시'라고 표기한다.
③ doughnut – 도너츠(×)→도넛(○) : 외래어 표기법 제3장 제1절 제1항에 따라 짧은 모음 다음에 오는 어말의 무성 파열음 [t]는 받침 'ㅅ'으로 적는다.

## 22 ③

**정답해설** ③ 초콜릿(chocolate)(○), 캐러멜(caramel)(○)

**오답해설** ① 윈도우(window)(×)→윈도(○), 로봇(robot)(○)
② 플룻(flute)(×)→플루트(○) : 짧은 모음과 유음·비음 이외의 자음 사이에 오는 무성파열음은 받침으로 적는다. 그러나 플루트는 이 사항에 해당하지 않으므로 자음 앞이나 어말의 무성 파열음은 '으'를 붙여 적는다.
엔돌핀(endorphin)(×)→엔도르핀(○)
④ 케찹(ketchup)(×)→케첩(○), 돈가스(○)

## 23 ①

**정답해설** ① 색소폰(○), 앰뷸런스(○), 아이섀도(○), 크리스털(○)

**오답해설** ② 섹소폰(×)→색소폰(○), 캘린더(○), 아이섀도우(×)→아이섀도(○)
③ 스카웃(×)→스카우트(○), 엠블런스(×)→앰뷸런스(○), 스노보드(○)
④ 엠뷰런스(×)→앰뷸런스(○)

## 24 ②

**정답해설** ② 애드립(×) → 애드리브(○)

**오답해설** ③ 랍스터(○), 로브스터(○) : 복수 표준어 인정

## 25 ①

**정답해설** ① 엔젤(angel)(×) → 에인절(○)

**오답해설** ② 잠바(jumper)(○), 점퍼(○)
③ 토털(total)(○)
④ 로열티(loyalty)(○)

## 26 ④

**정답해설** ④ 코즈모폴리턴(cosmopolitan)(○)

**오답해설** ① 케익(cake)(×) → 케이크(○)
② 콘테이너(container)(×) → 컨테이너(○)
③ 메론(×) → 멜론(○) 'melon'을 '멜론'으로 적는 것은, 어중의 [l]이 모음 앞에 올 때에는 'ㄹㄹ'로 적는다는 '외래어 표기법' 제3장 표기 세칙, 제1절 영어의 표기, 제6항에 따른 것이다.

## 27 ①

**정답해설** ① 액세서리(accessory)(○)

**오답해설** ② 드라이크리닝(dry cleaning)(×) → 드라이클리닝(○) : 'dry cleaning'은 외래어 표기법 제3장 제6항에 따라 어중의 [l]이 모음 앞에 오면 'ㄹㄹ'로 적어야 한다.
③ 어플리케이션(application)(×) → 애플리케이션(○)
④ 플랭카드(placard)(×) → 플래카드(○)

# chapter 09 고전 문법

| 01 ③ | 02 ② | 03 ③ | 04 ④ | 05 ③ |
| 06 ③ | 07 ③ | 08 ① | 09 ① | 10 ③ |
| 11 ② | 12 ③ | 13 ① | 14 ④ | 15 ④ |
| 16 ③ | 17 ④ | 18 ③ | 19 ④ | 20 ④ |
| 21 ③ | 22 ② | 23 ① | | |

## 01 ③

**정답해설** ③ 'ㅎ'는 'ㅇ'의 가획자, 'ㅈ'는 'ㅅ'의 가획자, 'ㅌ'는 'ㄴ'의 가획자이다. 'ㄹ'은 이체자에 해당한다.

## 02 ②

**정답해설** 훈민정음을 해설한 해례편은 제자해, 초성해, 중성해, 종성해, 합자해, 용자례의 순서로 나누어져 있다.

**오답해설** ③ '훈민정음'은 1997년 10월에 유네스코 세계 기록유산으로 지정되었다.

## 03 ③

**정답해설** ③ 'ㅈ'은 'ㅅ'의 가획자이며, 'ㄱ, ㅁ, ㅇ'은 훈민정음의 기본자에 해당한다.

## 04 ④

**정답해설** 방점은 소리의 높낮이를 나타내기 위해 음절의 왼쪽에 점을 찍어 표시하는 것을 말한다.

**오답해설** ① 병서는 같은 초성 두 개를 나란히 쓰는 각자 병서와 서로 다른 초성 두 개, 세 개를 나란히 쓰는 합용 병서가 있었다.
② 합용 병서의 경우 두 개, 세 개의 자음을 나란히 쓸 수 있었다.
③ 부서법은 모음을 자음 아래 붙여 쓰는 하서법과 모음을 자음 오른쪽에 붙여 쓰는 우서법이 있었다.

## 05 ③

**정답해설** ③ 초성은 'ㄱㅋㆁ/ㄷㅌㄴ/ㅂㅍㅁ/ㅈㅊㅅ/ㆆㅎㅇ/ㄹ/ㅿ' 총 17자이다. 그중 아음은 'ㄱ, ㅋ, ㆁ' 등을 말하며 기본자 'ㄱ'은 혀뿌리가 목구멍을 막는 모양과 관련된 글자이다.

**오답해설** ① 가획자는 'ㅋ, ㄷ, ㅌ, ㅂ, ㅍ, ㅈ, ㅊ, ㆆ, ㅎ'이다.
② 가획자는 가획이 됨에 따라 발음의 세기가 커지게 된다. 하지만 'ㄹ'와 'ㅿ'는 이체자로 가획의 뜻이 없는 글자이다. 따라서 발음의 세기의 커짐과는 관련이 없다.
④ 중성은 11자로 'ㆍ'의 모양은 하늘을 본뜬 것이다.

## 06 ③

**정답해설** 중세의 주격 조사 역시 현대와 마찬가지로 보격 조사와 형태가 같았다.

**오답해설** ① 현대 국어와는 다르게 중세 때는 'ㅣ' 모음 이외의 모음으로 끝난 체언 뒤에 주격 조사 'ㅣ'가 결합하였다.
② 영주격 조사의 경우 표기상으로는 쓰이지 않았으나 발음은 되었을 것으로 추정된다.
④ 현대 국어와 마찬가지로 자음으로 끝난 체언 뒤에는 주격 조사 '이'가 쓰였다.

## 07 ③

**정답해설** ③ 'ㅎ'는 'ㅇ'의 가획자이다. 'ㆁ, ㄹ, ㅿ'는 이체자에 해당한다.

## 08 ①

**정답해설** 처음은 낮고 점점 높아지는 소리는 '상성'이다.

**오답해설** ② 성조 중 '상성'의 경우 현대어의 장음으로 바뀌게 된다.
③ 입성은 종성의 받침이 'ㄱ, ㄷ, ㅂ, ㅅ' 등 무성 자음이 종성에 사용될 때 빨리 끝을 맺는 소리이다.
④ 성조는 단어의 의미를 분별해 주는 '비분절음운'이었다.

## 09 ①

**정답해설** ① 훈민정음의 모음은 기본자 'ㆍ, ㅡ, ㅣ'에 한 점을 더해 초출자 'ㅗ, ㅜ, ㅏ, ㅓ'를 만들고 두 점을 더해 재출자 'ㅛ, ㅠ, ㅑ, ㅕ'를 만들었다. 'ㅘ'는 중성의 합용에 의해 만들어진 글자이다.

## 10 ③

**정답해설** ③ 소곰 > 소금 - '소'의 'ㅗ'와 '곰'의 'ㅗ'는 모음 조화에 의해 유지되다가 모음 조화에 대한 반작용으로 '소금'으로 변하여 이화 현상이 작용하였다.

**오답해설** ① 고ㅎ > 코 - 격음화에 해당한다. 이는 청각적 인상을 강화하기 위한 강화 현상과 관련이 된다.
②, ④ 거우루 > 거울, 어느제 > 언제 - 경제적 발음을 위한 수단으로 약모음이 탈락한 예에 해당한다.

## 11 ②

**정답해설** ② '식훤홀씨오'는 '시원하다'의 의미로 'ㅆ'은 초성 기본자에 해당하지 않고 병서에 해당한다.

**오답해설** ① 아촘(아침)
③ 므지게(무지개)
④ 뫼사리(메아리)

## 12 ③

**정답해설** 『동국정운』은 1448년에 신숙주를 포함한 집현전 학자들이 세종의 명으로 만들어 발간한 우리나라 최초의 음운서로, 중국의 음운서인 『홍무정운』에 대비되는 책이라고 할 수 있다. 이 책에 쓰인 동국정운식 한자음은 훈민정음을 사용해 당시의 한자음을 중국의 원음과 가깝게 표기하려 한 노력의 일환이었다.

**오답해설** ① 조선 세종 27년(1445)에 정인지, 안지, 권제 등이 지어 세종 29년(1447)에 간행한 악장의 하나. 훈민정음으로 쓴 최초의 작품으로, 조선을 세우기까지 목조·익조·도조·환조·태조·태종의 사적(事跡)을 중국 고사(古事)에 비유하여 그 공덕을 기리어 지은 노래이다.
② 조선 세조 5년(1459)에 『월인천강지곡』과 『석보상절』을 합하여 간행한 책. 『월인천강지곡』의 각 절은 본문이 되고 그에 해당한 내용의 『석보상절』을 주석(註釋)하는 식으로 편찬하였다.
④ 조선 중종 22년(1527)에 최세진이 지은 한자 학습서. 3,360자의 한자를 33항목으로 종류별로 모아서 한글로 음과 뜻을 달았다. 중세 국어의 어휘를 알 수 있는 귀중한 자료이다.

## 13 ①

**정답해설** ① 'ㄴ'은 설음의 기본자이고, 'ㄷ'은 설음에 획을 더하여 만든 것이다.

**오답해설** ② 'ㆆ'는 기본자 'ㅇ'에 획을 더하여 만든 것이다.
③ 'ㄲ'은 기본자 'ㄱ'을 각자 병서한 것이다.
④ 'ㅿ'은 이체자이다.

## 14 ④

**정답해설** ㉣ '남ㄱ'의 '은'은 보조사이며, 자음으로 끝나는 체언 뒤에서는 '은/은', 모음으로 끝나는 체언 뒤에서는 'ㄴ' 또는 'ㄴ'에 다시 '은/은'이 붙는 이중형 'ㄴ는/는'이 사용되었다.

**오답해설** ⓒ 됴ㆍ코: 둏 + 고, 둏다 > 좋다. '둏다'가 반모음 'j'의 영향을 받지 않고, 구개음화가 일어나지 않았다.
ⓒ 하ᄂᆞ・니(라) – '-(ᄋᆞ/으)니'는 반말의 가치를 띈 종결 어미이다. 반말의 가치를 띈 종결 어미에는 '-(ᄋᆞ/으)니'와 '-(ᄋᆞ/으)리'가 있었다.

## 15 ④
**정답해설** ④ '개혁'은 낡은 것을 새롭게 고친다는 의미이다. 훈민정음 창제 동기와 목적에 해당하지는 않는다.

**오답해설** ① 실용정신: 쉽고 편하게 쓸 수 있는 문자이다.
② 자주정신: 우리말과 글을 바르고 정확하게 표현할 수 있는 문자가 필요해서 만들었다.
③ 애민정신: 배움이 없는 사람들도 쉽게 익혀서 사용할 수 있게 하였다.

## 16 ③
**정답해설** 'ㅅ'은 치음을 기본자로 하여 가획자 'ㅈ, ㅊ'을 만들었다.

**오답해설** ①, ④ 'ㆁ, ㄹ'은 이체자, ② 'ㄷ'은 가획자이다.

## 17 ④
**정답해설** ④ ㉣은 '쁘롬이니라'를 연철한 표현이다. 따라서 중세 국어에서 소리 나는 대로 적는 표음적 표기법의 예시로 볼 수 있다.

**오답해설** ① 중세 국어에서 '어리다'는 '어리석다'의 의미이다.
② 중세 국어에서 '하다'는 지금의 '많다'의 의미이다.
③ 'ㅸ'은 스물여덟 기본자에 해당하지 않고 이어쓰기(연서)가 적용된 글자이다.

## 18 ③
**정답해설** ③ 山이 草木이 軍馬ㅣ ᄃᆞ외니이다(산의 초목이 군마가 된 것입니다) – 중세 국어 주체 높임법에서는 '-시-/-샤-'를 사용하고, 객체 높임법에서는 '-ᄉᆞᆸ(숩)-/젭(좁)-/ᄌᆞᆸ(좁)-'을 그리고 상대 높임법에서는 '-이-, -잇-'을 사용한다. 이 문장은 말하는 이가 듣는 이를 높이는 상대 높임법 '-이-'를 사용한 경우이다.

**오답해설** ① 一聲白螺ᄅᆞᆯ 듣ᄌᆞᆸ고(번역: 한번 울리는 소리를 듣고) – 객체 높임 어미 '-ᄌᆞᆸ-'이 쓰인 경우이다.
② 我后를 기드리ᄉᆞᄫᅡ(번역: 우리 임금으로 여겨 기다려) – 객체높임 어미 '-ᄉᆞᆸ-'이 쓰인 경우이다.
④ 大耳兒ᄅᆞᆯ 臥龍이 돕ᄉᆞᄫᆞ니(번역: 큰 귀 가진 아이를 와룡이 도와드리니) – 객체 높임 어미 '-ᄉᆞᆸ-'이 쓰인 경우이다.

## 19 ④
**정답해설** ④ '부서법'은 '우서법, 하서법'이 있다. 이는 모음을 자음에 붙이는 방법을 말하는 것으로 '우서법'은 모음을 자음 오른쪽에 붙이는 것을 말하고 '하서법'은 모음을 자음 아래쪽에 붙이는 것을 말한다.

**오답해설** ① 이어쓰기는 '연서(連書)'라고도 하며 초성자 두 개를 밑으로 이어 쓰는 규정을 말한다. 순경음을 만드는 경우이다.
② 병서(竝書)는 초성이나 종성을 합하여 쓸 때 옆으로 나란히 쓰라는 규정이다. 같은 초성 두 개를 나란히 쓰는 '각자 병서'와 서로 다른 초성 두 개, 세 개를 나란히 쓰는 '합용 병서'가 있다.
③ 'ㅂ'계 합용 병서는 'ㅂㄷ, ㅂㅈ'과 같이 'ㅂ'이 앞에 오는 경우로 'ㅂ'의 발음과 뒤에 오는 자음의 발음을 함께 해야 한다.

## 20 ④
**정답해설** ④ 주어가 1, 3인칭인 경우는 판정 의문문과 설명 의문문으로 나눠 판정 의문문일 경우에는 '가', '니여' 등 주로 '아/어' 형을 사용하여 묻고 설명 의문문일 경우 '고', '뇨' 등 주로 '오' 형을 사용하여 묻는다. 반면, 2인칭인 경우에는 '-ㄴ다' 형을 사용하여 묻는다.

**오답해설** ① 현대 국어와 마찬가지로 판정 의문문과 설명 의문문으로 나뉘었다.

## 21 ③
**정답해설** ③ 구결은 한문을 어순대로 쓰되 구절 사이에 조사나 어미를 표기하는 방식이었다. 이는 주로 사대부들과 관련이 된다. 서리 계층과 주로 관련을 갖는 것은 '이두'이다.

**오답해설** ① 신라 진흥왕 또는 진평왕대의 것으로 추정되고 있는 문자로 경주에서 발견된 임신서기석의 문체를 말한다. 이는 한자를 국어의 어순대로 나열한 것으로 조사, 어미 등의 표기는 없는 것이 특징이다.
② 향찰은 실질 형태소 부분은 훈차로 표기하고 조사나 어미 같은 형식 형태소 부분은 음차로 표기한 '훈주음종'의 표기 형식을 보이고 있다.
④ 차자 표기는 한자의 뜻 부분을 빌리는 '훈차'와 한자의 음 부분을 빌리는 '음차'로 나뉜다.

## 22 ②
**정답해설** ② ᄒᆞ물며 阿羅漢果ᄅᆞᆯ 得게 호미ᄯᆞ니잇가(하물며 아라한과를 얻게 함이겠습니까?) – '-이ᄯᆞ니잇가'는 현대 국어와 같은 수사 의문 형태소이다.

**오답해설** ① 沙羅樹大王이 어듸 겨시뇨(사라수대왕이 어디 계시느냐?) – '겨시–+–뇨' : 설명 의문문
③ 어느 法으로 得ᄒᆞᄂᆞᆫ고(어느 법으로 얻는가?) – '得ᄒᆞ+–ᄂᆞ+–ㄴ고' : 설명 의문문
④ 菩薩이 엇던 因緣으로 예 오시니잇고(보살이 어떤 인연으로 여기에 오셨습니까?) – '오–+–시–+–니–+–잇고' : 설명 의문문

## 23 ①

**정답해설** ① 점은 음절의 발음상 높낮이와 발음상의 장단을 나타낸다.

**오답해설** ② 중세 국어의 상성은 원래 장음이었다. 상성에서 높이가 사라지고 길이만 남아 현대 국어에서 장음으로 발음되는 것이다.
③ 방점은 16세기 초기 문헌에서부터 혼란을 보이다가 『동국신속삼강행실도』와 같은 17세기 초반 문헌부터 방점이 표시되지 않았다. 즉, 16세기 말에 소멸되었다고 볼 수 있다.
④ 입성은 높낮이와 관련이 없다. 종성이 'ㄱ, ㄷ, ㅂ, ㅅ' 등으로 끝나는 음절은 모두 입성이며 동시에 평성, 거성, 상성 셋 중의 한 성조를 취한다.

# chapter 10 언어 예절

🔒 01 ① 02 ③ 03 ② 04 ④ 05 ①
06 ② 07 ③ 08 ③ 09 ②

## 01 ①

**정답해설** ① '자형(姉兄)'은 누나의 남편을 부르는 말이다. 아내의 언니는 '처형(妻兄)'이다.

**오답해설** ② 남편의 여동생은 '아가씨', '아기씨'로 부른다.
③ '아내의 여동생의 남편'은 '동서', 'ㅇ서방'으로 부른다.
④ '남편의 누나의 남편'은 '아주버님'으로 부른다.

## 02 ③

**정답해설** 며느리를 부르는 호칭어는 '아가', '새아가', '어미', '어멈', 'ㅇㅇ어미/어멈' 등이 있다.
'사장어른'은 자녀 배우자의 조부모나 동기 배우자의 부모를 높여 이르거나 부르는 말이다.

**오답해설** ① 장인을 부르는 말은 '장인어른'이며, 장인, 장모에게 아내를 가리켜 말할 때는 '집사람', '안사람', 'ㅇㅇ 어미', 'ㅇㅇ 어멈', 'ㅇㅇ 엄마', '그 사람'이라고 할 수 있다.
② 상사가 아래 직원에게 자신을 지칭할 경우 상대방이 목소리로 자신을 알지 못하는 경우에는 자신의 직함으로 '사장입니다.' 또는 '상무이사입니다.' 하거나 부서와 직함을 모두 밝혀 '총무부 김 부장입니다.'처럼 말하기도 한다. 이때 이름을 앞에 두고 뒤에 직함을 붙여 'ㅇㅇㅇ 부장입니다.'라고 하면 상대방에게 부담을 줄 수 있으므로 되도록 쓰지 않는 것이 좋다.
④ 자신을 소개할 때 '뵙습니다.'보다는 '뵙겠습니다.'가 운율 면에서도 훨씬 자연스럽고 또한 완곡한 표현이다.

## 03 ②

**정답해설** ② 시어머니는 부를 때 '어머님'과 '어머니'를 두 가지 다 사용할 수 있다.

**오답해설** ① 남편의 누나를 부르거나 이르는 말은 '형님'이다.
③ 남편의 남동생이 미혼일 경우 '도련님'이라고 부른다.
④ 아내의 남동생을 부르거나 이르는 말은 '처남'이다.

## 04 ④

**정답해설** 만약 '귀하를 이번 행사에 꼭 모시고자 하오니 많이 참석해 주시기 바랍니다.'와 같은 표현이 있다면 이는 잘못된 표현이다. '귀하'는 복수의 표현이 아니므로 '많이'와 어울리지 않는 표현이기 때문입니다. ④번 문장의 경우 '많이'가 쓰이지 않아 적절한 표현의 문장이다.

**오답해설** ① '수고'를 쓸 수 있는 경우는 동년배나 아래 직원에게 인사할 때이다.
② '손님은 매월 59,000원 되세요.'는 잘못된 표현으로 '손님의 요금은 매월 59,000원입니다.'로 고쳐 써야 한다.
③ '부장님께서 시킨 것'이 아니라 '부장님께서 시키신 것'으로 쓰는 것이 적절하다.

## 05 ①

**정답해설** ① 친구의 아내는 '아주머니', '○○씨', '여사님' 등으로 부르며, '제수씨'라는 호칭은 듣는 상대방이 불편한 마음을 느끼지 않을 때에 한해 사용할 수 있다.

**오답해설** ② 직장 상사의 아내를 '사모님', '아주머님', '여사님' 등으로 부른다.
③ 직장 상사의 아내를 직장 동료에게 지칭할 때에는 '사모님', '(○○○) 과장님 부인'으로 지칭한다.
④ 직장 상사의 남편을 직장 동료에게 지칭할 때에는 '(○○○)과장님 바깥어른'으로 지칭한다.

## 06 ②

**정답해설** ② 외출했다가 집에 들어올 때는 '다녀왔습니다.' '다녀왔어요.', '아빠 왔다.', '엄마 왔다.', '나 왔다.' 하고 인사한다.

**오답해설** ① '잘'은 '안녕히' 보다는 상대방을 덜 높이는 표현이기 때문에 윗사람에게는 쓰지 않는 것이 좋다.
③ 관공서, 회사 등에서는 '어서 오십시오, 어떻게 오셨습니까?'라고 인사할 수도 있는데, '어서 오십시오.'를 빼고 '어떻게 오셨습니까?'라고만 하면 불친절하고 사무적인 느낌이 들 수 있다.
④ 가게에서는 물건을 산 손님에게 '또 오십시오.'라고만 하면 불쾌한 기분이 들 수 있으므로 이 말은 적절하지 않다.

## 07 ③

**정답해설** ③ '전화 잘못 거셨습니다.'라고 하는 말은 전화도 제대로 못 거느냐는 느낌이 들어 전화 건 사람의 자존심을 건드릴 수도 있기 때문에 적절하지 않다. '아닙니다, 전화 잘못 걸렸습니다.' 하고 말하는 것이 좋다.
나머지 ①, ②, ④는 모두 적절한 말이다.

## 08 ③

**정답해설** ③ 시청자나 청취자가 다양한 계층의 사람들이므로 그 방송을 보거나 듣는 사람이 소개받는 사람보다 윗사람일 수 있다. 따라서 방송 매체에서 사회자가 20, 30대 연예인을 소개하는 경우 '○○○씨를 소개하겠습니다.'로 말하는 것이 바르다.

**오답해설** ① '나라'는 겸양의 대상이 될 수 없으므로 '저희 나라'가 아니라 '우리나라'로 표현해야 한다.
② '좋은 아침'은 외국어를 직역한 말이고 이에 대한 전통적인 인사말인 '안녕하십니까?'가 있으므로 쓰지 않는 것이 좋다.
④ '수고하십시오'를 윗사람에게 쓰는 것은 바람직하지 않다.

## 09 ②

**정답해설** ② '이름'이 아니라 높여 이르는 말인 '함자'라고 해야 하며, 부모님의 성함을 말할 때 성에는 '자'를 붙이지 않는다.

**오답해설** ① 직장에서는 압존법이 적용되지 않으므로 옳은 표현이다.
③ '아내의 오빠의 아내'를 '아주머니'라고 부른다.
④ 장모를 '장모님', '어머님'이라고 부른다.

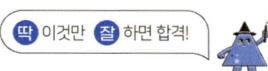

## chapter 11 바른 표현

| 01 ④ | 02 ② | 03 ④ | 04 ④ | 05 ④ |
| 06 ③ | 07 ③ | 08 ② | 09 ② | 10 ② |
| 11 ④ | 12 ② | 13 ② | 14 ① | 15 ① |
| 16 ② | 17 ③ | 18 ③ | 19 ① | 20 ④ |
| 21 ④ | 22 ④ | 23 ④ | 24 ④ | 25 ④ |
| 26 ④ | 27 ④ | 28 ④ | 29 ② | 30 ③ |
| 31 ④ | 32 ④ | 33 ③ | | |

## 01 ④

**정답해설** ④ 삼가다(○): 삼가다의 활용형이므로 '삼가해-'는 비표준어이다.

**오답해설** ① 손자가 계신다(×)→손자가 있으시다(○): 주어에 대한 직접 높임과 간접 높임을 구별해야 한다. 간접 높임에는 '계시다'를 쓰지 않고 '있으시다'를 사용한다.
② 교육시켜 드립니다(×)→가르쳐 드립니다 / 교육하여 드립니다(○): 광고 주체가 무료로 교육한다는 것을 '시키다'로 써서 무료 교육을 위탁하는 것으로 오해할 수 있다.
③ 만화책을 읽었었다(×)→만화책을 읽었다(○): '-았었/었었-'은 단절, 대과거 상황일 때 쓰는 것이 좋으므로 이때는 단순 과거 표현이 자연스럽다.

## 02 ②

**정답해설** 압존법은 상대 높임의 한 가지로 문장의 주체가 화자보다는 높지만 청자보다는 낮아, 그 주체를 높이지 못하는 것을 말한다. 청자는 '할아버지', 주체는 '아버지'이다. '할아버지'를 고려하여 '아버지'를 높이지 않았으므로 압존법이 쓰인 것을 알 수 있다.

**오답해설** ① '할아버지'만 나오고 '화자'가 나오지 않아 주체 높임법이 쓰였다.
③ 청자인 '교수님'을 높인 상대 높임법이다.
④ 주체인 '아버지'를 높인 주체 높임법이 사용되었다.

## 03 ④

**정답해설** ④ 적막의 거리는 음모와 배반의 열기를 뿜어냈다. : 의미의 중복 표현이 없는 일반적인 문장이다.

**오답해설** ① 실내체육관('실내'와 '관' 중복)
② 대관령 고개('령'과 '고개' 중복)
③ 결과로 인해['-로'(결과를 나타내는 격 조사)와 '인하다' 중복]

## 04 ④

**정답해설** '인제'는 '바로 이때'를 의미하는 명사이다.

**오답해설** ① '-시-'는 어떤 동작이나 상태의 주체가 화자에게 사회적인 상위자로 인식될 때 그와 관련된 동작이나 상태 기술에 결합하여 그것이 상위자와 관련됨을 나타내는 어미이다. ㉠의 주체는 선생님이므로 '마다하지 않으셨던'으로 고쳐야 한다.
② '어쭙잖다'는 '아주 서투르고 어설프다'를 의미하는 형용사이다. 표준어 규정에 따라 '어쭙잖다'만 표준어로 삼는다.
③ '-는지'는 뒤 절이 나타내는 일과 상관이 있는 어떤 일의 실현 가능성에 대한 의문을 나타내는 연결 어미이다. ㉢에 쓰인 '-ㄹ런지'는 표준어가 아니다.

## 05 ④

**정답해설** ④ • 개재: 어떤 것들 사이에 끼여 있음
• 게재: 신문이나 잡지에 실음
• 성패: 성공과 실패

**오답해설** 승패: 승리와 패배, 승패는 경기 등에서 이기고 지는 맥락에 사용된다.

## 06 ③

**정답해설** 감정이나 기운을 나타낸다는 의미로 '띠다'는 바른 표현이다.

**오답해설** ① 띈(×)→띤(○): 빛깔이나 색채를 가진다는 의미로 '띠다'가 바른 표현이다.
② 띤다(×)→뜬다(○): 눈에 보인다는 의미로 '뜨이다'의 준말인 '띄다'가 바른 표현이다.
④ 띄다(×)→띠다(○): 직책이나 사명을 지닌다는 의미로 '띠다'가 바른 표현이다.

## 07 ③

**정답해설** ③ 채근(○): 어떻게 행동하기를 따지어 독촉함.

**오답해설** ① 유래→유례 - 유례: 같거나 비슷한 예, 유래: 사물이나 일이 생겨남. 또는 그 사물이나 일이 생겨난 바.
② 빌미→핑계 - '빌미'는 '재앙이나 탈 따위가 생기는 원인'을 뜻하므로 여기서는 '핑계'가 적절한 단어이다. 핑계: 내키지 아니하는 사태를 피하거나 사실을 감추려고 방패막이가 되는 다른 일을 내세움.
④ 조장→권장 또는 조성 - 조장: 바람직하지 않은 일을 더 심해지도록 부추김.

## 08 ②

**정답해설** '그럼으로'는 '그러다'의 명사형 '그럼'에 조사 '으로'가 결합한 말로, '그렇게 하는 것으로써'라는 수단의 의미가 있다. 따라서 보기의 '그럼으로'는 적절한 쓰임이다.

**오답해설** ①, ③, ④ 그럼으로(×) → 그러므로(○) : '그러므로'는 '그렇다'의 어간에 어미 '-므로'가 결합한 말로, '그렇기 때문에'의 의미가 있다.

## 09 ②

**정답해설** ② 박이다 : 손바닥, 발바닥 따위에 굳은살이 생기다.

**오답해설** ① 물 위를 부상했다 → 물 위로 부상했다 - '부상하다' 동사는 '~으로' 형태로 사용된다.
③ 쉽상이다 → 십상이다 - 십상이다 : 일이나 물건 따위가 어디에 꼭 맞는 것.
④ 봇물을 이루듯 → 봇물이 터지듯 - '봇물(이) 터지다'는 관용적 표현으로 '터지다'가 쓰인다.

## 10 ②

**오답해설** ① 주술 호응이 어색한 문장이므로 서술어를 '중요하지 않다는 점이다.'로 고친다.
③ 서술어의 주어가 없으므로 '사건 현장에서는 취재가 벌어지고 있었다.'로 고친다.
④ '고려에 넣는다면'이 외국어 번역투 문장이므로 '고려한다면'으로 고친다.

## 11 ④

**정답해설** ④ 비록 그는 가난하지만 이 세상에 사는 보람을 느꼈다.(○)

**오답해설** ① 불필요하게 주어를 나열하여 의미를 모호하게 하고 있다. '영만이가 떠나는 것을 영희가 보았다고 미영이는 말했다.'로 고치는 것이 자연스럽다.
② 무엇을 따지고 의심스럽게 보고 검토하는 것인지 목적어가 없는 문장이다.
③ '맛도 많다'는 어색하므로 호응이 잘못되었다. '맛도 좋고, 영양도 많다'로 바꾸어야 한다.

## 12 ④

**정답해설** ④ '불편부당'은 '아주 공평하여 어느 쪽으로도 치우침이 없음'을 뜻한다.

**오답해설** ① '갑부'는 '첫째가는 큰 부자'란 의미를 가진 단어로 '3위'와 어울리지 않는다.
② '애환'은 '슬픔과 기쁨'을 의미한다. '기쁨'을 위로하는 것은 어색하므로 '비애를, 슬픔을'로 고친다.
③ '운명을 달리하다'는 잘못된 표현이다. '유명을 달리하다'가 '죽음을 완곡하게 이르는 말'로 관용구 표현으로 사전에 등재되어 있고, '운명을 달리하다'는 관용구 사전에 올라 있지 않기 때문에 '유명을 달리하다'가 적절한 표현이다. 또한 '운명'은 '생사', '부귀와 빈천' 등 여러 가지 의미로 쓰인다.

## 13 ②

**정답해설** ② 사장은 배후의 책동에 부화뇌동했다.(○) - 책동 : 좋지 아니한 일을 몰래 꾸미어 시행함. 남을 부추기어 일정한 방향으로 행동하게 함. 부화뇌동하다 : 줏대 없이 남의 의견에 따라 움직이다.

**오답해설** ① 잃어버렸다. → 잊어버렸다.
③ 인구가 높아졌다. → 인구가 증가했다.
④ 염두해 두다. → 염두에 두다.

## 14 ①

**정답해설** 지청구 : 꾸지람

**오답해설** ② '발휘하다'는 정태적인 모양을 나타내는 뜻으로 쓰이지 않으므로 '면모를 보였다'가 적절하다.
③ '앙칼지다'는 '매우 모질고 날카로운'을 뜻하며 '사랑스러운'과 호응하며 문맥에 따라 '앙증스러운'이 적절한 표현이다.
④ '타산지석'은 남의 실패를 교훈으로 삼는 것을 뜻하므로 성공의 경우에는 사용할 수 없다. 따라서 '귀감'이 적절한 표현이다.

## 15 ①

**정답해설** ① 영희는 돌아서서 매무시를 가다듬었다.(○) - 매무시 : 옷을 입을 때 매고 여미는 따위의 뒷단속
매무새 : 옷, 머리 따위를 수습하여 입거나 손질한 모양새.
따라서 '가다듬는 행동'과 관련되어 있으므로 '매무시'는 적절한 표현이다.

**오답해설** ② 전개하다 → 타개하다 : '전개하다'는 '시작하여 벌이다'라는 뜻으로 '매우 어렵거나 막힌 일을 잘 처리하여 해결의 길을 열다'의 뜻을 가진 '타개하다'가 적절한 표현이다.
③ 웬간해서 → 웬만해서 : '웬만하다'의 의미로 '웬간하다'를 쓰는 경우가 있으나 '웬만하다'만 표준어로 삼는다.
④ '소강상태'는 '소란이나 분란, 혼란 따위가 그치고 조금 잠잠한 상태'를 나타내는 말로 글의 내용과 맞지 않다.

## 16  ②
**정답해설**  ② '질근질근'은 '질깃한 물건을 자꾸 씹는 모양'으로 어떤 대상을 끄는 행위와 어울릴 수 없다.

**오답해설**  ① 추근추근 : 성질이나 태도가 검질기고 끈덕진 모양.
③ 너붓너붓 : 엷은 천이나 종이 따위가 나부끼어 자꾸 흔들리는 모양.
④ 해끔해끔 : 군데군데 조금 하얗고 깨끗한 모양.

## 17  ③
**정답해설**  ③ 배로 갈아→배를 갈아 : '갈다'는 타동사로 목적어를 필요로 하므로 '배를 갈다'의 형태로 사용한다.

**오답해설**  ① '에'는 무정 명사에 쓰고, '에게'는 유정 명사에 쓴다.
② '로서'는 지위나 신분 또는 자격을 나타내는 격 조사이다.
④ '라고'는 직접 인용되는 말임을 나타내는 격 조사이다.

## 18  ③
**정답해설**  '견출지'의 순화어는 '찾음표'이다.

**오답해설**  ④ 저간(這間) : 바로 얼마 전부터 이제까지의 무렵.

## 19  ①
**정답해설**  ① '엔간하다'는 '대중으로 보아 정도가 표준에 꽤 가깝다.'라는 뜻으로 적절한 문장이다.

**오답해설**  ② '능가하다'는 '능력이나 수준 따위가 비교 대상을 훨씬 넘어선다'는 뜻으로 비교 대상이 있어야 하므로 '우리나라 축구팀이 상대팀을 압도적으로 능가하였다'처럼 써야 한다.
③ '자문'은 '어떤 일을 좀 더 효율적이고 바르게 처리하려고 그 방면의 전문가나, 전문가들로 이루어진 기구에 의견을 물음'을 뜻하므로 '자문을 하다'나 '자문하다'가 적절한 표현이다. '자문을 구하다'는 잘못된 표현이다.
④ '소개하다'로 사용할 수 있는 주동의 맥락에 무리하게 '시키다'라는 사동적 표현을 쓰지 않는다. 따라서 '소개해 주었다'로 사용한다.

## 20  ④
**정답해설**  마스터 플랜(master plan) 등의 무분별한 외래어보다는 '기본 계획' 등 우리말을 사용한다.

**오답해설**  ① '꼬락서니'는 속어이므로 '꼴'로 순화해서 사용한다.
② '살색'은 '피부색'을 부르는 말이며, 다양한 색을 지칭할 수 있으므로 특정색을 지칭한다면 '연주황색, 살구색, 노란분홍' 등으로 순화한다.
③ '아나고'는 '붕장어'로 순화해서 사용한다.

## 21  ④
**정답해설**  ④ 바른 문장이다. 보통 '백신 접종을 투여하다'로 잘못 쓰는 경우가 있으나 '접종'이 '병의 예방, 치료, 진단, 실험 따위를 위하여 병원균이나 항독소, 항체 따위를 사람이나 동물의 몸에 주입함. 또는 그렇게 하는 일'의 의미이므로 '접종'과 '투여하다'를 같이 쓸 필요가 없다. 또한 '한하여'는 유정 명사이든 무정 명사이든 관계없이 조사 '에'를 사용하여 '에 한하여' 형태로 쓰인다.

**오답해설**  ① 여간 탐스럽고 예뻐. → 여간 탑스럽지 않아. : '여간하다'와 '여간'은 주로 부정의 의미를 나타내는 말과 함께 쓰이는 문법적 특징을 갖고 있으므로 '여간하지 않다'의 형태로 사용한다.
② '추서'는 죽은 사람에게 주는 훈장 따위를 주는 것을 말하므로 적절하지 않은 표현이다. '수여' 등으로 대체될 수 있다.
③ 길을 다니거나 놀 때 → 길을 다니거나 길에서 놀 때 : 주어진 문장은 서술어가 병렬되어 나타나는데 '길을'과 서술어 '놀다'가 호응이 어색하다.

## 22  ④
**오답해설**  ① 주술 호응이 어색하므로 '내가 강조하는 것은 ~ 어울리지 않는다는 점이다.'로 고친다.
② '그 몹쓸 사람을 ~ 이해가 가지를 않는다.' → '그 몹쓸 사람을 ~ 이해가 안 된다.'
③ '도로상의 ~ 돌발한다.' → '도로상의 ~ 유발한다.'

## 23  ④
**정답해설**  ④ '불러일으키다'는 '-에/-에게 ~을' 형태로 사용한다. 따라서 바른 문장이다.

**오답해설**  ① 문장에서 연결 어미인 '해서'가 어색하다. 이 문장은 단순히 시간적 선후 관계를 연결하는 연결 어미 '-어서' 보다 '한다고 하므로 / 한다고 하니' 등의 '-(으)니'가 자연스럽다.
② 오므로서 → 옴으로써 : '으로써'는 '어떤 일의 이유를 나타내는 격 조사'이므로 '옴으로써'로 수정해야 한다.
③ '대단원'은 어떤 일의 맨 마지막, 연극이나 소설 따위에서, 모든 사건을 해결하고 끝을 내는 마지막 장면을 뜻하므로 '막이 내리다'가 자연스럽다.

## 24  ④
**오답해설**  ① 정부에게(✕) → 정부에(○)
② 웃으면서 → 웃고 있었지만 : 상반된 내용이므로 '웃고 있었지만'으로 고친다.
③ 위해 → 위한

## 25 ④

**정답해설** ④ 어머니는 사위가 마땅하지 않다고 불쾌스러운 음성으로 말했다.(○) : '어머니는 ~다고 ~말했다'로 적절한 문장이다.

**오답해설** ① 이 문장은 주어와 술어가 호응하지 않으므로 '내가 강조하고 싶은 것은 귀관들은 육군의 영예로운 장교 후보생이라는 사실이다.'가 적절한 문장이다.
② 이 문장은 주어와 술어가 호응하지 않으므로 '내 생각은 부모님의 생각과 달리 인문계에 진학하는 것이다.'가 적절한 문장이다.
③ '-라는('-라고 하는'의 준말)', '라고' 등은 직접 인용을 할 때 사용하므로 '합리적이라는'으로 사용한다.

## 26 ④

**정답해설** ④ '열람하다'는 '~을 열람하다'로 쓰이거나 사동 표현인 '~을 열람하게 하다' 등으로 써야 정확한 문장이 된다.

**오답해설** ① 주어와 서술어가 호응되지 않는 문장으로 '서류의 미비가 없는'으로 호응되기 때문에 '증빙 서류의 미비가 있거나 신청인의 서명이 없는'과 같이 서술어를 넣어주어야 한다.
② 문장의 서술들에 호응하는 주어가 없으므로 '영수는'을 사용하며 문장을 구성해야 한다.
③ 피동사 '보이다'에 피동의 뜻을 나타내는 '-어지다'가 붙은 것으로 이중 피동 표현이다. 따라서 '보입니다'로 사용한다.

## 27 ④

**정답해설** ④ '이것은 ~ 생각을 들게 한다'로 적절한 문장이다.

**오답해설** ① '이웃집'은 무정 명사이고, 무정 명사는 조사 '에'를 사용하므로 '이웃집에 항의했다'가 적절하다.
② 피동사 '요구되다'에 피동 표현 '-어지다'가 결합한 것으로 이중 피동 표현에 해당한다.
③ 굳이 피동을 사용하지 않아도 되는 문장에 피동적 표현을 사용하는 것을 바르지 않게 보는 견해가 있다. '만들어지고 / 마련되어' 등 과도한 피동 표현이 많으므로 '댐을 만들고', '시스템들을 마련해' 등이 적절한 표현이다.

## 28 ④

**정답해설** ④ '정부는 ~ 고려해 왔다'로 주어와 서술어의 호응이 적절한 문장이다.

**오답해설** ① '모름지기'는 '모름지기 ~해야 한다' 문형으로 쓰이므로 '수확을 거두어야 한다'가 적절한 표현이다.
② '치고'는 '그 전체가 예외 없이'의 뜻을 나타내는 보조사로 부정을 뜻하는 말이 뒤따른다. 따라서 '공을 잘 못 찬다'가 적절하다.
③ '가능한'은 형용사의 관형사형으로 '많은'을 꾸미지 못하므로 뒤에 체언의 형태가 오는 것이 적절하다. 따라서 명사 '한'을 써주어 '가능한 한'으로 쓰는 것이 적절하다.

## 29 ②

**정답해설** ② '사용되다'는 '일정한 목적이나 기능에 맞게 쓰이다'라는 의미로 '~으로 사용되다 / ~에/에게 사용되다'의 형태가 자연스러운 표현이다. 따라서 자연스러운 문장 구성이다.

**오답해설** ① 앞뒤 문장의 구조가 다르므로 '우리 팀은 패스가 빠르고 팀워크가 튼튼해서'가 적절한 표현이다.
③ 안전을 보호하는 것이 아니라 승객을 보호하는 의미로 써야 한다. 따라서 '승객을 안전하게 보호하기 위해'가 적절한 표현이다.
④ '한 잔 이상'에는 한 잔이 포함되므로 비논리적 문장이다. 따라서 '두 잔 이상'이 적절한 표현이다.

## 30 ③

**정답해설** ③ '몰두했던 것은'과 '충족하기 위해서였다'가 호응된 적절한 문장이다.

**오답해설** ① '설문 조사'에 호응하는 서술어가 없으므로 '설문 조사를 시행하고'처럼 서술어를 넣어 준다.
② '지배하기도 한다'의 목적어가 없으므로 '창검으로 백성을 지배하기도 한다'처럼 목적어를 넣어 준다.
④ '결심했다는 점이다'에 호응하는 주어가 없으므로 '그는 누구의 조언도 없이 사업을 하기로 결심했다는 점이다.'로 수정하는 것이 적절하다.

## 31 ④

**정답해설** ④ 번역투가 없는 자연스러운 문장이다.

**오답해설** ① 영어의 'with' 구문을 직역한 번역투의 문장이므로 '배가 침몰하자' 등이 적절한 표현이다.
② '~에 있어'는 일본어의 영향을 받은 표현이므로 '작성한 내용을 처리할 때'로 바꾸어 사용한다.
③ '~에 대한'은 일본어를 직역한 표현이므로 '그 아이를 어떻게 생각해?'가 적절한 표현이다.

## 32 ④

**정답해설** ④ 번역투가 없는 자연스러운 문장이다.

**오답해설** ① '~다름 아니다'는 일본어를 직역한 표현으로 우리말인 '~와 다름없다 / ~에 불과하다'로 고쳐서 사용한다. '밥이 아니라 사랑이다 / 밥이 아니라 사랑과 다름없다'(○)

② 영어에서는 수동태를 흔히 쓰지만 우리말의 경우 학자에 따라 능동적으로 행동하는 표현을 더 바르게 보는 견해가 있다. 그런 견해에 따르면 피동을 사용하지 않아도 되는 맥락에서 피동 사용은 바르지 않은 것이 된다. 따라서 '나는 가구와 집기를 나의 안목에 따라 골랐다.'처럼 능동 표현으로 사용한다.
③ '～에 있다'는 일본어 번역투 표현이다. 따라서 '우리 목표는 우승이다.'와 같이 표현하는 것이 더 자연스러운 문장이다.

## 33 ③

**정답해설** ③ '틀리다'는 셈이나 사실 따위가 그르게 되거나 어긋나는 것을 의미한다.

**오답해설** ① 세종대왕이 만든 것은 '우리글'이지 '우리말'이 아니다. 따라서 '우리말에 적합한 글을 만들었는데' 정도로 수정하는 것이 좋다. '우리말'과 '우리글'을 구분할 필요가 있다.
② '주인공'은 이야기의 중심 인물을 가리키는 단어로 긍정적인 가치어로 쓰이므로, '장본인'으로 대체할 수 있다.
④ '넓죽'이 아닌 '넙죽'이 바른 표현이다.

 **배 영 표**

현) 에듀윌 7, 9급 공무원 국어 강사
전) 노량진 아모르이그잼 7, 9급 공무원 국어 강사

# 딱잘 국어 문법

인  쇄 : 2023년 9월  5일
발  행 : 2023년 9월 12일
편저자 : 배영표
발행인 : 강명임 · 박종윤
발행처 : (주) 도서출판 미래가치
등  록 : 제2011-000049호
주  소 : 서울시 영등포구 선유로130 에이스하이테크3 511호
전  화 : 02-6956-1510
팩  스 : 02-6956-2265

ⓒ 배영표, 2023 / ISBN 979-11-6773-349-8  13710
• 낙장이나 파본은 교환해 드립니다.
• 이 책의 무단전재 또는 복제행위는 저작권법 제136조에 의거하여 처벌을 받게 됩니다.

정가  15,000 원

# 딱잘 문법

탐쌤과 함께하면 기필코 된다!

### 정답 및 해설

## 가지 않은 길

노란 숲 속에 길이 두 갈래로 났습니다.
나는 두 길을 다 가지 못하는 것을 안타깝게 생각하면서,
오랫동안 서서 한 길이 굽어 꺾여 내려간 데까지,
바라다볼 수 있는 데까지 멀리 바라다보았습니다.

그리고 똑같이 아름다운 다른 길을 택했습니다.
그 길에는 풀이 더 있고 사람이 걸은 자취가 적어,
아마 더 걸어야 될 길이라고 나는 생각했었던 게지요.
그 길을 걸으므로, 그 길도 거의 같아질 것이지만.

그 날 아침 두 길에는
낙엽을 밟은 자취는 없었습니다.
아, 나는 다음 날을 위하여 한 길은 남겨두었습니다.
길은 길에 연하여 끝없으므로
내가 다시 돌아올 것을 의심하면서……

머언 훗날에 나는 어디선가
한숨을 쉬며 이야기할 것입니다.
숲 속에 두 갈래 길이 있었다고,
나는 사람이 적게 간 길을 택하였다고,
그리고 그것 때문에 모든 것이 달라졌다고.

- 로버트 프로스트

**배영표**
현) 에듀윌 7, 9급 공무원 국어 강사
전) 노량진 아모르이그잼 7, 9급 공무원 국어 강사